全国"八五"普法
统 编 读 本

U0638529

"法律明白人"
普法读本

全国普及法律常识办公室　组编

中国民主法制出版社

图书在版编目（CIP）数据

"法律明白人"普法读本 / 全国普及法律常识办公室组编. -- 北京 ：中国
民主法制出版社，2023.11（2024.4重印）

ISBN 978-7-5162-3235-4

Ⅰ．①法… Ⅱ．①全… Ⅲ．①法律－中国－学习参考资料 Ⅳ．①D920.4

中国国家版本馆CIP数据核字(2023)第226198号

图 书 出 品 人：刘海涛
策划/责任编辑：张佳立
执 行 编 辑：龚 燕

书名 / "法律明白人"普法读本
作者 / 全国普及法律常识办公室　组编

出版·发行 / 中国民主法制出版社
地址 / 北京市丰台区右安门外玉林里7号（100069）
电话 / （010）62155988　　　（010）62167260
传真 / （010）62167260
http：//www.npcpub.com
E-mail：mzfz@npcpub.com
经销 / 新华书店
开本 / 16开　710毫米×1000毫米
印张 / 17　　　字数 / 246千字
版本 / 2023年12月第1版　　　2024年4月第2次印刷
印刷 / 廊坊市伍福印刷有限公司

书号 / ISBN 978-7-5162-3235-4
定价 / 58.00元

统 稿 人

任大鹏　李玉梅　瓮怡洁　刘明明　杨述兴

撰 稿 人

（以章节撰写先后为序）

胡　震　杨述兴　任大鹏　李玉梅　周　超　刘　建

李　梅　刘明明　孙　威　朱智毅　高童非　瓮怡洁

前言

习近平总书记强调："加强法治乡村建设是实施乡村振兴战略、推进全面依法治国的基础性工作。要教育引导农村广大干部群众办事依法、遇事找法、解决问题用法、化解矛盾靠法，积极推进法治乡村建设。"2021年6月中共中央、国务院转发的《中央宣传部、司法部关于开展法治宣传教育的第八个五年规划（2021—2025）》指出："深化法治乡村（社区）建设。加大乡村（社区）普法力度，实施乡村（社区）'法律明白人'培养工程。"

2021年11月8日，中央宣传部、司法部、农业农村部、国家乡村振兴局、全国普法办公室印发《乡村"法律明白人"培养工作规范（试行）》（以下简称《规范》），明确提出着力培养一支群众身边的普法依法治理工作队伍，为实施乡村振兴战略、推进法治乡村建设提供基层法治人才保障，并对"法律明白人"的遴选、使用、培训、管理等工作作出全面规范。

为了贯彻落实《规范》要求，全国普法办公室牵头组织编写了《"法律明白人"普法读本》，作为各地学习培训教材。本书以习近平法治思想为引领，聚焦常见法律问题和矛盾纠纷，精选与基层群众生产生活密切相关的230余个典型案例，以案释法，深入浅出地普及"法律明白人"必备的各类法律知识及相关政策。书中以真实生动的案例故事，通俗易懂的法律分析，明理解惑的关联提示，一扫即读的法律政策，为"法律明白人"讲授全面、实用的普法公开课。

本书由中国农业大学农业与农村法制研究中心、中国农业大学法律系任大鹏、李玉梅教授等专家学者编写，农业农村部等相关部委对本书内容进行了审核指导，其间，全国多位村支书"法律明白人"对本书内容提出了建议，在此一并感谢。期望本书能够帮助"法律明白人"更好地履行职责、服务群众，引领带动身边群众尊法学法守法用法，在助力乡村振兴中发挥积极的作用。本书不足之处，还请广大读者批评指正。

目录

第一章 专题学习

一、以习近平法治思想引领法治乡村建设

二、宪法

三、民法典

四、乡村振兴

第二章　农业生产经营

一、土地承包经营

二、农业生产经营主体

二、继承

第四章 乡村生活

一、村民自治

八、野生动植物保护

第五章　特定群体保护

一、未成年人

二、妇女

三、老年人

四、残疾人

五、特困人员

六、外出务工人员

第六章　乡村常见违法犯罪预防

一、治安管理处罚

二、刑事犯罪

第七章 纠纷解决

一、人民调解

二、行政复议和诉讼

三、农村土地承包经营纠纷仲裁

四、民事诉讼

五、法律援助

第一章

专题学习

一、以习近平法治思想引领法治乡村建设

2020年11月16日至17日召开的中央全面依法治国工作会议正式确立了习近平法治思想在全面依法治国工作中的指导地位，并强调，习近平法治思想是顺应实现中华民族伟大复兴的时代要求应运而生的重大理论创新成果。习近平法治思想主题鲜明、内涵丰富、论述深刻、逻辑严密、系统完备，围绕新时代为什么实行全面依法治国、怎样实行全面依法治国，深刻回答了一系列方向性、根本性、战略性的重大问题，为新时代全面依法治国提供了根本遵循和行动指南。新时代法治乡村建设必须以习近平法治思想为引领，充分发挥法治对乡村振兴战略顺利实施的引领、推动、规范和保障作用。

1 **习近平法治思想的核心要义是什么？**

习近平法治思想贯穿经济、政治、文化、社会、生态文明建设各个领域，涵盖改革发展稳定、内政外交国防、治党治国治军各个方面，为全党全国各族人民深刻认识全面依法治国在治国理政中的全局性、战略性、基础性、保障性地位提供了科学指引。就其主要方面来讲，集中体现为"十一个坚持"：

坚持党对全面依法治国的领导；

坚持以人民为中心；

坚持中国特色社会主义法治道路；

坚持依宪治国、依宪执政；

坚持在法治轨道上推进国家治理体系和治理能力现代化；

坚持建设中国特色社会主义法治体系；

坚持依法治国、依法执政、依法行政共同推进，法治国家、法治政府、法治社会一体建设；

坚持全面推进科学立法、严格执法、公正司法、全民守法；

坚持统筹推进国内法治和涉外法治；

坚持建设德才兼备的高素质法治工作队伍；

坚持抓住领导干部这个"关键少数"。

2 法治乡村建设如何坚持党的领导？

习近平总书记强调："党政军民学，东西南北中，党是领导一切的。"坚持党的领导是党和国家的根本所在、命脉所在，是全国各族人民的利益所系、幸福所系，是中国人民走上中国特色社会主义法治道路的根本所在。

乡村振兴战略顺利实施必须坚持党管农村工作。毫不动摇地坚持和加强党对农村工作的领导，健全党管农村工作领导体制机制和党内法规，确保党在农村工作中始终总揽全局、协调各方，为乡村振兴提供坚强有力的政治保障。

法治乡村建设必须坚持党的领导。坚持和加强党对法治乡村建设的领导，坚持农村基层党组织领导地位，加强农村基层党组织建设，充分发挥农村基层党组织的战斗堡垒作用和党员先锋模范作用，确保法治乡村建设始终沿着正确方向发展。

③ 法治乡村建设如何坚持以人民为中心？

人民是历史的创造者，是决定党和国家前途命运的根本力量。习近平总书记强调，要坚持以人民为中心。全面依法治国最广泛、最深厚的基础是人民，必须坚持为了人民、依靠人民。要把体现人民利益、反映人民愿望、维护人民权益、增进人民福祉落实到全面依法治国各领域全过程。推进全面依法治国，根本目的是依法保障人民权益。

法治乡村建设必须坚持以人民为中心。坚持人民群众在法治乡村建设中的主体地位，做到法治乡村建设为了群众、依靠群众，过程群众参与、效果群众评判、成果群众共享，切实增强人民群众的获得感、幸福感、安全感。

④ 法治乡村建设如何坚持以宪法为统领？

宪法是国家的根本法，是党和人民意志的集中体现，具有最高的法律地位、法律权威、法律效力。习近平总书记强调，坚持依法治国首先要坚持依宪治国，坚持依法执政首先要坚持依宪执政。全面贯彻实施宪法是全面依法治国、建设社会主义法治国家的首要任务和基础性工作。

法治乡村建设要以宪法为根本活动准则，用科学有效、系统完备的制度体系保证宪法实施，加强宪法监督，弘扬宪法精神，切实维护宪法的权威和尊严。法治乡村建设必须坚持宪法宣传、教育、研究共同推进，坚持知识普及、理论阐释、观念引导全面发力，推动宪法深入人心，走进人民群众，推动宪法实施成为全体人民的自觉行动。

⑤ 法治乡村建设如何健全党组织领导的自治、法治、德治相结合的乡村治理体系？

习近平总书记强调，走乡村善治之路。要完善党组织领导的自治、法治、德治相结合的乡村治理体系，让农村既充满活力又稳定有序。

　　健全党组织领导的自治、法治、德治相结合的乡村治理体系，是实现乡村善治的有效途径。要以党的领导统揽全局，创新村民自治的有效实现形式，推动社会治理和服务重心向基层下移。要丰富基层民主协商的实现形式，发挥村民监督的作用，让农民自己"说事、议事、主事"，做到村里的事村民商量着办。要培育富有地方特色和时代精神的新乡贤文化，发挥其在乡村治理中的积极作用。法治是乡村治理的前提和保障，要把政府各项涉农工作纳入法治化轨道，加强农村法治宣传教育，完善农村法治服务，引导干部群众尊法学法守法用法，依法表达诉求、解决纠纷、维护权益。

　　法治乡村建设应坚持法治与自治、德治相结合。以自治增活力、法治强保障、德治扬正气，促进法治与自治、德治相辅相成、相得益彰。

二、宪 法

　　宪法是国家的根本法，是治国安邦的总章程，与国家前途、人民命运息息相关。宪法规定的是国家的重大制度和重大事项，在国家和社会生活中具有总括性、原则性、纲领性、方向性。我国现行宪法包括序言，总纲，公民的基本权利和义务，国家机构，国旗、国歌、国徽、首都等五部分。新时代在法治轨道上全面建设社会主义现代化国家，必须大力弘扬宪法精神、增强宪法意识，把宪法实施提高到一个新的水平。

6 行使言论自由的界限在哪儿？

　　老李和老孙是熟人，后二人关系破裂。为了泄愤，老李多次在自己的微信朋友圈以文字或图片形式发布大量侮辱老孙的言论，却始终认为自己是在行使公民的言论自由。老孙认为老李的行为给自己的生活、工作造成严重的负面影响，损害了自己的名誉，遂诉至法院。

【分析】我国宪法规定，中华人民共和国公民有言论的自由。但是，公民的言论自由要受到法律的约束，比如，不得利用言论自由，煽动和颠覆政府，危害公共安全和社会秩序，对他人进行侮辱和诽谤，侵犯他人的隐私权，宣扬违法行为、教唆犯罪方法，干预正常司法活动，泄露国家机密，等等。

本案中，老李侵犯了老孙的名誉权。老李在朋友圈多次对老孙进行辱骂和诋毁，其他人可能会受老李言论的影响，认为老孙品行不端，进而使老孙在他人心目中形象受损，对老孙的生活、工作产生负面影响。老李对他的侵权行为应当承担相应的责任。最终，法院判决老李向老孙赔偿精神损害抚慰金、公证费、律师费共计 18800 元，并以书面形式向老孙赔礼道歉。

依据 ≫ 附录扫码看全文

《中华人民共和国宪法》第 35 条，《中华人民共和国民法典》第 1024 条、第 1165 条、第 1194 条

7 私闯民宅会有什么法律后果？

村民老王帮邻居老李办喜事后喝醉了酒，不顾老李阻拦，强行闯入老李家中，并进入老李女儿小李的卧室。小李让老王离开，老王非但不听，反而对其进行言语威胁。老李无奈报警，逃走的老王之后主动到公安机关自首。

【分析】根据宪法规定，中华人民共和国公民的住宅不受侵犯。禁止非法搜查或者非法侵入公民的住宅。

任何人都不得非法侵入他人的住宅。本案中，老王不顾阻拦闯入小李的卧室，经要求离开仍拒不离开，并对小李进行言语威胁，其行为是私闯民宅的行为，严重妨碍了老李一家的正常生活和居住安全，喝醉酒并不是其逃脱法律

追究的借口。法院经审理认为，老王未经住宅主人同意，非法强行闯入他人住宅，构成非法侵入住宅罪。但鉴于其犯罪后投案自首，确有悔罪表现，故对其从轻处罚并适用缓刑。

【提示】另外要说明的是，对公民的住宅进行搜查是一项重要的刑事侦查方法。刑事诉讼法规定了对公民的住宅进行搜查的条件和程序，不符合相关条件和程序，任何人、任何机关和组织都不得对公民的住宅进行搜查。

依据 》》 附录扫码看全文

《中华人民共和国宪法》第 39 条，《中华人民共和国刑法》第 245 条，《中华人民共和国刑事诉讼法》第 136 条、第 138 条、第 139 条

8 举报乡干部违规履职，是在行使什么权利？

村民唐某认为乡干部在发放社会救助物资时未按国家相关规定进行，联合其他村民向当地县政府举报。经核查初步发现，一些项目在实施过程中确实存在管理不规范、没有及时公布项目信息等问题。

【分析】在我国，国家的一切权力属于人民。我国宪法规定，中华人民共和国公民对于任何国家机关和国家工作人员，有提出批评和建议的权利；对于任何国家机关和国家工作人员的违法失职行为，有向有关国家机关提出申诉、控告或者检举的权利，但是不得捏造或者歪曲事实进行诬告陷害。

本案中，唐某认为乡干部发放社会救助物资存在问题，向县政府反映举报，属于行使公民的监督权。如有关人员经查证确有违法行为，应依法承担责任。

【提示】对于公民的申诉、控告或者检举，有关国家机关必须查清事实，负责处理。任何人不得压制和打击报复。

依据 》》 附录扫码看全文

《中华人民共和国宪法》第 41 条

9 个人开网店卖当地特色农产品，需要纳税吗？

李某开了一家网店，进货并售卖冬枣、枸杞、花生等当地特色农产品。邻居王某出于嫉妒，向税务部门举报李某开网店挣钱不纳税。税务部门立案后，对李某达到起征点但未纳税的行为进行了查处。

【分析】公民纳税，是一项光荣的义务。我国宪法规定，中华人民共和国公民有依照法律纳税的义务。根据电子商务法的规定，电子商务经营者应当依法履行纳税义务，并依法享受税收优惠。

本案中，李某在网上售卖非自产农产品，其经营所得应当依法纳税，并依照法律和政策享受税收优惠。最终，李某向税务部门补缴了相应的税款。

【提示】有关公民纳税的事项必须由国家法律作出规定。

依据 >> 附录扫码看全文

《中华人民共和国宪法》第 56 条，《中华人民共和国电子商务法》第 11 条，《中华人民共和国个人所得税法》第 1 条、第 2 条，《中华人民共和国增值税暂行条例》第 1 条、第 15 条

10 为了维护自身权利，就能损害他人利益吗？

村民王某和他的妻子曹某因当地某煤矿致其房屋成危房，心生不满。随后，王某召集其他村民到该煤矿商讨赔偿事宜。由于协商不成发生冲突，王某和曹某等人对该煤矿办公楼及井口进行围堵、破坏，煤矿被迫停产 8 个小时，造成了较大经济损失，严重影响了社会公共秩序。

【分析】我国宪法规定，中华人民共和国公民必须遵守宪法和法律，保守国家秘密，爱护公共财产，遵守劳动纪律，遵守公共秩序，尊重社会公德。公民在行使自由和权利的时候，不得损害国家的、社会的、集体的利益和其他公民的合法的自由和权利。

公民行使自由和权利时不得违背公共秩序和社会公德。本案中，王某、曹某维护自己的合法权益的初衷可以理解，但二人主张自己的权利应当以遵守公共秩序和社会公德为前提。如果人人实现自己的权利，都要损害他人利益，社会秩序将陷入混乱，大家的权利都将得不到维护。最终，王某和曹某被以聚众扰乱社会秩序罪和故意毁坏财物罪判处刑罚。

依据 》附录扫码看全文

《中华人民共和国宪法》第 51 条、第 53 条，《中华人民共和国刑法》第 275 条、第 290 条

11 入伍后能因不适应部队生活就终止服役吗？

某村小伙张某自愿入伍后不久，以无法适应部队生活为由，多次提出终止服役申请。虽经所在部队、地方武装部以及家人亲属反复教育劝导，张某仍一意孤行，拒绝继续履行兵役义务。部队遂对其给予除名处理并退回原籍。

【分析】我国宪法、国防法和兵役法都规定了公民有依照法律服兵役的义务。公民依法服兵役后，就和国家、军队之间形成了一种新的法律关系。作为军人，除了享有公民的权利、履行公民的义务外，还因服兵役而享有新的权利，以及履行相应的义务。这种严格的法律关系，保证并维护了军队的稳定和战斗力，保障了国家的安全和利益。

本案中，张某作为自愿应征报名的新兵，应当依据法律规定服兵役。他拒绝继续履行兵役义务的行为违反了宪法、兵役法有关公民依法服兵役义务的相关规定，不仅被部队除名退回原籍，还受到其所在县人民政府的一系列处罚：予以罚款，并对其在公务员、国有企事业单位工作人员的招录、聘用，办理信贷优惠，经商办企业，办理出国出境手续等方面予以限制。

【提示】只有有严重生理缺陷或者严重残疾不适合服兵役的公民，才能免服兵役。而依照法律被剥夺政治权利的公民，不得服兵役。

依据 》 附录扫码看全文

《中华人民共和国宪法》第 55 条,《中华人民共和国国防法》第 53 条,《中华人民共和国兵役法》第 5 条

12 破坏国旗,要承担什么法律责任?

王某为发泄不满情绪,将为迎接国庆节插在自家店铺门口的国旗拔下,扔在地上,采取践踏、焚烧等方式对国旗进行破坏,并进行言语辱骂。他还用手机录制视频,通过 QQ、微信发送至多个群,造成极为恶劣的社会影响。

【分析】五星红旗是中华人民共和国的象征和标志,代表着国家的主权和尊严。每个公民和组织,都应尊重和爱护国旗。在公共场合故意以焚烧、毁损、涂划、玷污、践踏等方式侮辱国旗,严重损害国家尊严和人民群众的爱国情感,轻则会被行政拘留,重则会受到刑事处罚。

本案中,王某在公共场合故意以践踏、焚烧等方式侮辱我国国旗,其随意破坏国旗的行为已构成侮辱国旗罪,应当给予刑事处罚。

【提示】侮辱国旗的,司法机关一经发现,将依法严惩,绝不姑息。此外,国旗及其图案不得用作商标、授予专利权的外观设计和商业广告,不得用于私人丧事活动。

依据 》 附录扫码看全文

《中华人民共和国宪法》第 141 条,《中华人民共和国国旗法》第 4 条、第 20 条、第 23 条,《中华人民共和国刑法》第 299 条

13 红白喜事可以放国歌吗?

老张的儿子结婚,为了庆祝和表达喜悦,老张在婚礼上反复播放国歌,被人拍摄视频后在网上传播,引发热议。经过公安机关一番调查并进行批评教

育，老张诚心道歉，表示悔改。

【分析】我国宪法规定，中华人民共和国国歌是《义勇军进行曲》。国歌是代表一个国家民族精神的歌曲，是一个国家的象征，具有庄严性，任何人都不得随意播放。根据国歌法的规定，国歌不得用于或者变相用于商标、商业广告，不得在私人丧事活动等不适宜的场合使用，不得作为公共场所的背景音乐等。

公民在红白喜事上不能随便放国歌。本案中，老张不分场合，在结婚典礼上为了庆祝而播放国歌，是对国歌的不当使用，违反了法律规定，虽然未构成犯罪，但损害了国歌的尊严，对此类违法行为，必须予以严肃批评教育。

【提示】公民和组织在适宜的场合可以奏唱国歌，表达爱国情感。奏唱国歌，应当按照法律所载国歌的歌词和曲谱，不得采取有损国歌尊严的奏唱形式。奏唱时，在场人员应当肃立，举止庄重，不得有不尊重国歌的行为。

依据 》 附录扫码看全文

《中华人民共和国宪法》第141条，《中华人民共和国国歌法》第5条、第6条、第7条、第8条、第15条

三、民法典

民法调整平等主体的自然人、法人和非法人组织之间的人身关系和财产关系，被称为"万法之母"，其规则来自对日常生活经验和市场交易规则的提炼，具有普遍性。民法作用于社会经济生活的深度和广度为诸法之最，从婚丧嫁娶到生老病死，从日常起居到民商创业，从家庭生活到人生事业，无不与民法息息相关。我国2020年制定的《中华人民共和国民法典》是新中国成立以来第一部以"法典"命名的法律，是新时代我国

社会主义法治建设的重大成果。民法典以对人的保护为核心，以权利为本位，全面系统地规定了民事主体在民事活动中享有的各种人身权益和财产权益。

14　小孩玩游戏充值的钱，还能要回来吗？

小宋刚满 10 周岁，在上网课期间着迷于网络游戏。他借用母亲的身份信息进行注册，并多次偷偷从父亲的微信中零散地将数千元转账到自己的微信钱包中，再充值到游戏账号内，半年内累计充值 9488 元。小宋的父母发现后，认为小宋的充值行为无效，与游戏公司进行交涉，要求返还充值费用。游戏公司客服始终不正面处理，并拒绝退款。小宋父母诉至法院。

【分析】根据民法典的规定，不满 8 周岁的未成年人是无民事行为能力人，不能单独实施民事法律行为，由其法定代理人代理实施民事法律行为。8 周岁以上的未成年人是限制民事行为能力人，除实施纯获利益的民事法律行为或者与其年龄、智力相适应的民事法律行为外，实施其他民事法律行为的效力，取决于其法定代理人是否追认或者同意。

本案中，小宋在进行注册、充值消费行为时为 10 周岁，其大额消费行为明显与其年龄、智力不相符。而小宋的法定代理人即小宋父母明确表示对小宋的大额支付行为不予追认，故小宋的大额消费行为无效。游戏公司由此取得的财产，应当予以返还。

但是，小宋父母作为监护人对孩子的行为未进行必要的管束，未能保管好自己的账户、密码等信息，对其监管教育引导具有明显的不足，导致小宋长期发生网络游戏充值消费。小宋的父母对损失的造成也具有过错。

综合考虑合同效力、双方的过错程度和损失情况，最终，法院酌情确定游戏公司向小宋返还游戏充值款 9488 元的 60% 即 5692.8 元，其余损失由小宋及其父母承担。

依据 >> 附录扫码看全文

《中华人民共和国民法典》第 19 条、第 157 条

15 独居老人失能、失智，谁来监护？

陈某，77 岁，独居老人。陈某祖父母、父母均已去世，其一直未婚未育，也没有收养子女。仅有胞妹是其唯一的近亲属，但却常年与女儿在国外共同生活。陈某生活不能完全自理，表现为痴呆、大小便失禁，出现了在垃圾桶翻找食物、在户外大小便等异常情况，已严重影响其他村民生活。2021 年 11 月 9 日，陈某被诊断为老年痴呆症并入院治疗。因其胞妹长居国外，客观上无法承担和履行监护人职责，2021 年 6 月以后，陈某日常生活和处理其就医、住院等相关事务一直由村民委员会负责。为更好地维护陈某的合法权益，村民委员会向法院提出申请，请求依法宣告陈某为无民事行为能力人，并指定村民委员会作为被申请人的监护人。

【分析】本案中，陈某因患老年痴呆症失能、失智，无法辨认自己的行为，可以判定为法律上的无民事行为能力人。陈某胞妹长时间在国外生活，客观上无法及时、有效保护陈某的人身、财产及其他权益，不宜担任监护人。村民委员会作为陈某住所地的村民自治组织，了解陈某的生活、身体情况，在陈某失能、失智，处于困境的情况下，在较长时间内主动担当起了照料、保护、管理职责。其依照民法典的相关规定，向法院提出担任陈某的监护人，以便更好地照料陈某，处理陈某的生活、治疗等必须事务，这既是在履行民法典规定的义务，也体现了"最有利于被监护人"原则。在家庭监护弱化的情形下，法院判决村民委员会为陈某的监护人。

依据 >> 附录扫码看全文

《中华人民共和国民法典》第 28 条、第 32 条，《中华人民共和国民事诉讼

法》第 200 条,《最高人民法院关于适用〈中华人民共和国民法典〉总则编若
干问题的解释》第 6 条

16 自然人被宣告失踪后,有什么法律效果?

周某系余某的丈夫,于 2014 年 2 月底外出务工后失去联系,经多方寻找始
终下落不明。余某到法院申请宣告周某失踪,并作为周某的财产代管人。法院
于 2019 年 9 月 25 日在某报纸上发出寻找周某的公告,公告期间为 3 个月。公
告期间届满后,周某仍然下落不明。

【分析】宣告失踪,是指经利害关系人申请,由人民法院宣告下落不明满一
定期间的人为失踪人。宣告失踪应当满足 3 个条件:(1)失踪人必须要下落不明
满 2 年;(2)应当由利害关系人向人民法院提出书面申请;(3)人民法院依法
定程序宣告,即发出寻找下落不明人的公告,公告期满仍无音讯的,宣告失踪。

在自然人被宣告失踪后,其民事主体资格仍然存在,仍然可以实施各种民
事行为。宣告失踪并不产生消灭婚姻关系的效力,也不会导致失踪人的财产被
他人继承,但法院会为失踪人设置财产代管人,并由财产代管人以失踪人的财
产清偿所欠税款、债务及应付的其他费用。

本案中,周某自 2014 年 2 月离家外出务工后失去联系,下落不明已满 2
年。余某申请宣告周某失踪的诉讼请求符合法律规定,法院支持了余某的请求。
余某自愿作为周某的财产代管人,符合法律规定,法院依法指定余某为失踪人
周某的财产代管人。周某被宣告失踪后,其与余某的夫妻关系仍然存在。

【提示】宣告失踪与宣告死亡是民事法律的重要制度。通过宣告失踪,可
以结束因自然人下落不明而发生的财产关系的不确定状态,以保护失踪人的合
法权益。通过宣告死亡,可以结束自然人因失踪而导致其参与的民事法律关系
的不稳定状态,以保护利害关系人,维护社会秩序稳定。宣告失踪不是宣告死
亡的必经程序。

依据 》 附录扫码看全文

《中华人民共和国民法典》第 40 条、第 41 条、第 42 条、第 43 条，《中华人民共和国民事诉讼法》第 192 条，《最高人民法院关于适用〈中华人民共和国民事诉讼法〉的解释》第 343 条

17 因反抗不法侵害致他人受伤，需要担责吗？

老米和老黄是邻居，两人都是 70 多岁的老人。某日，二人发生口角，老米一气之下回屋拿起镰刀就向老黄挥去，老黄则拿起身旁的木棒进行还击，二人扭打在一起。扭打过程中，老米倒地，老黄随即停止殴打。老米前往医院住院治疗。经鉴定，老米构成轻伤。老黄需要对老米受伤负责吗？

【分析】本案争议焦点在于老黄的行为是否构成正当防卫。正当防卫是指为了使国家利益、社会公共利益、本人或者他人的人身权利、财产权利以及其他合法权益免受正在进行的不法侵害，而针对实施侵害行为的人采取的制止不法侵害的行为。因正当防卫给他人造成损害的，不承担民事责任。

本案中，老黄的防卫行为针对的是来自老米现实的、不法的危害行为，符合正当防卫的起因条件、对象条件和意思条件；老米用尖锐器具进行不法侵害、老黄拿木棒进行还击以及老黄并未在老米倒地后继续进行殴打的事实表明，老黄的行为符合正当防卫的时间要件；综合双方伤情，老米的轻伤是由其摔倒所致，并非由老黄殴打造成，老黄的防卫行为具有必要性和相当性，符合正当防卫的限度条件，不构成防卫过当。因此，老黄的正当防卫行为没有超出必要的限度，不应承担赔偿责任。

【提示】正当防卫是我国刑法明文规定的违法阻却事由，也是我国民法典法定的免除民事责任事由。

依据 》 附录扫码看全文

《中华人民共和国民法典》第 181 条，《中华人民共和国刑法》第 20 条

18 **为防村庄被淹向村民耕地引流，造成损失要赔偿吗？**

张某系甲村村民，在屯北承包有 4 垧地。因夏季降雨量大，为了防止大水进屯，村里将进屯的涵洞堵上。某日大雨，上游大量积水涌向甲村，为防止来水进屯给村民生命安全、财产安全造成损害，甲村把来水从屯东向屯北引流，造成村北耕地被淹，张某的 4 垧地也在其中。张某起诉要求甲村赔偿损失。

【分析】本案争议焦点是甲村的行为是否构成紧急避险。紧急避险是指为了使国家利益、公共利益、本人或者他人的人身权利、财产权利以及其他合法权益免受正在发生的急迫危险的侵害，不得已而采取的紧急措施。因紧急避险给他人造成损失的，紧急避险的行为人不承担责任。

本案中，危险来自自然灾害，其属于存在的、可以预见的现实危险，符合紧急避险的起因条件；根据查明的事实，当天大雨加之当时正处于汛期，上游仍有大量来水，故可以认定甲村群众的生命安全和财产安全均受到来自洪水的已经产生暂未消除的现实危险，符合紧急避险的时间条件；甲村出于经验和对于汛情的掌控及时引流，有避险意识，符合紧急避险的意思条件；受保护的法益是甲村群众的生命安全和财产安全，受侵害的法益是张某的财产利益，并未超出必要限度造成不应有的损害，符合紧急避险的限度条件，不构成避险过当。因此，甲村的行为构成紧急避险。张某受到的损害虽然是甲村采取紧急避险措施造成的，但险情系自然灾害引起，非人为之过，考虑到利益衡平，根据民法典有关规定，法院判决甲村给予张某适当补偿。

【提示】因紧急避险造成损害的，由引起险情发生的人承担民事责任。危险由自然原因引起的，紧急避险人不承担民事责任，可以给予适当补偿。紧急避险采取措施不当或者超过必要的限度，造成不应有的损害的，紧急避险人应当承担适当的民事责任。

依据 》 附录扫码看全文

《中华人民共和国民法典》第 182 条

19 怕被邻居家的大火波及而救火受伤，可以让邻居补偿吗？

胡某、何某是邻居。某日，胡某发现何某家出现浓烟和明火，当即敲门喊叫但无人应答，随即拨打 119 火警并呼告村民疏散。与此同时，胡某用脸盆接水往起火点泼水救火。因胡某的及时救火，火势得以控制，未造成严重损失。因燃烧物掉落，胡某多处烫伤，同时家中财物受损，并因此耽误工作造成误工损失。现胡某提供相关费用支出证明，请求何某适当补偿各类费用若干。

【分析】本案为无因管理纠纷。无因管理是指没有法定的或者约定的义务，为避免他人利益受损失而管理他人事务的行为。管理人可以请求受益人偿还因管理事务而支出的必要费用；管理人因管理事务受到损失的，可以请求受益人给予适当补偿。

本案中，胡某的救火行为避免了造成更大的伤亡和损失，客观上是为何某承担了相应的管理事务，最终受益人也是何某，施救行为符合法律规定的无因管理情形。虽然胡某在管理过程中没有产生费用，但他因此受到了损失，作为受益人，何某应当给予适当补偿。

依据 》 附录扫码看全文

《中华人民共和国民法典》第 979 条

20 因保护他人权益而受伤，受益人要给予补偿吗？

王某与于某系同在菜市场做生意的邻居。某日傍晚，王某应于某的呼救前往其店铺内帮助灭火。灭火后王某发现左脚肿胀，于次日凌晨去医院进行检查，经诊断为骨折（轻微伤），花费药费、材料费、治疗费、放射费等费用共计748.2 元。次日上午，于某到王某店内，给他 100 元让其去看病。王某要求于某支付所有上述费用并赔偿损失，于某始终拒绝支付。王某向法院起诉，请求于某支付医药费、误工费、伙食费、营养费、交通费、辅助医疗器材费 12000 元。

【分析】本案为因保护他人民事权益使自己受到损害的民事纠纷。根据民法典的规定，因保护他人民事权益使自己受到损害的，由侵权人承担民事责任，受益人可以给予适当补偿。没有侵权人、侵权人逃逸或者无力承担民事责任，受害人请求补偿的，受益人应当给予适当补偿。

本案中，根据王某陈述的事实、案发情况（有监控录像作为证据）和检查时间等因素，可以综合认定王某确是在救火过程中受伤。王某因保护他人民事权益使自己遭到损害，没有侵权人，故应当根据民法典的规定，由受益人于某给予适当补偿。最终，法院认定王某主张的费用过高，判决于某补偿王某 4000 元。

【提示】见义勇为中，受益人给予受害人的是补偿而非赔偿，补偿的功能是适当弥补受害人的经济损失，不具有惩罚功能。

依据 》 附录扫码看全文

《中华人民共和国民法典》第 183 条

21 借款到期后，3 年没有索要，钱还能要回来吗？

2019 年，甲公司与乙公司签订借款合同，约定：甲公司向乙公司借款 3000 万元，借款期限为 3 个月，自 2019 年 3 月 1 日至 2019 年 5 月 31 日，借款用途为甲公司的营运资金；借款期满后甲公司一次性还清借款，所还款项须打入乙公司指定账号。然而，甲公司在借款期满后并未偿还债务，乙公司也没有催告。2022 年 9 月 24 日，乙公司向法院提交起诉状，要求甲公司偿还 3000 万元借款。

【分析】本案为借款合同纠纷，焦点是已过诉讼时效的债务是否需要清偿。诉讼时效是权利受到侵害后，权利人如不在法律规定的期间内行使权利，其权利即不再受诉讼保护的制度。民法典规定，向人民法院请求保护民事权利的诉讼时效期间为 3 年。法律另有规定的，依照其规定。甲公司与乙公司约定的借款期限为 2019 年 3 月 1 日至 2019 年 5 月 31 日，所以从 2022 年 6 月 1 日起，乙公司的该笔债权已经超过向人民法院请求保护的诉讼时效。乙公司提交的起诉状落款日期为 2022 年 9 月 24 日，明显超过诉讼时效期间。

民法典规定，诉讼时效期间届满的，义务人可以提出不履行义务的抗辩。所以，甲公司面对乙公司提起的诉讼，如果提出不履行的抗辩，就不需要再偿还乙公司 3000 万元债务。最终，法院判决支持了甲公司不履行债务的主张。

【提示】民法典对于诉讼时效的规定是我国长期民事司法经验积累的结果，其目的是为了防止权利人"躺在权利上睡觉"，避免民事法律关系长期处于不稳定的状态。这一规定与传统思维中对债权的理解不同，这就要求权利人要关注自己的权利，并且积极地、及时地行使自己的权利，切莫在实现权利上拖延。

依据 》 附录扫码看全文

《中华人民共和国民法典》第 188 条、第 192 条、第 195 条

22 约定牛下水归屠宰场，宰杀中发现的牛黄该归谁?

王老伯委托屠宰场宰杀两头黄牛，双方约定牛下水归屠宰场，牛肉、牛头、牛皮等按市场价卖给屠宰场，王老伯支付屠宰费。宰杀过程中，宰牛师傅在其中一头牛的下水里发现了一块罕见的牛黄。就牛黄的归属，屠宰场和王老伯产生争执。这块价值不菲的牛黄应当归谁所有?

【分析】本案中，王老伯与屠宰场的约定中实际包括了三个不同性质的合同：王老伯将两头黄牛交由屠宰场宰杀，屠宰场收取王老伯屠宰费，实际上为承揽合同；王老伯将牛肉、牛头、牛皮等按市场价卖给屠宰场，属于买卖合同；牛下水归屠宰场，实际上属于赠与合同。

在承揽合同关系中，屠宰场仅负责对黄牛进行宰杀，黄牛分解后产生的牛肉、牛头、牛皮、牛下水等所有权仍属于王老伯。屠宰场通过宰杀工艺流程完成加工工作后，依照承揽合同的性质，有义务向王老伯交付工作成果。但在本案中，由于承揽合同的承揽人同时也是买卖合同的买受人和赠与合同的受赠人，承揽人在完成工作后并未将工作成果向定作人现实交付，而是依照简易交付的方式先行占有了牛肉、牛头、牛皮、牛下水等。但这并不能掩盖承揽合同的承揽人应当将工作成果返还给定作人的义务。

牛黄是牛胆囊的胆结石，天然牛黄是一种稀缺珍贵的中药材。由于牛黄本身就存在于黄牛体内，是牛体的一部分，因此，宰杀时在黄牛的下水里发现的牛黄应属于黄牛的孳息，而非黄牛身上的隐藏物。本案合同中并不包括处分牛黄的内容，因此，王老伯仍然保留对牛黄的所有权。根据民法典的规定，牛黄应归王老伯所有。

【提示】本案中，如果屠宰场将牛黄据为所有并卖给第三人，王老伯有权追回；如第三人系善意取得，王老伯有权向屠宰场请求损害赔偿。

依据 》 附录扫码看全文

《中华人民共和国民法典》第 321 条、第 595 条、第 657 条、第 770 条

㉓ 承揽工作完成后，定作人不给钱怎么办？

夏某在村里开了一个小卖部。夏某与鞋店签订合同，约定：鞋店根据夏某提供的鞋帮面、包装材料、压底模制具等为夏某代工做鞋子 30 双；鞋店制作完成后将鞋送到小卖部，夏某收到鞋后 30 天内向鞋店付款。后鞋店按约将鞋加工完成，并按照夏某的指示将鞋送到他的小卖部，但是夏某未按约支付加工款。鞋店多次催讨，夏某都置之不理。鞋店将夏某起诉到法院。

【分析】本案中，夏某与鞋店签订的合同是由夏某提供材料，鞋店按照夏某的要求完成工作，交付工作成果，鞋店获得报酬的合同，属于典型的承揽合同。其中，鞋店是完成工作并交付工作成果的一方，为承揽人；夏某是接受工作成果并支付报酬的一方，是定作人。

根据约定，夏某应当在收到鞋后 30 天内向鞋店支付加工款，但夏某未按期付款。夏某的行为属于违约行为，根据民法典"当事人一方不履行合同义务或者履行合同义务不符合约定的，应当承担继续履行、采取补救措施或者赔偿损失等违约责任"的规定，鞋店有权要求夏某支付加工费继续履行合同。最终，法院判决夏某于判决生效后 10 日内偿付鞋店全部加工款，并赔偿鞋店实现债权的费用。

依据 》 附录扫码看全文

《中华人民共和国民法典》第 510 条、第 577 条、第 782 条

24 丢失的手机被人卖了，找到后还能要回来吗？

2020 年 1 月 8 日，王某以 9899 元的价格购买了 1 台手机。买后不久手机就在商场不慎丢失。王某在手机丢失后用远程操控锁定了该手机，将遗失信息及联系电话发送至该手机（开机界面可见），并承诺将给予 1000 元的酬金。2020 年 3 月 27 日，李某通过手机界面显示的遗失信息和联系电话，打电话给王某称，该手机被人捡到后，以 4000 元的价格卖给了自己，提出要么王某支付自己 5000 元后赎回手机，要么自己支付给王某 2000 元，由王某告知其解锁密码。次日，双方见面协商，因王某不同意李某提出的两个解决方案，双方发生争执并报警。经公安机关工作人员调解，双方未能达成一致意见。王某向法院起诉，请求判令李某立即返还手机，并支付其律师代理费 3000 元。

【分析】本案中，王某丢失的手机属于遗失物。遗失物并不是无主物，也不是所有权人抛弃的物，而是所有权人不慎丢失的物。我国民法典规定，拾得遗失物，应当返还权利人。拾得人应当及时通知权利人领取，或者送交公安等有关部门。拾得人负有的返还义务是一种法定义务，如果拾得人在拾得遗失物后，将遗失物据为己有或者出卖给他人，应当承担相应的责任。本案中，王某的手机遗失，拾得人拾得后出卖给了李某，王某能否请求李某返还手机？

答案是肯定的。根据民法典的规定，动产遗失后，所有权人或者其他权利人有权追回遗失物。该遗失物通过转让被他人占有的，权利人有权向无处分权人请求损害赔偿，或者自知道或者应当知道受让人之日起 2 年内向受让人请求返还原物；但是，受让人通过拍卖或者向具有经营资格的经营者购得该遗失物的，权利人请求返还原物时应当支付受让人所付的费用。权利人向受让人支付所付费用后，有权向无处分权人追偿。因此，在遗失物被他人转卖后，无论第三人是否为善意，王某都有权追回遗失物。那么，王某需要向李某支付费用吗？

答案是否定的。本案中，李某在明知手机是他人遗失物的情况下仍然出资购买，且李某亦不是通过拍卖或向具有经营资格的经营者购得该遗失物，不属于善意取得，因此，王某无需支付李某所付费用。李某如有损失，应当向无权处分的第三人即拾得人追偿。

依据》 附录扫码看全文

《中华人民共和国民法典》第 312 条

25 宅院出租后受损，谁来承担维修费用？

房屋主人林某与租客滕某签订《房屋租赁协议》一份，约定租期为 5 年，租赁的区域包括出租屋和一个院子。在签订租赁合同后的第二年，林某发现院内的仓房房顶坍塌，院墙也部分倒塌。林某要求滕某赔偿房顶、院墙的维修费用。租客滕某称仓房、院墙的倒塌不是自己造成的，拒绝赔偿。双方诉至法院。

【分析】本案是典型的租赁合同纠纷。在房屋租赁过程中，不可避免会发生租赁房屋的损坏，此时房屋租赁双方就容易在维修责任承担上引发矛盾。

在租赁合同中，保证租赁物的良好完整与具备可使用性是出租人的义务，这也是承租人实施租赁行为的目的与原因。根据公平原则，除非存在过错，亦不应当将过重的义务施加给承租人，所以租赁物之维修义务，一般以出租人承担为主，除非房屋的损坏是因租户的过错导致。出租人的维修义务应界定在承租人按约定使用租赁物的情况下出现的合理损耗或者是由租赁物的性质所要求的对租赁物的正常维护，如果因承租人的保管使用不善造成租赁物的损坏，出租人不负维修的义务。双方约定维修义务由承租人承担的，应当依照约定。

本案中，滕某在租赁过程中，按照约定的方法使用租赁房屋，并对租赁的房屋履行了妥善保管和适当维修义务，并不存在过错行为。因而仓房房顶坍塌和院墙部分倒塌的维修责任应由林某承担，作为承租人滕某不应负担过分的维修保养义务。

依据 》 附录扫码看全文

《中华人民共和国民法典》第 712 条、第 713 条、第 714 条

26 人体器官可以买卖或者捐献吗？

小张高中辍学后离家外出打工，因父母不给生活费赌气卖肾。在一个 QQ 群里和郑某团伙联系上后，小张决定以 2.5 万元的价格出卖自己的一个肾脏。老王是一个患病七八年的尿毒症患者，经病友介绍去一个医院治疗，在医院得知可以从郑某团伙买到肾脏。在和郑某团伙联系上后，老王答应以 22 万元的价格购买一个肾脏。公安机关在侦查中发现了该团伙长期倒卖人体器官获利，将郑某等人抓获。

【分析】将人体器官作为商品买卖，不仅有违伦理道德，而且严重破坏了我国对于人体器官移植的管理秩序，给器官提供者与接受者的身体健康乃至生命安全带来巨大风险；同时，从事人体器官买卖活动的人员，在高额利润的驱使下，还可能滋生其他违法犯罪活动。

在我国，所有买卖人体器官的行为都是违法的。法律禁止以任何形式买卖人体细胞、人体组织、人体器官、遗体。因此，人体器官等买卖合同因违法而无效，不受法律保护。此外，我国刑法还规定了组织出卖人体器官罪。

本案中，郑某等人犯罪行为的基本模式就是通过压低供体出卖人体器官的价格，抬高受体购买人体器官的价格，从而赚取高额利润。郑某雇用、招募人员的所有活动都围绕人体器官买卖这一核心环节进行。基于相关法律规定以及郑某等人组织出卖人体器官活动的现实危害性，对其行为确有定罪处罚的必要。最终，法院对郑某等人的行为依照组织出卖人体器官罪定罪处罚。

【提示】人体器官捐献应当遵循自愿、无偿的原则。合法的器官捐献必须满足以下条件：（1）捐献人是完全民事行为能力人，即捐献人必须年满 18 周岁或者年满 16 周岁并以自己的劳动收入为主要生活来源，同时能够完全辨认自己的行为；（2）捐献人必须自愿，任何组织和个人不得强迫、欺骗、利诱他

人进行器官捐献；（3）捐献必须是无偿的，捐献人不能收取任何形式的报酬和费用；（4）必须以书面或遗嘱的形式明确捐献器官的具体事宜。只有同时满足以上条件，自然人的器官捐献行为才能受到法律保护。

此外，如果自然人生前没有表示不同意捐献器官，该自然人的配偶、成年子女、父母可以在其死亡后共同决定捐献，但同样应当采用书面形式。

依据》 附录扫码看全文

《中华人民共和国民法典》第 1006 条、第 1007 条，《中华人民共和国刑法》第 234 条之一，《人体器官捐献和移植条例》第 6 条、第 8 条、第 9 条

27 在酒店房间内发现针孔摄像头，能要求赔偿吗？

乔女士入住酒店后，很快发现中央空调里有一个不知何人安装的针孔摄像头，爬上去将其取下，发现该摄像头没有安插电话卡及内存卡，并报警。后来，乔女士诉至法院要求酒店赔偿自己的精神损失。

【分析】我国民法典规定，自然人享有隐私权。任何组织或者个人不得以刺探、侵扰、泄露、公开等方式侵害他人的隐私权。隐私是自然人的私人生活安宁和不愿为他人知晓的私密空间、私密活动、私密信息。除法律另有规定或者权利人明确同意外，任何组织或者个人不得以电话、短信、即时通讯工具、电子邮件、传单等方式侵扰他人的私人生活安宁；不得进入、拍摄、窥视他人的住宅、宾馆房间等私密空间；不得拍摄、窥视、窃听、公开他人的私密活动；不得拍摄、窥视他人身体的私密部位；不得处理他人的私密信息；不得以其他方式侵害他人的隐私权。

本案中，乔女士入住酒店，就与酒店形成了服务合同关系。乔女士入住期间客房系其私密空间，酒店作为经营者对乔女士有安全保障义务，其中包括对其隐私的保护。对客房中存在的针孔摄像头，如果没有证据表明系乔女士自为，则酒店疏于管理，存在过错，无论乔女士的隐私是否泄露，足以造成其心

理上的不安，构成对其隐私权的侵犯。最终法院认定，酒店疏于管理，侵犯了乔女士的隐私权，但是针孔摄像头没有存储卡也未处于工作状态，没有对乔女士造成严重精神损害后果或其他心理上的严重不良状态，故对其诉求不予支持。

【提示】侵害自然人人身权益只有造成严重精神损害时，被侵权人才能请求精神损害赔偿。精神损害的赔偿数额主要根据侵权人的过错程度、具体情节、侵权行为所造成的后果等因素确定。

依据 ≫ 附录扫码看全文

《中华人民共和国民法典》第 1032 条、第 1033 条、第 1183 条、第 1198 条

28 手机经常收到推销信息，权利受侵害了吗？

孙女士在某电信公司办理了一张电话卡，但是办理之后，孙女士持续收到营销人员以该公司工作人员名义拨打的推销电话，以"搞活动""回馈老客户""赠送""升级"等为由数次向孙女士推销该电信公司的套餐升级业务，包括增加包月流量、增加通话时长、开通视频彩铃等。孙女士不堪其扰，多次投诉未果，于是向法院提起诉讼，要求赔礼道歉，赔偿经济损失。

【分析】本案为隐私权、个人信息保护纠纷。个人信息是以电子或者其他方式记录的能够单独或者与其他信息结合识别特定自然人的各种信息，包括自然人的姓名、出生日期、身份证件号码、生物识别信息、住址、电话号码、电子邮箱、健康信息、行踪信息等。本案中，孙女士使用某电信公司提供的通信号码，并向其支付费用，双方之间存在电信服务合同关系。向孙女士进行电话推销的营销人员自称为某电信公司工作人员，推销的内容为与某电信公司经营业务密切相关的套餐升级业务等，推销通话后某电信公司发送相应的验证码信息。结合孙女士的投诉、双方协商处理及某电信公司将案涉通信号码设置为营销免打扰的情况，能够认定向孙女士进行电话推销是某电信公司的行为。

我国民法典规定，自然人享有隐私权。自然人的个人信息受法律保护。本

案中，在孙女士与某电信公司之间的电信服务合同内容即案涉通信号码的话费套餐足够孙女士使用的情况下，某电信公司多次向孙女士进行电话推销，要求其办理套餐升级等增加消费的业务，且在孙女士已多次向某电信公司表示生活受干扰，要求停止此类推销的情况下，仍未停止。某电信公司的行为超出了必要限度，违反了民法平等、自愿原则，侵犯了孙女士的隐私权和受法律保护的个人信息，某电信公司应承担侵权责任。

【提示】互联网信息时代，隐私权和个人信息安全愈发受到关注。生活中经常出现个人信息被泄露、倒卖的情况，比如买房后接到的大量装修营销电话，注册网站后收到的各种推销短信等，均有可能侵犯他人隐私权和受法律保护的个人信息。

依据》 附录扫码看全文

《中华人民共和国民法典》第 1032 条、第 1033 条、第 1034 条

㉙ 孩子在放学回家途中嬉闹受伤，谁承担责任？

某日下午，小学生蔡某（10 周岁）在放学回家途中与胡某（10 周岁）一起玩耍。蔡某在人行道上与胡某打闹时，因与胡某碰撞摔倒，手腕和牙齿受伤。后被送至某市医院门诊，经诊断为左桡骨远端骨折。之后蔡某多次入院治疗，共花费医疗费 2678.8 元。经评估：蔡某 18 周岁前装配义齿各项费用为 6400元；18 周岁后装配义齿各项费用为 36000 元。后蔡某及其监护人因与胡某及其监护人就赔偿事宜未能达成一致意见，起诉至法院。

【分析】任何游戏都存在风险，游戏中每一个参与人，既是危险的潜在制造者，也是危险的潜在承担者。本案中，蔡某的伤情是在放学后与同学玩耍碰撞造成的。虽然事发时蔡某仅 10 周岁，是限制民事行为能力人，但对相关行为后果应有一定的认知。蔡某受伤系因与胡某在人行道上打闹嬉戏所致，二人均存在过错，蔡某也应当对自身损害结果承担相应的责任。此外，蔡某在与胡

某碰撞后摔倒受伤，胡某的行为与蔡某摔倒之间存在因果关系，胡某侵害了蔡某的身体权，应当承担侵权责任。

由于胡某尚未满18周岁，根据民法典的规定，侵权责任应由其监护人承担。而被侵权人对同一损害的发生或者扩大有过错的，可以减轻侵权人的责任。综合比较双方的过错，法院最终判决由胡某及其监护人承担40%的民事责任，蔡某18周岁后的治疗费用可待实际发生后另行主张。

依据 》 附录扫码看全文

《中华人民共和国民法典》第1165条、第1173条、第1188条

四、乡村振兴

实施乡村振兴战略，是党的十九大作出的重大决策部署，是决胜全面建成小康社会、全面建设社会主义现代化国家的重大历史任务，是新时代"三农"工作的总抓手。2021年4月29日，第十三届全国人民代表大会常务委员会第二十八次会议通过了《中华人民共和国乡村振兴促进法》，为全面实施乡村振兴战略提供了基本法律依据。这部法律从实施乡村振兴战略的基本原则和基本要求，产业发展、人才支撑、文化繁荣、生态保护、组织建设等方面的基本法律制度，实现城乡融合发展的法律措施等方面作出具体规定，并明确了相关的扶持措施和监督检查机制。我国现行的农业农村法律有30多部，可以说都与乡村振兴战略实施有着密切关联，因此在实施乡村振兴战略中，既要学习乡村振兴促进法的相关规定，也要学习党的有关乡村振兴的政策部署和其他相关法律。

30 国家对乡村的哪些产业发展会重点扶持？

某村要发展集体经济，但集体成员代表大会在讨论项目选择时，意见分歧较大。有的人主张重点发展蔬菜种植业；有的人认为当地已经有很多村都种植蔬菜但缺少蔬菜加工产业，因此应当利用扶持政策发展蔬菜加工业；也有人主张发展乡村旅游。大家的共识是要发展国家政策支持的产业，但摸不清国家对哪些产业会重点扶持。

【分析】发展壮大农村集体经济，是党中央的重要部署，也是新时代实施乡村振兴战略尤其是实现产业振兴的重要组成部分。由于我国幅员辽阔，各地农村集体经济的资源禀赋不同、发展水平不同，因此，集体经济的发展壮大必须坚持因地制宜的原则。乡村振兴促进法规定了"坚持因地制宜、规划先行、循序渐进，顺应村庄发展规律，根据乡村的历史文化、发展现状、区位条件、资源禀赋、产业基础分类推进"的基本原则，这一原则也适用于农村集体经济的发展。

国家对新产业、新业态、新模式有较大的扶持力度。在产业选择上，要注意在传统产业基础上，立足于本地的农村资源和生态优势，培育和发展农村新型产业。按照乡村振兴促进法的规定，政府重点支持的新产业主要有特色农业、休闲农业、现代农产品加工业、乡村手工业、绿色建材、红色旅游、乡村旅游、康养和乡村物流、电子商务等乡村产业。同时，鼓励企业获得国际通行的农产品认证，增强乡村产业竞争力。

【提示】乡村产业发展须符合国土空间规划和产业政策、环境保护的要求。例如，乡村产业发展涉及需要使用建设用地的，要优先使用存量的集体经营性建设用地、闲置的公益性建设用地和农民宅基地，必须使用耕地的，要按照相关法律规定办理农用地转用审批手续。乡村产业发展还须符合生态环境保护的相关法律和政策。例如，乡村发展规模化养殖业，就需要有相关畜禽粪污处理和资源化利用以及病死畜禽处理的设施，并严格按照法律的相关规定落实。

依据 >> 附录扫码看全文

《中华人民共和国乡村振兴促进法》第 4 条、第 12 条、第 19 条

31 在集体经济发展和公共事务管理中，如何激发农民的参与热情？

某村为发展集体经济，在节假日前组织村干部义务劳动，收购村民的杏仁、核桃等土特产品，包装成礼盒对外销售，所获收益作为村集体经济的收入。但整个包装、销售环节村民没有参与，形成了典型的"干部干、农民看"的现象。该村的村容村貌整治中也有类似现象。

【分析】在乡村振兴战略实施中，农民既是贡献主体，也是受益主体，因此，乡村经济发展、社会服务、公共事务管理等各项工作，都应当从农民需求出发，动员农民广泛参与。按照乡村振兴促进法的规定，实施乡村振兴战略，要在党的全面领导下，"坚持农民主体地位，充分尊重农民意愿，保障农民民主权利和其他合法权益，调动农民的积极性、主动性、创造性，维护农民根本利益"。

本案中，某村发展集体经济，要完善以农民为主体的产业融合发展机制，建立农民收入稳定增长机制，要保障农民作为集体成员的收益权。一二三产融合发展，不仅要考虑产业链各环节的衔接，更要关注产业链延伸是否能够带动更多农民就业，让农民共享全产业链增值收益。在乡村环境整治中，要通过建立农民参与的机制，如采用积分制等方法，激发农民的参与热情。

【提示】农村每一项工作的开展都应当坚持农民主体地位。乡村振兴促进法对于乡村产业振兴、人居环境改善、乡村文化繁荣、乡村生态保护和城乡融合发展中农民的知情权、监督权、财产权保护有一系列明确的规定。

依据 >> 附录扫码看全文

《中华人民共和国乡村振兴促进法》第 4 条、第 12 条、第 21 条、第 37 条、第 42 条、第 51 条、第 55 条、第 56 条

32 如何解决乡村振兴中的人才短缺问题？

某村要发展产业，但没有人懂经营管理；想要申请政府项目，不知道如何写申报书；要改善村容村貌，没有人懂如何美化环境，是在公路两侧种花种草，还是需要有统一的个性化景观设计；要解决老人看病难的问题，没有执业医师。没有人才，各项工作都难以开展，村干部和村民都很苦恼。

【分析】本案中遇到的情况在农村地区较为普遍。解决这一问题，需要多措并举。乡村振兴促进法规定，国家健全乡村人才工作体制机制，采取措施鼓励和支持社会各方面提供教育培训、技术支持、创业指导等服务，培养本土人才，引导城市人才下乡，推动专业人才服务乡村，促进农业农村人才队伍建设。根据该规定，解决乡村人才短板问题，既要培养本土人才，同时要鼓励各类专业人才下乡服务于乡村振兴工作。例如，针对村医短缺问题，一是要对乡村医疗人员加强培训，二是创造条件支持医师到乡村医疗卫生机构执业、开办乡村诊所、普及医疗卫生知识，提高乡村医疗卫生服务能力。在产业发展方面，地方政府和相关部门应当组织开展农业技能培训、返乡创业就业培训和职业技能培训，培养有文化、懂技术、善经营、会管理的高素质农民和农村实用人才、创新创业带头人。同时，要搭建社会工作和乡村建设志愿服务平台，支持和引导各类人才通过多种方式服务乡村振兴。事实上，农村地区也有很多人才，如各类工匠具有独特技艺，在乡村振兴中也大有用武之地，乡村各类工作要注意发挥他们的作用。

【提示】为吸引城市人才下乡，乡村振兴促进法规定，乡镇人民政府和村民委员会、农村集体经济组织应当为返乡入乡人员和各类人才提供必要的生产生活服务。农村集体经济组织可以根据实际情况提供相关的福利待遇。

依据 » 附录扫码看全文

《中华人民共和国乡村振兴促进法》第 24 条、第 25 条、第 26 条、第 27 条、第 28 条

33 实施乡村振兴战略，如何繁荣乡村文化？

某村曾经是历史文化名村，但近些年来由于大量劳动力外流，村庄日趋破败。现在村里居住的主要是老年人，生活单调枯燥，缺少关心照料。与此同时，村里的红白喜事攀比严重，村民不堪重负却很无奈。中央提出繁荣乡村文化，但村里不知从何入手。

【分析】文化繁荣是乡村振兴的重要组成部分。习近平总书记多次强调，要"望得见山，看得见水，记得住乡愁"。为此，需要在乡村生态改善的基础上，多方面促进乡村文化繁荣。乡村振兴促进法规定，各级人民政府应当组织开展新时代文明实践活动，加强农村精神文明建设，不断提高乡村社会文明程度。

乡村有很多中华民族优秀传统文化，但确实存在着与优秀传统文化不和谐的方面，如铺张浪费、红白喜事大操大办等陈规陋习。为此，需要采取措施丰富农民文化体育生活，倡导科学健康的生产生活方式，发挥村规民约积极作用，普及科学知识，推进移风易俗。要提倡孝老爱亲、勤俭节约、诚实守信，促进男女平等，创建文明村镇、文明家庭，培育文明乡风、良好家风、淳朴民风，建设文明乡村。例如，贵州湄潭等地通过村规民约倡导红白喜事"车不过十，礼不过百"的做法，就是培育文明乡风的有益尝试。

【提示】乡村文化繁荣不仅仅是各级政府的事情，更需要农村基层党组织、村民自治组织和广大村民广泛参与。各地应当根据本地特点，因地制宜采取相应措施，号召广大村民共同投入文化建设中。村规民约对乡村文化繁荣具有重要作用，因此需要通过民主程序，完善村规民约，倡导文明新风。

依据 》 附录扫码看全文

《中华人民共和国乡村振兴促进法》第 29 条、第 30 条、第 31 条、第 32 条

34 实施乡村振兴战略，如何保护生态环境？

某个体户以家庭农场名义发展肉鸡养殖，但是在养殖过程中形成的养殖粪

便随意排放，畜禽粪污满街横流，下雨天更是导致村民出行困难，大家有很多抱怨，要求整治。但村干部担忧的是，如果对其严加处罚，不仅会损害产业发展，还可能影响本村村民的就业机会；如果放任自流，又会导致村庄环境的进一步恶化。

【分析】生态文明是党中央提出的乡村振兴战略的重要内容，在乡村振兴促进法等法律中有一系列关于产业发展和生态环境保护关系的规定。例如，乡村振兴促进法规定，国家鼓励和支持农业生产者采用节水、节肥、节药、节能等先进的种植养殖技术，推动种养结合、农业资源综合开发，优先发展生态循环农业；各级人民政府应当采取措施加强农业面源污染防治，推进农业投入品减量化、生产清洁化、废弃物资源化、产业模式生态化，引导全社会形成节约适度、绿色低碳、文明健康的生产生活和消费方式，等等。

在这些规定中，一是明确了乡村产业发展的生态底线，即不能以破坏生态环境为代价发展乡村产业。二是强调了通过激励性措施鼓励对农业废弃物的资源化利用。三是强调了因地制宜以及与当地环境消纳能力相适应的发展原则。生态环境问题还不局限于本案中反映的问题，其他诸如病死畜禽的处理、农药包装物的回收以及农作物秸秆的综合利用等，都与环境问题密切相关。四是强调了全社会在农业农村生态环境保护中的广泛参与。例如，在乡村的环境整治中，乡村振兴促进法要求，各级人民政府应当建立政府、村级组织、企业、农民等各方面参与的共建共管共享机制，综合整治农村水系，因地制宜推广卫生厕所和简便易行的垃圾分类，治理农村垃圾和污水，加强乡村无障碍设施建设，鼓励和支持使用清洁能源、可再生能源，持续改善农村人居环境。

【提示】乡村工作中往往会涉及产业发展与环境保护的矛盾。党中央强调的可持续发展战略，就是要求既要实现产业增长，也要贯彻人与自然和谐共生的发展理念，关于这一方面，除乡村振兴促进法的原则规定外，在农业法、畜牧法以及环境保护法律中有明确规定。如本案中的畜禽粪污处理，在畜牧法中就有明确规定，畜禽养殖场应当具备"与畜禽粪污无害化处理和资源化利用相适应的设施设备"。

依据 ≫ 附录扫码看全文

《中华人民共和国乡村振兴促进法》第 35 条、第 37 条、第 40 条，《中华人民共和国农业法》第 57 条、第 58 条、第 65 条、第 66 条，《中华人民共和国畜牧法》第 39 条

③⑤ 实施乡村振兴战略，村级组织应该怎么做？

吴某是村党支部书记兼村委会主任，每天工作很烦琐，还时不时面对上级的各项检查，对村庄的产业发展、邻里矛盾的调解等事务经常无暇顾及。村里有党支部、村委会、股份经济合作社等各类组织，各类组织如何更好协同处理村庄事务？

【分析】乡村振兴，需要强有力的组织保障。乡村振兴促进法明确规定，中国共产党农村基层组织，按照中国共产党章程和有关规定发挥全面领导作用。村民委员会、农村集体经济组织等应当在乡镇党委和村党组织的领导下，实行村民自治，发展集体所有制经济，维护农民合法权益，并应当接受村民监督。

乡村治理，需要体现自治、法治与德治相结合的原则。乡村振兴促进法规定，建立健全党委领导、政府负责、民主协商、社会协同、公众参与、法治保障、科技支撑的现代乡村社会治理体制和自治、法治、德治相结合的乡村社会治理体系，建设充满活力、和谐有序的善治乡村。

农村基层组织包含基层党组织、基层群众性自治组织、农村集体经济组织和新型农业经营主体，各类组织的组织定位不同，组织功能不同，因此，基层党组织应当发挥全面领导作用，支持各类组织融入乡村的产业振兴、组织振兴、文化繁荣等各项工作中。

按照中央要求，农村基层党组织的负责人，在符合条件和程序的前提下，可以兼任村民自治组织和农村集体经济组织的负责人。农村基层党组织、村民自治组织和农村集体经济组织，有不同的组织功能，农村基层干部应当依照法

律规定，根据职责履行相关义务。例如，基层党组织应当发挥全面领导作用；基层自治组织应当通过规范化、制度化建设，健全村民委员会民主决策机制和村务公开制度，增强村民自我管理、自我教育、自我服务、自我监督能力；农村集体经济组织应当发挥依法管理集体资产、合理开发集体资源、服务集体成员等方面的作用，保障农村集体经济组织的独立运营。本案中，吴某可根据其在不同组织中的任职，发挥不同组织的功能，协同处理村庄事务。

依据》 附录扫码看全文

《中华人民共和国乡村振兴促进法》第 41 条、第 42 条、第 45 条、第 46 条

36 村组撤并应当坚持哪些原则？

某村地处山区，有近 3000 人，但资源匮乏，村民居住分散。县里为实现公共服务全覆盖，为村里修通了道路，铺设了饮水和天然气管线，极大地便利了村民生活。但是，能够享受到公共服务的村民只是本村的 20 来户不到 80 人，更多村民的生产生活仍然有很多困难。现在县里提出要把该村合并到邻近的村庄，通过适度集中居住方式解决村民饮水、规模化种植问题，并将闲置的农村公益性建设用地和农民宅基地盘活利用以增加农民收入。但村民有很多顾虑，主要的担忧是，村组撤并是否有明确的法律依据？

【分析】村庄撤并，通常会涉及村级组织调整、村民搬迁和异地安置等复杂问题，直接涉及村民的经济利益和生产生活，因此需要依法慎重处理。村庄撤并可能会形成资源规模化利用，提升集体经济发展活力、降低行政管理成本、方便群众生产生活，但是也可能会导致村民传统生活方式改变，部分村民的生产地和居住地分离形成更多不便，因此，必须以农民意愿为前提，履行必要的法定程序。

乡村振兴促进法规定，县级人民政府和乡镇人民政府应当优化本行政区域内乡村发展布局，按照尊重农民意愿、方便群众生产生活、保持乡村功能和特色的原则，因地制宜安排村庄布局，依法编制村庄规划，分类有序推进

村庄建设，严格规范村庄撤并，严禁违背农民意愿、违反法定程序撤并村庄。根据该规定实施村组撤并，或者调整村庄布局，必须坚持两个法律原则：一是尊重农民意愿，即必须通过村民大会或者村民代表大会形成一致意见，不得违背农民意愿实施村庄布局调整；二是必须履行法定程序，包括依法编制符合村庄发展的规划，依法履行审批程序，并合理安置因撤并而需要重新调整居住及生产生活空间的村民。

依据 》 附录扫码看全文

《中华人民共和国乡村振兴促进法》第 51 条

③⑦ 在基础设施、公共服务、社会保障、就业机会等方面如何实现城乡融合？

　　由于交通、教育、医疗、就业等各个方面存在很多不便，某村的年轻人进城务工后都不愿意回村，种地的都是老年人，村里的产业发展、环境整治、河道巡查、灾害救助等严重缺人。村民们认为，只有动员年轻人返乡，才能使农村的发展更具活力。但村里的条件很难吸引年轻人返乡，如何破解这一难题，法律上是否有相关措施，成为村民关心的重要问题。

　　【分析】 由于历史原因，城乡之间存在着较大的发展差距，并因此导致大量农村劳动力外流。实施乡村振兴战略，需要以城乡融合发展为目标，在基础设施建设、公共服务、社会保障、就业机会均等化等方面改进。党中央对于城乡融合发展有一系列重大战略部署，乡村振兴促进法也针对缩小城乡发展差距规定了一整套法律措施。例如，该法规定，各级人民政府应当协同推进乡村振兴战略和新型城镇化战略的实施，整体筹划城镇和乡村发展，科学有序统筹安排生态、农业、城镇等功能空间，优化城乡产业发展、基础设施、公共服务设施等布局，逐步健全全民覆盖、普惠共享、城乡一体的基本公共服务体系，加快县域城乡融合发展，促进农业高质高效、乡村宜居宜业、农民富裕富足。此外，乡村振兴促进法从城乡道路以及垃圾污水处理、供水供电供气、物流、客运、信息通信、广播电视、消防、防灾减灾等公共基础设施和新型基础设施的统筹规划、建设和管护，以及推进城乡基本公共服务均等化、完善城乡统筹的社会保障制度、健全城乡均等的公共就业创业服务制度等方面作出了明确规定。

【提示】近年来，一些地方已经出现了劳动力回流的现象，有力支撑了乡村产业和公共服务的发展。归根结底，要实现城乡融合发展，一是要完善相关制度，二是要拓展乡村产业发展空间，为返乡年轻人提供更好的发展平台。同时，应当对留守在农村的人口给予更多关怀。

依据 》 附录扫码看全文

《中华人民共和国乡村振兴促进法》第 50 条、第 52 条、第 53 条、第 54 条、第 55 条、第 56 条、第 57 条

38 农民自愿进城落户的，是否要收回其承包地和宅基地？

某村邻近县城，很多农民常年在县城居住、务工，也迁到县城落了户。同时，因为新增人口越来越多，该村对承包地和宅基地等有强烈需求。村委会在讨论这一问题时很困惑：新增人口主张由集体收回进城落户农民的承包地和宅基地，用于解决人地矛盾问题；也有一部分村民表示土地承包经营权、宅基地使用权是农民的财产权利，不应当收回。

【分析】乡村振兴促进法规定，县级以上地方人民政府应当采取措施促进在城镇稳定就业和生活的农民自愿有序进城落户，不得以退出土地承包经营权、宅基地使用权、集体收益分配权等作为农民进城落户的条件；推进取得居住证的农民及其随迁家属享受城镇基本公共服务。

关于进城落户农民的承包地是否可以收回的问题，在农村土地承包法中也有明确规定：国家保护进城农户的土地承包经营权。不得以退出土地承包经营权作为农户进城落户的条件。承包期内，承包农户进城落户的，引导支持其按照自愿有偿原则依法在本集体经济组织内转让土地承包经营权或者将承包地交

回发包方，也可以鼓励其流转土地经营权。

可见，进城落户农民在承包期内对其承包地的处理有几种选择：可以继续经营，也可以将承包地自愿交回发包方，或者是转让给本集体经济组织其他农户，还可以在保留承包权的基础上将经营权流转给其他经营主体。但无论如何，集体都不可以强制收回其承包地。

对于农村宅基地的使用权、集体收益分配权，集体也不得强制收回。关于宅基地问题，中央提出了所有权、资格权、使用权"三权分置"的改革路径，作为集体经济组织成员的宅基地资格权是基于集体成员身份取得的，不可以强制剥夺，但宅基地使用权可以通过多种方式盘活利用。

依据》 附录扫码看全文

《中华人民共和国乡村振兴促进法》第 55 条，《中华人民共和国农村土地承包法》第 27 条，《中华人民共和国土地管理法》第 62 条

㊴ 乡村经济和社会发展能申请财政资金支持吗？

某村是一个脱贫村，在产业发展、村庄道路修建、村庄环境美化等方面都严重缺乏资金，通过村民自我筹集资金发展产业和改善农村基础设施，存在一定困难。该村可否申请财政资金支持其发展？

【分析】实施乡村振兴战略，需要有真金白银的投入，而财政资金的投入是重要方面。乡村振兴促进法规定：国家建立健全农业支持保护体系和实施乡村振兴战略财政投入保障制度。县级以上人民政府应当优先保障用于乡村振兴的财政投入，确保投入力度不断增强、总量持续增加、与乡村振兴目标任务相适应。

在财政资金分配上，需要向脱贫地区倾斜，防止规模化返贫的同时，提升脱贫地区的内生发展能力。对此，乡村振兴促进法规定：各级人民政府应当采取措施增强脱贫地区内生发展能力，建立农村低收入人口、欠发达地区帮扶长

效机制，持续推进脱贫地区发展；建立健全易返贫致贫人口动态监测预警和帮扶机制，实现巩固拓展脱贫攻坚成果同乡村振兴有效衔接。

本案中，某村是脱贫村，产业发展、基础设施建设等符合实施乡村振兴战略的要求，可以向农业农村部门和其他有关部门提出财政资金支持的申请。

【提示】乡村振兴的投入保障机制涉及的范围较广，既包含财政资金的投入，也包含金融资本、社会资本的投入以及农村集体经济组织和农民个人的投入。财政资金的主要投入重点是乡村建设中的基础性、关键性环节的保障，同时要充分发挥市场在要素配置中的作用，撬动社会资本广泛参与，激发农村集体经济组织和农民的投入积极性。因此，乡村振兴不能只依赖政府的财政投入，应当构建多元化的资金投入保障机制。

依据 》 附录扫码看全文

《中华人民共和国乡村振兴促进法》第 4 条、第 58 条、第 59 条、第 62 条、第 63 条、第 65 条

第二章 农业生产经营

一、土地承包经营

土地承包经营制度是我国农村基本经济制度的基础，农村集体经济组织实行以家庭承包经营为基础，统分结合的双层经营体制。改革开放以来，我国实行家庭联产承包责任制，所有权归集体，承包经营权归农户。2003年施行的农村土地承包法赋予农民长期而有保障的土地使用权，将党在农村的基本政策以法律形式上升为国家意志。党的十八大以来，以习近平同志为核心的党中央对稳定和完善农村基本经营制度、深化农村集体土地制度改革提出一系列方针政策。2018年农村土地承包法修正，把中央精神和实践经验转化为法律规范，落实所有权、稳定承包权、放活经营权。民法典专章规定土地承包经营权，通过发放土地承包经营权证，确认农户对承包地享有占有、使用、收益等各项权利。

40 儿媳户口迁入后，可否主张新分承包地？

1997年，赵某与甲村集体经济组织签订农村土地承包合同，承包3亩耕地，期限30年。根据《农村土地承包经营权登记簿》载明，赵某是承包方农户代表，承包方土地承包经营权共有人包括3人：赵某（户主）、王某（赵某妻）、赵某某（赵某子）。2022年，赵某某与乙村李某结婚，李某将户口迁至赵某家。赵某以李某无地为由向甲村集体经济组织请求新分1亩承包地。

【分析】为保持农村土地承包关系稳定并长久不变，维护好农民的土地承包权益，民法典、农村土地承包法规定，承包期内发包方不得调整承包地。家庭承包的承包方是本集体经济组织的农户。农户内家庭成员依法平等享有承包土地的各项权益。承包期内，妇女结婚，在新居住地未取得承包地的，发包方不得收回其原承包地。妇女权益保障法规定，任何组织和个人不得以妇女未婚、结婚、离婚、丧偶等为由，侵害妇女在农村集体经济组织中的各项权益。

本案中，李某因结婚把户口迁入赵某家，成为赵某户内家庭成员，共同生活，在无证据证明家庭成员之间就承包地进行分割的情况下，3亩土地的承包经营权仍为家庭成员共有。如果李某在甲村未取得承包地，其出嫁前所在的乙村集体经济组织不得收回其原承包地。

【提示】如果集体经济组织有依法预留的机动地、通过依法开垦等方式增加的土地、发包方依法收回和承包方依法自愿交回的土地等，可以按照公开公平公正的原则，用于解决新增人口无承包地问题。因承包方家庭人口增加、缺地少地导致生活困难的，要帮助其提高就业技能，提供就业服务，做好社会保障工作。

依据 》》附录扫码看全文

《中华人民共和国民法典》第330条，《中华人民共和国乡村振兴促进法》第5条，《中华人民共和国农村土地承包法》第3条、第16条、第28条、第29条、第31条，《中华人民共和国妇女权益保障法》第32条、第33条

④ 二轮承包到期后，还能继续承包原土地吗？

1997年，钱某与甲村集体经济组织签订合同承包8亩耕地，承包期限

30年。从2020年开始，钱某和妻子进城帮忙带孙子。老两口时不时会担心一件事，那就是自己的二轮承包地即将到期，不知道还能不能继续承包自家的8亩地？

【分析】自实行家庭承包经营以来，党中央、国务院一直坚持稳定农村土地承包关系的方针政策，先后两次延长承包期限。党的十九大提出，保持土地承包关系稳定并长久不变，第二轮土地承包到期后再延长30年。农村土地承包法及时将中央精神转化为法律规定，规定耕地的承包期为30年，耕地承包期届满后再延长30年。

本案中，二轮承包到期后，钱某还能继续承包甲村集体经济组织发包给自己的8亩耕地，承包期再延长30年。

依据 》 附录扫码看全文

《中华人民共和国农村土地承包法》第21条

42 谁可以流转土地经营权？

某农业发展公司由于经营规模扩大，想要流转更多的土地种植蔬菜。在该公司种植基地旁边有两块耕地，一块是本村村民老张家的承包地，另一块是城市居民老吴租种的耕地。老张和老吴得知后，都想把地出租给某农业发展公司。他们都能将耕地出租给某农业发展公司吗？

【分析】农村土地承包法规定，承包方承包土地后，享有土地承包经营权，可以自己经营，也可以保留土地承包权，流转其承包地的土地经营权，由他人经营。承包方可以自主决定依法采取出租（转包）、入股或者其他方式向他人流转土地经营权，并向发包方备案。经承包方书面同意，并向本集体经济组织备案，受让方可以再流转土地经营权。

本案中，老张是承包方，可自主决定以出租的方式把承包地流转给某农业发展公司，但要向发包方备案。农村土地经营权流转的受让方可以是承包农户，也可以是其他按有关规定允许从事农业生产经营的组织和个人。老吴是具有经营能力的城市居民，其通过租赁取得的土地经营权，如果经过承包方的书面同意，并向本集体经济组织备案，可以再次流转给某农业发展公司。

【提示】农村土地经营权流转不得改变承包土地的农业用途，流转期限不得超过承包期的剩余期限，不得损害农村集体经济组织和利害关系人的合法权益。承包方有权依法自主决定承包土地是否流转、流转的对象和方式。任何单位和个人不得强迫或者阻碍承包方依法流转其承包土地。

依据》 附录扫码看全文

《中华人民共和国农村土地承包法》第 9 条、第 36 条、第 38 条、第 46 条，《农村土地经营权流转管理办法》第 3 条、第 6 条、第 8 条、第 14 条、第 15 条

43 签订土地流转合同，需要注意什么？

村民老胡外出务工，想将自己承包的 30 亩土地流转给某农业公司。很快双方达成意向，即将签订土地流转合同。老胡想知道签合同要注意些什么？

【分析】根据农村土地承包法和《农村土地经营权流转管理办法》的规定，土地经营权流转，当事人双方应当签订书面流转合同。农村土地经营权流转合同一般包括以下内容：（1）双方当事人的姓名或者名称、住所、联系方式等；（2）流转土地的名称、四至、面积、质量等级、土地类型、地块代码等；（3）流转的期限和起止日期；（4）流转方式；（5）流转土地的用途；（6）双方当事人的权利和义务；（7）流转价款或者股份分红，以及支付方式和支付时间；（8）合同到期后地上附着物及相关设施的处理；（9）土地被依法征收、征用、占用时有关补偿费的归属；（10）违约责任。乡（镇）人民政府农村土地承包管理部门应当向达成流转意向的双方提供统一文本格式的流转合同，并指导签订。

本案中，老胡应当与某农业公司在协商一致的基础上签订书面流转合同，并向发包方备案。老胡如果委托发包方、中介组织或者他人流转土地经营权，

流转合同应当由老胡或者其书面委托的受托人签订。关于合同具体内容，老胡可以参考农业农村部制定的土地经营权流转合同示范文本，并不得违反相关法律法规。

【提示】承包方将土地交由他人代耕不超过 1 年的，可以不签订书面合同。土地经营权流转的价款，应当由当事人双方协商确定，要对当前及未来的土地流转价格有一个合理的评估和判断。合同签订后，流转价格偏低显失公平的，想要变更可以进行协商、调解；协商或调解不成的，可通过土地承包经营纠纷仲裁或司法途径，按照公平原则解决。流转的收益归承包方所有，任何组织和个人不得擅自截留、扣缴。

依据》 附录扫码看全文

《中华人民共和国农村土地承包法》第 38 条、第 39 条、第 40 条，《农村土地经营权流转管理办法》第 10 条、第 17 条、第 19 条、第 22 条

44 承包地流转后，可以不交付吗？

小龚与某农机专业合作社签订了一份农村土地经营权流转协议，将 13.22 亩土地流转给某农机专业合作社，流转价格为每亩每年 900 元，约定在 2022 年 3 月 1 日前小龚交付流转的土地，违约金为每年土地流转费的 10%。协议签订后，某农机专业合作社向小龚支付了 11898 元土地流转费，但小龚没有按照协议约定向某农机专业合作社交付流转的土地，而是将土地交给其父老龚进行耕种。后双方发生纠纷。

【分析】根据民法典、农村土地承包法的规定，依法成立的合同有效并受法律保护。当事人一方不履行合同义务或者履行义务不符合约定的，应当依法承担违约责任。小龚与某农机专业合作社签订的土地流转协议合法有效，双方均应按照协议约定及时履行义务。协议签订后，小龚未向某农机专业合作社交付流转土地，而是交给其父老龚耕种，应当承担违约责任。

土地经营权人有权在合同约定的期限内占有农村土地，自主开展农业生产经营并取得收益。小龚未履行协议约定，导致某农机专业合作社 2022 年没有耕种流转的土地，由此造成的经济损失，该合作社可以要求小龚赔偿。

【提示】土地经营权流转应当遵循依法、自愿、有偿原则，任何组织和个人不得强迫或者阻碍土地经营权流转。土地经营权流转合同双方当事人应诚实守信，履行合同。

依据 》附录扫码看全文

《中华人民共和国民法典》第 465 条，《中华人民共和国农村土地承包法》第 37 条、第 59 条

45 农村集体经济组织在土地经营权流转中能收取费用吗？

2021 年，某农业公司与某村集体经济组织协商，在村集体经济组织的协助下与村民老李等十余户签订土地经营权流转合同，获得某村 200 亩土地的经营权，开展规模化农业生产。后该村集体经济组织向该农业公司收取每亩 150 元管理费用。该村集体经济组织的收费行为合理吗？

【分析】根据农村土地承包法和《农村土地经营权流转管理办法》的规定，农村集体经济组织为工商企业等社会资本流转土地经营权提供服务的，可以收取适量管理费用。收取管理费用的金额和方式应当由农村集体经济组织、承包方和工商企业等社会资本三方协商确定。管理费用应当纳入农村集体经济组织会计核算和财务管理，主要用于农田基本建设或者其他公益性支出。

本案中，社会资本某农业公司通过流转方式取得了土地的经营权，该村集体经济组织作为土地的所有权人在流转活动中提供了相应服务，因此，该村集体经济组织有权依据法律规定向其收取适量的管理费用。

【提示】管理费用的使用应当依照法定程序经村集体经济组织成员集体决定，主要用于农田基本建设或者其他公益性支出。需要注意的是，农村集体经

济组织不能向通过流转方式获得土地经营权的自然人收取管理费用。

依据 》 附录扫码看全文

《中华人民共和国农村土地承包法》第 45 条,《农村土地经营权流转管理办法》第 31 条

46 土地经营权可以押到银行贷款吗?

村民老罗一直想扩大农业生产,但因资金不足迟迟没有办法开展。同村的小张建议老罗用承包地经营权向某村镇银行担保贷款。老罗将信将疑。

【分析】赋予土地经营权担保功能,允许其用于融资担保,既是实现城乡土地权利平等的客观要求,也是满足农民和新型经营主体迫切的金融需求的重要方式。根据农村土地承包法的规定,承包方可以用承包地的土地经营权向金融机构融资担保,并向发包方备案。受让方通过流转取得的土地经营权,经承包方书面同意并向发包方备案,可以向金融机构融资担保。担保物权自融资担保合同生效时设立。

本案中,老罗可以申请农村承包土地的经营权抵押贷款,即以其承包土地的经营权向某村镇银行作抵押,银行审核其符合条件后,向其发放在约定期限内还本付息的贷款。

【提示】发包方对承包方、受让方利用土地经营权融资担保的,应当办理备案,并报告乡(镇)人民政府农村土地承包管理部门。土地经营权抵押贷款主要用于农业生产经营等贷款人认可的合法用途,如扩大农业生产规模、人工成本支出、购买生产物资等。当事人可以向登记机构申请抵押权登记;未经登记,不得对抗善意第三人。实现担保物权时,担保物权人有权就土地经营权优先受偿。

依据 》 附录扫码看全文

《中华人民共和国农村土地承包法》第 47 条,《农村土地经营权流转管理办法》第 12 条、第 21 条

47 承包方可以单方解除土地经营权流转合同吗？

2007 年，某农业公司与某村村民签订土地租赁合同，村民将承包的土地租赁给该农业公司耕种使用。租赁后，该公司使用该块土地开展游乐园建设，并进行了土地硬化。村民多次阻拦无效，要求解除合同。双方引发纠纷。

【分析】根据《农村土地经营权流转管理办法》的规定，土地经营权流转不得损害农村集体经济组织和利害关系人的合法权益，不得破坏农业综合生产能力和农业生态环境，不得改变承包土地的所有权性质及其农业用途，确保农地农用，优先用于粮食生产，制止耕地"非农化"、防止耕地"非粮化"。

承包方一般不能单方解除土地经营权流转合同，但受让方有下列情形之一的除外：（1）擅自改变土地的农业用途；（2）弃耕抛荒连续 2 年以上；（3）给土地造成严重损害或者严重破坏土地生态环境；（4）其他严重违约行为。有以上情形，承包方在合理期限内不解除土地经营权流转合同的，发包方有权要求终止土地经营权流转合同。受让方对土地和土地生态环境造成的损害应当依法予以赔偿。

本案中，某农业公司将通过租赁流转的农民承包地用于游乐园建设，违反了上述土地经营权流转的原则。某农业公司作为土地经营权人擅自改变土地的农业用途，给土地造成严重损害，严重破坏土地生态环境，作为承包人的某村村民可以单方解除与其签订的土地租赁合同，并要求其承担损害赔偿责任。

依据》附录扫码看全文)

《中华人民共和国农村土地承包法》第 38 条、第 42 条、第 63 条、第 64 条，《农村土地经营权流转管理办法》第 3 条、第 11 条、第 20 条

48 招商引资的企业拖延支付土地流转费，只能解除合同吗？

2011 年某区人民政府招商引资，甲生态农业公司与该区乙村村民委员会签

订多份土地经营权流转协议，先后承包该村近900亩土地，用于特色农业生产开发。合同签订后，甲生态农业公司先后投入3亿余元用于拆迁、道路、机耕道、土地整形、生态沟渠、日光温室、苗木栽培等项目建设。后由于该公司法定代表人遭遇交通事故等原因，自2015年起甲生态农业公司拖延支付土地流转费。2016年度的土地流转费由乙村村委会提供担保，甲生态农业公司向他人借款后支付给村委会，再由村委会发放给各农户；2017年度的土地流转费由甲生态农业公司向乙村村委会借款70万元向各农户发放。2017年年底，乙村村委会向甲生态农业公司催要2018年度的土地流转费。催要未果后，诉至法院，要求解除合同，甲生态农业公司返还所承租的近900亩土地。

【分析】实施乡村振兴战略，是以习近平同志为核心的党中央从党和国家事业全局出发，从实现中华民族伟大复兴着眼，顺应亿万农民对美好生活的向往作出的重大决策。根据农村土地承包法等相关规定，县级以上地方人民政府应当建立工商企业等社会资本通过流转取得土地经营权的资格审查、项目审核和风险防范制度；县级以上地方人民政府对工商企业等社会资本流转土地经营权，依法建立分级资格审查和项目审核制度；县级以上地方人民政府依法建立工商企业等社会资本通过流转取得土地经营权的风险防范制度，加强事中事后监管，及时查处纠正违法违规行为。对整村（组）土地经营权流转面积较大、涉及农户较多、经营风险较高的项目，流转双方可以协商设立风险保障金。

本案中，甲生态农业公司是当地政府招商引资企业，在纠纷发生前，已经取得了相关部门的项目规划许可，并投入3亿多元资金和人力用于项目建设，给村集体带来了经济利益。该公司虽然违约，但并未根本影响合同目的的实现，解除合同将造成社会资源的巨大浪费。因此，乙村村民委员会可与甲生态农业公司沟通，提出改善甲生态农业公司经营的意见建议，让土地经营权流转协议继续履行，同时要求甲生态农业公司限期支付土地流转费。

依据 » 附录扫码看全文

《中华人民共和国农村土地承包法》第45条，《农村土地经营权流转管理办法》第29条、第30条、第32条

49 **农民的地和房被征收，可以获得哪些补偿？**

村民张某在村中承包了 7.2 亩耕地用于种植水稻，承包期限为 30 年。然而因水库建设需要，张某的承包地和住宅要被政府征收。张某可以获得哪些补偿？

【分析】为了公共利益的需要，国家可以依法征收农民集体所有的土地，并给予补偿。征收集体所有的土地，应当依法及时足额支付土地补偿费、安置补助费以及农村村民住宅、其他地上附着物和青苗等的补偿费用，并安排被征地农民的社会保障费用，保障被征地农民的生活，维护被征地农民的合法权益。

征收土地应当给予公平、合理的补偿，保障被征地农民原有生活水平不降低、长远生计有保障。本案中，张某种植水稻的承包地和住宅被征收，其可依法获得以下各类补偿费用：

（1）土地补偿费和安置补助费。征收农用地的土地补偿费、安置补助费标准由省级人民政府通过制定公布区片综合地价确定。土地补偿费归集体成员所有。农村集体经济组织或者村民委员会、村民小组，可以依照法律规定的民主议定程序，决定在本集体经济组织内部合理分配收到的土地补偿费。对农村村民住宅的补偿安置，应当充分尊重农村村民的意愿，以先补偿后搬迁、居住条件有改善为原则，采取重新安排宅基地建房、提供安置或者货币补偿等方式给予公平、合理的补偿，并对因征收造成的搬迁、临时安置等费用予以补偿，保障农村村民居住的权利和合法的住房财产权益。

（2）地上附着物及青苗等的补偿费。补偿标准也由省级人民政府制定。地上附着物和青苗等的补偿费用，归其所有权人所有。

（3）被征地农民的社会保障费用。征收农村集体所有的土地，应当足额安排被征地农民的社会保险费，按照国务院规定将被征地农民纳入相应的社会保险制度。

【提示】区片综合地价具体可在自然资源部门户网站"公开栏"板块下"全国征地区片综合地价信息公开"栏目查询（网址：http://gsgk.mnr.gov.cn/）；也可在各省（区、市）的省级征地信息公开平台点击关联链接查询。

依据 》 附录扫码看全文

《中华人民共和国民法典》第243条,《中华人民共和国土地管理法》第48条、第49条,《中华人民共和国土地管理法实施条例》第32条

二、农业生产经营主体

目前,小农户仍然是我国农业生产经营的主力军。随着市场经济的发展和农业现代化的推进,农民专业合作社、家庭农场、涉农企业、电子商务企业以及农业专业化社会化服务组织在党的政策推动下日益成为新型农业经营主体,以多种方式与农民建立紧密型利益联结机制,让农民共享全产业链增值收益。培育高素质职业农民和具有适度规模经营、市场竞争力强、联农带农机制效果显著的农业生产经营组织,有利于全面推进乡村振兴、加快建设农业强国,推进中国式农业农村现代化。

50 未在家庭农场中登记的家庭成员,要对农场侵权承担责任吗?

陈某和徐某是夫妻,育有一子陈某某。夫妻二人以陈某某和徐某的名义注册成立了甲家庭农场,登记类型为个体工商户,主要从事果树苗木经营,陈某参与该农场的实际生产经营。某农科院乙果树研究所是梨属某植物新品种权利人,其在某电商平台上甲家庭农场开设的网店内购买了两种梨树苗。经专业鉴定,甲家庭农场销售的这两种梨树苗与乙果树研究所的某植物新品种构成近似或相同品种。乙果树研究所一纸诉状把甲家庭农场告上法庭,以其侵犯植物新品种权为由,要求停止侵权,并赔偿经济损失。陈某要承担责任吗?

【分析】家庭农场以家庭成员为主要劳动力，以家庭为基本经营单元，从事农业规模化、标准化、集约化生产经营，是现代农业的主要经营方式。《关于实施家庭农场培育计划的指导意见》指出，市场监管部门要加强指导，提供优质高效的登记注册服务，按照自愿原则依法开展家庭农场登记。目前，我国家庭农场主要登记为个体工商户，符合条件的也可申请登记为合伙企业、公司等。根据民法典和《促进个体工商户发展条例》的规定，个体工商户可以个人经营，也可以家庭经营。个体工商户的债务，个人经营的，以个人财产承担；家庭经营的，以家庭财产承担；无法区分的，以家庭财产承担。农村承包经营户的债务，以从事农村土地承包经营的农户财产承担；事实上由农户部分成员经营的，以该部分成员的财产承担。

根据种子法的规定，植物新品种权所有人对其授权品种享有排他的独占权。任何单位或者个人未经植物新品种权所有人许可，不得生产、繁殖和为繁殖而进行处理、销售。本案中，甲家庭农场未经植物新品种权所有人乙果树研究所许可，繁殖并销售被诉侵权梨树苗的行为，侵害了乙果树研究所享有的某植物新品种权，甲家庭农场应该停止侵权并承担损害赔偿责任。

陈某某和徐某是甲家庭农场的经营者和登记成员，虽然陈某不是甲家庭农场的登记成员，但与徐某、陈某某是共同家庭成员，并参与甲家庭农场的实际经营，应该对相关赔偿承担连带责任。

依据》 附录扫码看全文

《中华人民共和国民法典》第 56 条，《中华人民共和国种子法》第 28 条、第 32 条、第 37 条、第 72 条，《促进个体工商户发展条例》第 6 条、第 13 条，《关于实施家庭农场培育计划的指导意见》第 2 条

51 如何成立农民专业合作社？

2017 年，农民李大、李二、李三、李四、李五、李六想共同出资设立一个农民专业合作社，约定该合作社成员货币出资总额为 200 万元，成员分别出资

为：李大 40 万元，李二 35 万元，李三 40 万元，李四 35 万元，李五 25 万元，李六 25 万元。该合作社通过种植专业合作社章程，并经核准登记于 2018 年成立，但至今六个成员均未缴纳出资，合作社也未为每个成员设立成员账户。这家合作社是否成立？

【分析】农民专业合作社与家庭农场和农业企业并称为农业领域的三大新型经营主体，在资金扶持、政策优惠、技术培训等方面均享受到来自政府、社会等各方面的扶持，在带领农村经济发展上起到了非常明显的作用。根据法律规定，成立合作社需要以下条件：（1）有 5 名以上符合法定条件的成员，其中农民至少应当占成员总数的 80%。成员总数 20 人以下的，可以有 1 个企业、事业单位或者社会团体成员；成员总数超过 20 人的，企业、事业单位和社会团体成员不得超过成员总数的 5%。（2）有符合法律规定的章程、组织机构。（3）有符合法律、行政法规规定的名称和章程确定的住所。（4）有符合章程规定的成员出资。

除具备符合法律规定的条件外，还需要向市场监管部门申请设立登记，同时提交下列材料：（1）登记申请书；（2）全体设立人签名、盖章的设立大会纪要；（3）全体设立人签名、盖章的章程；（4）法定代表人、理事的任职文件及身份证明；（5）出资成员签名、盖章的出资清单；（6）住所使用证明；（7）法律、行政法规规定的其他文件。

本案中，李大等六人通过的种植专业合作社章程合法，且合作社经过了市场监管部门登记认可，应当认定为依法成立。但是，该合作社有不规范行为，应依法督促合作社成员履行章程规定的出资义务，为每个成员设立成员账户。

依据 >> 附录扫码看全文

《中华人民共和国农民专业合作社法》第 12 条、第 13 条、第 14 条、第 15 条、第 16 条、第 19 条、第 20 条、第 43 条

52 农民专业合作社可以开展哪些业务？

2010 年，某农民专业合作社成立，其章程上明确记载该合作社业务范围

为：为本社成员提供农业生产资料购买，农产品销售、加工、运输、贮藏以及与农业生产经营有关的技术、信息服务，发展种植、养殖。2021 年，村民老魏（非合作社成员）联系到合作社理事长老张，想向合作社借款。经商议后，合作社与老魏签订借款合同。合作社可以借款给老魏吗？

【分析】根据农民专业合作社法的规定，农民专业合作社以其成员为主要服务对象，开展以下一种或者多种业务：（1）农业生产资料的购买、使用；（2）农产品的生产、销售、加工、运输、贮藏及其他相关服务；（3）农村民间工艺及制品、休闲农业和乡村旅游资源的开发经营等；（4）与农业生产经营有关的技术、信息、设施建设运营等服务。不同的专业合作社类型应当只提供本专业方面的服务，如以从事茶叶种植的农户为主要成员的合作社，就应当围绕茶叶种植过程中的茶苗、肥料、茶机具、茶产品加工等开展经营活动。同时合作社的业务范围应以其登记和章程所载范围为限。

本案中，某农民专业合作社有明确的业务范围，其中并不包括向外发放贷款。虽然有关政策鼓励符合条件的农民专业合作社开展资金互助活动，但为防范可能产生的金融风险，农民专业合作社开展资金互助，一般必须严格限制在成员内部，需要具备一定的条件且应履行较为严格的审批手续。某农民专业合作社向登记成员以外的主体出借款项，本质上为从事放贷业务，明显属于超出业务范围的金融活动。根据民法典的规定，违反法律、行政法规的强制性规定的民事法律行为无效，因此该合作社与老魏签订的借款合同无效。

依据 >> 附录扫码看全文

《中华人民共和国农民专业合作社法》第 3 条，《中华人民共和国民法典》第 153 条

53　农民专业合作社如何召开成员大会？

2016 年，老王、老张、老李、老钱等召集村里共 157 人合伙成立某合作社，老王为理事长、法定代表人，章程规定老王等 51 人为成员代表，成员代

表大会按照章程规定可以行使成员大会的全部职权。2018 年 11 月 30 日，该合作社的 56 人提议于 2018 年 12 月 3 日上午 10 时在老张家召开临时成员大会，并通知所有成员参会。当天除老王外其他成员均参加会议，并全票通过形成决议一项：免去老王理事长职务，选举老张为理事长。会议结束后，向老王送达了大会决议。该临时成员大会决议有效吗？

【分析】根据农民专业合作社法的规定，农民专业合作社成员大会每年至少召开一次，会议的召集由章程规定。有下列情形之一的，应当在 20 日内召开临时成员大会：（1）30% 以上的成员提议；（2）执行监事或者监事会提议；（3）章程规定的其他情形。本案中，某合作社成员共 157 人，56 人提议召开临时成员大会，提议人数符合法律规定。提议后，于 20 日内召开了会议，召开时间也符合法律规定。

同时，根据农民专业合作社法的规定，农民专业合作社召开成员大会，出席人数应当达到成员总数 2/3 以上。成员大会选举或者作出决议，应当由本社成员表决权总数过半数通过；作出修改章程或者合并、分立、解散，以及设立、加入联合社的决议应当由本社成员表决权总数的 2/3 以上通过。本案中，某合作社 156 人参加成员大会符合出席人数的规定，且参会成员一致表决通过该决议，符合表决人数的规定，因此，该成员大会的决议合法有效。

依据 》》 附录扫码看全文

《中华人民共和国农民专业合作社法》第 29 条、第 30 条、第 31 条、第 32 条

54 农民退社后，其在农民专业合作社的财产如何处置？

2019 年，村民李某兴办一家农民专业合作社，何某出资 10 万元入股该合作社。在经营过程中，因理念不同，何某想退社并在 2022 年提出退社申请。何某想知道，自己退社后能拿回哪些财产？

【分析】根据农民专业合作社法的规定，农民专业合作社应当遵循入社自愿、退社自由的原则。农民专业合作社成员依法退社的，其成员资格自会计年度终了时终止，农民专业合作社应当按照章程规定的方式和期限，退还记载在该成员账户内的出资额和公积金份额；对成员资格终止前的可分配盈余，依照该法第 44 条规定向其返还。

本案中，何某自由退社后，有权要求合作社退还其成员账户记载的股款、公积金份额和可分配盈余。但是，根据农民专业合作社法的规定，如果该合作社有亏损或债务，何某应当按照章程规定分摊资格终止前合作社的亏损及债务。

依据》 附录扫码看全文

《中华人民共和国农民专业合作社法》第 4 条、第 25 条、第 28 条、第 44 条

55 农民专业合作社申请破产，农民成员有优先受偿权吗？

2014 年 2 月 18 日，某茶树种养农民专业合作社登记成立，注册资本 200 万元，村民老张以土地经营权作价出资，登记 10 万元，占股 5%。2021 年 1 月，老张与该合作社签订服务合同，交付 3000 元，要求该合作社提供茶树保养相关服务。2021 年 3 月，该合作社因经营不善申请破产。老张的 3000 元还能要回吗？

【分析】根据农民专业合作社法的规定，农民专业合作社破产适用企业破产法的有关规定。但是，破产财产在清偿破产费用和共益债务后，应当优先清偿破产前与农民成员已发生交易但尚未结清的款项。上述规定是对合作社破产程序和破产财产清偿顺序的规定，体现了对农民成员权益的特殊保护，包含两层含义：一是农民专业合作社的破产财产在清偿破产费用和共益债务后，应当优先清偿破产前与农民成员已发生交易但尚未结清的款项；二是享有优先受偿权的只限于农民成员。本案中，该合作社申请破产，在清偿破产费用和共益债

务后，老张可以以其农民成员身份，主张优先清偿已发生交易但尚未结清的3000元服务费。

依据》 附录扫码看全文

《中华人民共和国农民专业合作社法》第52条、第55条

三、农产品质量安全和食品安全

保障农产品质量安全和食品安全对于满足人民对美好生活的需要，助推农业农村高质量发展具有重大而深远的意义。要保证农产品质量达到农产品质量安全标准，食品符合保障人的健康、安全的要求，就需要农产品和食品的生产经营者从农业投入品的使用到农产品、食品的生产销售环节，都严格依照法律法规、农产品质量安全标准和食品安全标准从事生产经营活动，诚信自律，加强质量安全管理。

56 买到假种子怎么办？

小李和村里其他16户农民购买了6万斤土豆种子，播种了近200亩地。之后地里出现了大面积的芽块腐烂、出苗不齐以及土豆秧苗死亡等不正常现象，大家怀疑购买的是假种子。小李他们要如何维权？

【分析】我国法律禁止生产经营假、劣种子。农业农村、林业草原主管部门和有关部门依法打击生产经营假、劣种子的违法行为，保护农民合法权益，维护公平竞争的市场秩序。

本案中，小李和村民怀疑买到假种子后，应第一时间收集固定证据，向

种子的生产者以及出售种子的经营者等要求赔偿，还可以向消费者协会进行投诉。同时，应积极向当地农业农村、林业草原主管部门等反映情况、寻求帮助，也可拨打农业服务热线 12316 进行举报。如果情节严重，还应向公安机关报案。执法部门查实后，会对违法生产经营者依法进行处罚。此外，如果索赔不顺利，可以请有关部门调解，向仲裁机构提起仲裁或向人民法院起诉。

【提示】下列种子为假种子：（1）以非种子冒充种子或者以此种品种种子冒充其他品种种子的；（2）种子种类、品种与标签标注的内容不符或者没有标签的。下列种子为劣种子：（1）质量低于国家规定标准的；（2）质量低于标签标注指标的；（3）带有国家规定的检疫性有害生物的。

购买种子应通过正规渠道，并要求经营者出示质量合格证。不仅要从包装等方面仔细辨别，还要保存好购买的票据、种子的包装、剩余的完好种子等相关证据。

依据 》》 附录扫码看全文

《中华人民共和国种子法》第 45 条、第 48 条、第 74 条，《中华人民共和国民法典》第 1203 条

57 没有登记证的农药可以使用吗？

小王在村里开了一家农药销售部。某日，小李在销售部挑选农药时，发现有一个石硫合剂水剂农药的外包装标签上没有农药登记证号，便询问小王。小王解释说厂家生产时没有农药登记证，但让小李尽管用，品质没问题。真如小王说的那样吗？

【分析】我国实行农药登记制度。在我国生产、经营、使用的农药，都应当取得农药登记。没有依法取得农药登记证的农药，按照假农药处理，是不能使用的。此外，法律也明确规定，农药经营者采购农药应当查验产品包装、标签、产品质量检验合格证以及有关许可证明文件，不得向未取得农药生产许可

证的农药生产企业或者未取得农药经营许可证的其他农药经营者采购农药。

本案中，生产厂家的这批农药没有取得农药登记证，是不能进行生产、经营、使用的。事后，农业农村局执法人员进行检查时发现了这一违法情况，对生产厂家和小王进行了批评教育，没收了他们的涉案农药产品和违法所得等，并处以相应罚款。

【提示】广大农民朋友应到具有农药经营许可证的农药店购买正规品牌的农药，索要并保存好购买凭证；还可通过中国农药信息网查询农药是否经过合法登记，若购买到无登记证的农药，可拨打12316举报。使用农药时，应当遵循农药使用的规定和注意事项，以确保农药使用的安全和有效。

如果怀疑买到假农药、劣质农药，没有使用的，可以要求退货；已经造成损害的，应当拍摄受损情况并马上联系当地农业农村部门。根据损害情况，可向农药生产者、经营者要求赔偿。此外，还应积极向农林、市监等部门投诉、举报；情节严重的，应向公安机关报案。

依据》 附录扫码看全文

《农药管理条例》第7条、第26条、第44条、第52条、第55条、第64条，《农药登记管理办法》第2条

58 食品生产加工中可以随意使用添加剂吗？

小陈开了一家米粉加工坊。为了延长米粉的存放时间，小陈专门买了一袋苯甲酸钠，并在制作米粉的过程中随意添加到米浆里，生产出了约400公斤米粉。小陈能出售这些米粉吗？

【分析】我国法律禁止在食品生产加工过程中随意添加原料或食品添加剂，食品添加剂应当在技术上确有必要且经过风险评估证明安全可靠，方可列入允许使用的范围。食品生产经营者应当按照食品安全国家标准使用食品添加剂，不能对人体产生健康危害，更不能图方便随意添加。

本案中，苯甲酸钠虽然是常用的食品防腐剂，在酸性环境下防腐效果较好，有防止食物变质、延长保质期的效果，但根据相关国家标准，米粉的苯甲酸及钠盐（以苯甲酸计）标准限量为不得添加。因此，小陈在生产加工米粉时不能添加苯甲酸钠，其添加苯甲酸钠生产的米粉不得出售。否则，将存在侵犯不特定消费者生命健康权的隐患，损害社会公众利益，不仅需要承担相应的民事侵权责任、行政责任，情节严重的，还可能构成生产、销售不符合安全标准的食品罪。

依据》 附录扫码看全文

《中华人民共和国食品安全法》第 40 条、第 124 条，《中华人民共和国刑法》第 143 条

59 农产品质量安全标准是强制执行的标准吗？

村民小李今年打算种植草莓。听说邻村有人种草莓使用农药氧乐果效果很好，他也想用。但也有人告诉他，在蔬菜瓜果里使用氧乐果，不符合国家的农产品质量安全标准。小李有些疑惑，农产品质量安全标准是强制执行的标准吗？它都包括哪些要求？

【分析】农产品质量安全标准是强制执行的标准，在农产品的生产经营过程中必须要严格遵守。在农业活动中获得的植物、动物、微生物和它们的产品都属于农产品，都要遵守农产品质量安全标准。

农产品质量安全标准，包括以下与农产品质量安全有关的要求：（1）农业投入品的质量要求、使用范围、用法、用量、安全间隔期和休药期规定；（2）农产品的产地环境、生产过程管控、储存、运输要求；（3）农产品的关键成分指标等要求；（4）与屠宰畜禽有关的检验规程；（5）其他与农产品质量安全有关的强制性要求。食品安全法对食用农产品的有关质量安全标准作出规定的，依照其规定执行。

本案中，小李种植草莓必须遵守农产品质量安全标准关于农业投入品的要

求，不能使用氧乐果这种禁止在蔬菜、瓜果、茶叶、菌类、中草药材上使用的农药。

【提示】农产品生产经营者应当对其生产经营的农产品质量安全负责；应当依照法律法规和农产品质量安全标准从事生产经营活动，诚信自律，接受社会监督，承担社会责任。

依据》 附录扫码看全文

《中华人民共和国农产品质量安全法》第 7 条、第 16 条

60 农产品上市时要出具承诺达标合格证吗？

村里的葡萄种植专业合作社拥有设施农业温室大棚葡萄近 1200 亩，小于也成了合作社的一名新成员。今年种出来的葡萄甜度高、口感好，即将上市，社员们满是期待。有社员告诉小于，他要学会生成合格证，让葡萄也有"身份证"。以前自家卖葡萄不需要合格证，小于感到很新奇。

【分析】农产品质量安全承诺达标合格证制度是 2022 年修订的农产品质量安全法设立的一项新制度。根据该法规定，农产品生产企业、农民专业合作社应当执行法律、法规的规定和国家有关强制性标准，保证其销售的农产品符合农产品质量安全标准，并根据质量安全控制、检测结果等开具承诺达标合格证，承诺不使用禁用的农药、兽药及其他化合物且使用的常规农药、兽药残留不超标等。另外，国家鼓励和支持农户自己在销售农产品时也开具承诺达标合格证，让农产品可以溯源。

本案中，小于所在的葡萄种植专业合作社在葡萄上市时应出具农产品承诺达标合格证书，保证销售的农产品符合农产品质量安全标准。

依据》 附录扫码看全文

《中华人民共和国农产品质量安全法》第 39 条

61　能否自行粘贴有机产品标签?

　　小陈开的水果店卖的梨是自家亲戚种的，没打过农药。梨子外表平淡无奇，但肉质脆嫩，清香爽口，可销量却时好时坏。有朋友给小陈支招：现在大家都爱有机食品，既然梨没打过农药，不妨贴上有机产品的标签，价格还能比普通梨高出不少。小陈很纠结，不知道能否自己贴有机产品标签。

　　【分析】有机产品标签是有机产品的身份证明，只有国家认可的有机认证机构才能从事有机产品认证。未获得有机产品认证的，不得在产品、产品最小销售包装及其标签上标注含有"有机""ORGANIC"等字样且可能误导公众认为该产品为有机产品的文字表述和图案。

　　本案中，小陈售卖的自家亲戚种的梨，只有获得认证机构出具的有机产品认证证书后，才能使用中国有机产品认证标志，不得自行粘贴有机产品标签。小陈如果以营利为目的，没有经过认证便自行粘贴有机产品标签，属于欺骗消费者的违法行为，将会受到市场监管部门的处罚。

　　【提示】加工产品只有在其有机配料含量（指重量或者液体体积，不包括水和盐）等于或者高于95%，且获得有机产品认证后，才能在产品或者产品包装及标签上标注"有机"字样，加施有机产品认证标志。

　　【依据》 附录扫码看全文】

　　《有机产品认证管理办法》第8条、第11条、第15条、第34条、第48条

62　销售农家自制食品需要加贴食品标签吗?

　　小李自家制作的花生酱很好吃，村里人也都说不比外面卖的差。于是，小李决定开个小店卖自己做的花生酱，但在是否要贴食品标签的问题上犯了难。

　　【分析】食品标签是消费者选择食品以及管理部门对食品进行监管的重要依据。根据食品安全法的规定，预包装食品的包装上应当有标签。标签应当标明

下列事项:(1)名称、规格、净含量、生产日期;(2)成分或者配料表;(3)生产者的名称、地址、联系方式;(4)保质期;(5)产品标准代号;(6)贮存条件;(7)所使用的食品添加剂在国家标准中的通用名称;(8)生产许可证编号;(9)法律、法规或者食品安全标准规定应当标明的其他事项。此外,食品经营者销售散装食品,应当在散装食品的容器、外包装上标明食品的名称、生产日期或者生产批号、保质期以及生产经营者名称、地址、联系方式等内容。

可见,不管是以预包装食品的形式还是以散装食品的形式售卖自制食品,都需要贴有标签。本案中,小李如果卖的是预先定量包装好的花生酱,就要符合预包装食品标签的法律规定和相关标准;如果卖的是散装食品,也应当在散装食品的容器、外包装上标明法律要求的相关内容。

【提示】预包装食品,指预先定量包装或者制作在包装材料、容器中的食品。散装食品,指无预先定量包装,需称重销售的食品,包括无包装和带非定量包装的食品。

依据 》附录扫码看全文

《中华人民共和国食品安全法》第 67 条、第 68 条、第 150 条

63 售卖食用农产品应当注意什么?

个体户小赵经营了一家菜店。某日,其购进 30 斤芹菜,其中 2 斤被市场监管局抽取进行检验,剩余 28 斤以每斤 4 元的价格售出,共收入 112 元。后小赵接到市场监管局的反馈,称所抽批次芹菜检出蔬菜禁用农药毒死蜱(有机磷类杀虫剂),且实测值超过食品安全国家标准规定的食品中农药最大残留限量的 1 倍多,检验结论为不合格。因售出的芹菜已无法追回,且小赵不能提供供货方许可证明及票据,不能如实说明进货来源,未履行查验义务,市场监管局依法对其进行了处罚。小赵以后销售蔬菜应注意什么?

【分析】食用农产品的销售者应当依照法律法规和食品安全标准从事销售

活动，保证食用农产品质量安全。

　　本案中，小赵作为蔬菜的销售者，在采购时应当按照规定查验相关证明材料，不符合要求的，不得采购和销售。小赵还应建立食用农产品进货查验记录制度，如实记录采购农产品的名称、数量、进货日期以及供货者名称、地址、联系方式等内容，并保存相关凭证，记录和凭证保存期限不得少于 6 个月。法律禁止销售的食用农产品，小赵是不能采购和售卖的。

　　对于采购回来的蔬菜，小赵应合理贮存，定期检查库存，及时清理腐败变质、霉变生虫、污秽不洁或感官性状异常的蔬菜，如果发现其不符合食品安全标准或者有证据证明可能会危害人体健康，要立即停止销售。

　　【提示】如果销售的是自己生产的食用农产品，食用农产品生产者应当按照食品安全标准和国家有关规定使用农药、肥料、兽药、饲料和饲料添加剂等农业投入品，严格执行农业投入品使用安全间隔期或者休药期的规定，不得使用国家明令禁止的农业投入品，不得超范围、超剂量使用农业投入品。禁止将剧毒、高毒农药用于蔬菜、瓜果、茶叶和中草药材等国家规定的农作物。

　　如果食用农产品生产者是企业或农民专业合作经济组织，还应当建立农业投入品使用记录制度，并自行或者委托检测机构对农产品质量安全进行检测。

　　依据》附录扫码看全文

　　《中华人民共和国农产品质量安全法》第 29 条、第 34 条、第 36 条，《中华人民共和国食品安全法》第 34 条、第 49 条、第 63 条、第 65 条、第 136 条，《食用农产品市场销售质量安全监督管理办法》第 15 条、第 16 条

64 销售农家自制食品造成消费者损害，要承担什么责任？

　　小张在县上经营一家烧鸡店，烧鸡店依法办理了营业执照和食品经营许可证，生意红火。某日小何在店里买了一只蒜香鸡带回家食用。第二天小何找了过来，说他全家吃了小张家的蒜香鸡之后都上吐下泻，还出示了医院开的食物

中毒证明。这种情况下，小张可能要承担什么法律责任呢？

【分析】根据法律规定，销售农家自制食品给消费者造成损害的，可能要承担相应的民事责任、行政责任，严重的还可能要承担刑事责任。

本案中，如果确系小张销售的农家自制烧鸡给小何一家带来了损害，小张要承担民事赔偿责任，赔偿小何一家为治疗和康复支出的合理费用。如果小张制作了不符合食品安全标准的烧鸡或者明知自制的烧鸡不符合食品安全标准还销售，使小何一家受到损害，还要承担惩罚性赔偿责任，支付价款 10 倍或者损失 3 倍的赔偿金（增加赔偿的金额不足 1000 元的，为 1000 元）。

此外，如果小张违反了食品安全法律、法规及食品安全标准，无论是否给消费者造成损害，都应承担行政责任，监管部门有权进行行政处罚。如果小张生产、销售食品违反了刑法相关规定，还可能构成生产、销售不符合安全标准的食品罪或生产、销售有毒、有害食品罪，须承担刑事责任。

【提示】食品安全法规定了惩罚性赔偿责任制度，但是如果是食品的标签、说明书存在瑕疵，不影响食品安全且不会对消费者造成误导，则不用承担惩罚性赔偿责任。

依据》 附录扫码看全文

《中华人民共和国食品安全法》第 34 条、第 148 条，《中华人民共和国刑法》第 143 条、第 144 条

四、安全生产

生命高于一切，安全重于泰山。习近平总书记多次对安全生产作出重要指示，强调树牢安全发展的理念，加强安全生产监管，切实维护人民群

众生命财产安全。我国农业农村安全生产形势总体保持平稳，但是从源头防范遏制风险隐患、确保农业安全生产至关重要，要防范遏制重大事故发生。

65 未按规定办理登记手续的拖拉机可以使用吗？

2022 年 3 月 2 日，某县农业农村局执法人员进行执法检查时，发现姜某正在驾驶未悬挂牌照的拖拉机进行农田作业，该局对其下达《责令改正通知书》，但姜某未在规定期限内办理登记手续。2022 年 3 月 17 日，某县农业农村局对姜某下达《责令停止违法行为通知书》，责令其停止使用该拖拉机，但姜某拒不停止使用。2022 年 3 月 24 日，执法人员再次发现当事人违法使用该拖拉机。经立案查明，当事人违规使用未按规定办理登记手续的拖拉机。

【分析】实行拖拉机、联合收割机登记制度，是保障农业机械安全生产的主要措施之一。《农业机械安全监督管理条例》规定，拖拉机、联合收割机投入使用前，其所有人应当按照国务院农业机械化主管部门的规定，持本人身份证明和机具来源证明，向所在地县级人民政府农业机械化主管部门申请登记。本案中，姜某驾驶未按规定办理登记手续的拖拉机作业，并多次违反相关规定，应当承担法律责任。

根据相关规定，对驾驶（操作）未按规定核发牌证的农业机械行为，农业农村部门要求限期补办相关手续；逾期不补办的，农业农村部门责令停止使用；拒不停止使用，农业农村部门扣押违法使用的农机，并处以罚款。

本案中，对姜某违规使用未按规定办理登记手续的拖拉机的行为，某县农业农村局依法作出扣押违法使用的拖拉机，并处罚款 200 元的行政处罚。

【提示】姜某如果补办相关手续，某县农业农村局则应及时退还扣押的拖拉机。

依据 >> 附录扫码看全文

《农业机械安全监督管理条例》第 21 条、第 50 条

66 可以用拖拉机在道路上载人吗?

正值秋收农忙时节,某村村民准备到地里干活。但是,由于耕地到自家住处距离远,步行往返既浪费时间又浪费体力,于是,吴某提出让大家搭乘自己的拖拉机往返。在回村的路上,吴某一行人被执勤民警当场查获。

【分析】拖拉机主要是为了满足农业生产、货物运输等需求,车辆安全性能相对较差,没有设置安全防护设施,不具备载客条件,遇车辆发生碰撞或侧翻时,易导致群死群伤事故发生。道路交通安全法规定,在允许拖拉机通行的道路上,拖拉机可以从事货运,但是不得用于载人。此外,《农业机械安全监督管理条例》规定,禁止使用拖拉机、联合收割机违反规定载人。

本案中,吴某驾驶拖拉机违法载人行为存在严重交通安全隐患,一旦发生事故,后果非常严重。执勤民警对吴某及乘坐人员进行了严厉的批评教育,按法律规定对吴某进行处罚,签订承诺书,并责令所有超载人员乘坐客车返回,及时消除安全隐患。

依据 >> 附录扫码看全文

《中华人民共和国道路交通安全法》第 55 条,《农业机械安全监督管理条例》第 23 条、第 54 条

67 无证驾驶联合收割机应承担什么责任?

2021 年 11 月 4 日,执法人员在某村水稻收割作业现场进行执法检查时,发现徐某正在驾驶悬挂牌照的联合收割机现场收割水稻。经现场询问查证,徐某未取得联合收割机操作证件。

【分析】拖拉机、联合收割机作为重型农用机械,其正确操作关乎农业机械安全生产秩序,关乎人民群众生命和财产安全。操作人员需要掌握足够的操作技能和安全事项,经过培训获取操作证方能上岗。根据《农业机械安全

监督管理条例》的规定，拖拉机、联合收割机操作人员经过培训后，应当按照国务院农业机械化主管部门的规定，参加县级人民政府农业机械化主管部门组织的考试。考试合格的，农业机械化主管部门应当在 2 个工作日内核发相应的操作证件。

本案中，徐某未取得联合收割机驾驶证，不具备操作联合收割机进行田间作业的资格，其操作联合收割机作业的行为违反了相关规定，应当承担法律责任。最终，农业农村部门对其作出责令停止违法行为，并处罚款 100 元的行政处罚。

【提示】严禁无证操作或持假证操作拖拉机、联合收割机。目前拖拉机、联合收割机操作证件是指拖拉机驾驶证和联合收割机驾驶证。拖拉机、联合收割机驾驶证有效期为 6 年；有效期满，操作人员可以向原发证机关申请续展。未满 18 周岁或年满 70 周岁，均不得操作拖拉机、联合收割机。

依据 》》 附录扫码看全文

《农业机械安全监督管理条例》第 22 条、第 52 条

68 农机出了质量问题，怎么办？

2019 年 10 月 19 日，秘某从某农机销售公司购买了一台采棉机，"三包"的有效期为 2 年。使用了一个月，采棉期就结束了。因感觉该车采净率较高，干活较快，2020 年 9 月 20 日秘某又从该公司订购了一台同款采棉机。到货当天，秘某发现该车车门是坏的，风动箱没齿轮油，之后从 9 月 22 日到 11 月 30 日采棉期结束，该车一直不停修理，无法使用。而第一台采棉机 2020 年共坏了 8 次，也始终没有修好。秘某认为，两台车存在的故障不是简单的售后或是简单的维修能解决的，是根本的质量问题，故要求该公司退车、退款，并赔偿自己的损失。

【分析】关于农机产品质量及责任问题，依据《农业机械产品修理、更换、退货责任规定》的规定，农机产品实行谁销售谁负责三包的原则。销售者承担三包责任，换货或退货后，属于生产者的责任的，可以依法向生产者追偿。在

三包有效期内，因修理者的过错造成他人损失的，依照有关法律和代理修理合同承担责任。三包有效期内，农机产品出现质量问题，农机用户凭三包凭证在指定的或者约定的修理者处进行免费处理，维修产生的工时费、材料费及合理的运输费等由三包责任人承担；符合本规定换货、退货条件，农机用户要求换货、退货的，凭三包凭证、修理记录、购机发票更换退货；因质量问题给农机用户造成损失的，销售者应当依法负责赔偿相应的损失。

本案中，两台采棉机均在三包有效期内，根据规定，农机产品存在质量问题的，修理者一般应当自送修之日起 30 个工作日内完成修理工作，并保证正常使用，而以上两台采棉机多次出现问题，并未得到售后人员的妥善处理，导致修理多次之后，还是存在质量问题。因此，某农机销售公司应接受秘某退货请求，并返还购车款。同时，因采棉机存在质量问题，无法正常作业，给秘某造成损失，该公司应当依法赔偿。

依据 >> 附录扫码看全文

《农业机械产品修理、更换、退货责任规定》第 4 条、第 26 条、第 27 条、第 28 条、第 29 条

---

69 喷洒农药外溢导致他人中毒，要承担全部责任吗？

某日，谷某在自家院内喷洒除草剂。邻居王某在自家院内的菜地正好与谷某的喷洒位置相邻。当晚，王某在菜地里摘了菠菜并做饭食用。次日王某身体出现不适，到本村医疗点检查。因为发现院内菜地的菜有异样，又听说谷某喷洒过农药，王某找谷某解决。谷某同王某一起到医院检查，支付了检查费。后王某转到省人民医院住院治疗 5 天，经诊断为农药中毒。王某找谷某赔偿，谷某称是风把农药吹过去的，不是自己的问题，拒绝赔偿。王某无奈，诉至法院。

【分析】 根据《农药管理条例》的规定，农药使用者应当遵守国家有关农药安全、合理使用制度，妥善保管农药，并在配药、用药过程中采取必要的防护措施，避免发生农药使用事故。农药使用者应当严格按照农药的标签标注的

使用范围、使用方法和剂量、使用技术要求和注意事项使用农药，不得扩大使用范围、加大用药剂量或者改变使用方法。

本案中，谷某在自家院内喷洒除草剂的位置与王某菜地相邻，谷某用药过程中没有采取必要的防护措施，也没有及时提醒王某，致使王某因食用被农药污染的蔬菜而中毒。谷某虽不是故意，但存在过错，应承担全部赔偿责任。

依据 >> 附录扫码看全文

《中华人民共和国民法典》第 1165 条、第 1179 条，《农药管理条例》第 33 条、第 34 条

70 农家乐不安可燃气体报警装置，会受到什么处罚？

某村依托当地自然资源和人文资源大力开发休闲旅游项目。胡某也用自家的闲置房开了一家农家乐，注册登记为餐饮个体户，主要为游客提供餐饮服务。某日，游客刘某见农家乐里，燃气瓶放在厨房间外，通过一根很长的软管与室内厨房间的燃气灶相连，没有安装可燃气体报警装置，便提醒胡某需要安装，否则后果严重。胡某觉得刘某有点小题大做。

【分析】燃气安全关乎人民群众生命财产安全。餐饮行业使用燃气频繁，如果不重视燃气安全，不当使用燃气，导致燃气泄漏，严重的会导致燃气爆燃，危及自身和其他群众的生命财产安全。而安装可燃气体报警装置，能有效防止爆炸、火灾等恶性事故发生。对此，安全生产法作出了强制性规定：餐饮等行业的生产经营单位使用燃气的，应当安装可燃气体报警装置，并保障其正常使用。对于未安装可燃气体报警装置的餐饮等行业的生产经营单位，责令限期改正，处 5 万元以下的罚款；逾期未改正的，处 5 万元以上 20 万元以下的罚款，对其直接负责的主管人员和其他直接责任人员处 1 万元以上 2 万元以下的罚款；情节严重的，责令停产停业整顿；构成犯罪的，依照刑法有关规定追究刑事责任。

本案中，胡某作为农家乐经营者，其未按规定安装可燃气体报警装置的行为违法，一旦发生燃气泄漏，难以确保能够及时发现，该农家乐经营场所具有

重大燃气安全隐患。胡某应主动整改，及时联系具有资质的公司在其用气场所安装可燃气体报警装置，消除安全隐患。

【提示】餐饮等行业使用燃气的工商业燃气用户，要对安装的可燃气体报警装置进行经常性维护、保养、定期检测等，保障其正常使用。

依据 >> 附录扫码看全文

《中华人民共和国安全生产法》第 36 条、第 99 条、第 102 条

五、农业资源保护

农业是典型的资源依赖型产业，农业资源是农业生产的物质基础，是实现农业可持续发展的必要条件。不合理的农业资源开发和利用，不仅会破坏农业生态环境，也会危及农业生产。因此，我国农业法等法律重点保护农业资源，强调在发展农业和农村经济时，必须合理利用和保护自然资源，发展生态农业，保护和改善生态环境。

71 盗挖黑土，会受到什么处罚？

村里的一块黑土耕地依法转为农业设施建设用地，村民孙某听说黑土能卖钱，就盗挖该地段的黑土，并以每车 80 元的价格出售给他人，共盗挖黑土 6305 立方米，非法获利 38800 元。经价格认定，孙某所盗挖黑土价格为 53340 元。某县检察院依法提起刑事附带民事公益诉讼。

【分析】黑土地是十分珍贵的土壤资源，在保障国家粮食安全中具有举足轻重的地位。习近平总书记强调，一定要采取有效措施，保护好黑土地这一

"耕地中的大熊猫"。根据黑土地保护法的规定，禁止盗挖、滥挖和非法买卖黑土。经依法严格审批占用黑土地的建设项目，应当按照规定的标准对耕作层的土壤进行剥离。剥离的黑土应当就近用于新开垦耕地和劣质耕地改良、被污染耕地的治理、高标准农田建设、土地复垦等。

本案中，孙某为牟取非法利益，盗挖建设用地黑土进行贩卖，构成盗窃罪，并造成国家黑土资源损失。由于孙某认罪认罚，积极认罪悔罪，主动上缴非法所得 38800 元，积极赔偿黑土资源损失 53340 元，并在市级新闻媒体上向公众赔礼道歉，人民法院判决其犯盗窃罪，判处有期徒刑 3 年，缓刑 3 年，并处罚金 1 万元。

【提示】全社会都应当增强对黑土资源的保护意识，任何组织和个人不得破坏黑土地资源和生态环境。根据法律规定，盗挖、滥挖黑土的，依照土地管理等有关法律法规的规定从重处罚。非法出售黑土的，由县级以上地方人民政府市场监督管理、农业农村、自然资源等部门按照职责分工没收非法出售的黑土和违法所得，并处每立方米 500 元以上 5000 元以下罚款；明知是非法出售的黑土而购买的，没收非法购买的黑土，并处货值金额 1 倍以上 3 倍以下罚款。构成犯罪的，依法追究刑事责任。

依据 》 附录扫码看全文

《中华人民共和国黑土地保护法》第 20 条、第 21 条、第 32 条、第 33 条，《中华人民共和国刑法》第 264 条，《中华人民共和国民事诉讼法》第 58 条

72 可以在租来的耕地上建大棚种苗木花卉吗？

孙某见鲜花绿植生意好，便租下同村村民的承包地，建设钢构大棚及辅助设施，用于苗木花卉种植。某县自然资源局对孙某涉嫌非法用地的行为立案调查。经查，该宗土地性质为基本农田，现状为耕地。截至调查之日，阳光大棚已基本建成，房屋地基及钢构已建成，占用基本农田保护区范围土地 3.96 亩。

【分析】耕地是保障粮食安全的重要生产资料，我国相关法律对耕地保护

有一系列严格规定，核心是防止将耕地转为非耕地。土地管理法和《基本农田保护条例》明确规定，国家实行永久基本农田保护制度。永久基本农田经依法划定后，任何单位和个人不得擅自占用或者改变其用途。禁止占用永久基本农田发展林果业和挖塘养鱼。

本案中，孙某占用基本农田建设钢构大棚用于苗木花卉种植的行为，违反了土地管理法规。某县自然资源局对其作出如下处罚：限期拆除非法占用 3.96 亩土地新建的钢构大棚及其他设施，恢复土地原状；对非法占地 3.96 亩合计 2640 平方米处以每平方米 29 元的罚款，共计 76560 元。

【提示】耕地保护红线不可触碰。根据相关司法解释和刑事案件立案标准，单位或者个人非法占用永久基本农田 5 亩以上或者永久基本农田以外的耕地 10 亩以上，即达到追究刑事责任的标准，应定罪处罚。

此外，要坚持农地农用，严禁借农用地流转、土地整治等名义违反规划搞非农建设、乱占耕地建房等，坚决杜绝集体土地失管失控现象。

依据》 附录扫码看全文

《中华人民共和国土地管理法》第 4 条、第 30 条、第 33 条、第 35 条、第 37 条、第 44 条、第 62 条，《中华人民共和国刑法》第 342 条，《基本农田保护条例》第 2 条、第 15 条、第 17 条，《最高人民法院关于审理破坏土地资源刑事案件具体应用法律若干问题的解释》第 3 条

73 使用后的农用薄膜该怎么处理？

2021 年 7 月，某县行政执法局执法人员开展巡查时发现，某村农田田坎上有随意堆放的使用后农用薄膜。经查，为该村村民吴某在农田大棚种植蔬菜后，未按规定及时回收的使用后的农用薄膜。该县行政执法局依法责令吴某改正违法行为，并作出罚款 300 元的行政处罚决定。

【分析】土壤污染防治法、《农用薄膜管理办法》等法律、法规和部门规

章都对加强农用薄膜监督管理作出规定，农业投入品生产者、销售者和使用者应当及时回收农药、肥料等农业投入品的包装废弃物和农用薄膜，并将农药包装废弃物交由专门的机构或者组织进行无害化处理。农业投入品生产者、销售者、使用者未按照规定及时回收肥料等农业投入品的包装废弃物或者农用薄膜，或者未按照规定及时回收农药包装废弃物交由专门的机构或者组织进行无害化处理的，由地方人民政府农业农村主管部门责令改正，处 1 万元以上10 万元以下的罚款；农业投入品使用者为个人的，可以处 200 元以上 2000元以下的罚款。

本案中，吴某应当在农用薄膜使用后及时捡拾田间的非全生物降解农用薄膜废弃物，交至回收网点或回收工作者，不得随意弃置、掩埋或者焚烧，吴某未履行回收薄膜的相关义务，应承担法律责任。

依据》 附录扫码看全文

《中华人民共和国土壤污染防治法》第 30 条、第 88 条，《农用薄膜管理办法》第 15 条

74 农地被污染，如何追究赔偿责任？

某工程公司在施工中持续把大量的泥浆水倾倒、排入某村农田中，水中含有大量混凝土碱性成分。该倾倒行为导致部分树木损毁，村民被迫迁移部分树木，大量泥浆堵塞农田的排灌渠，十多亩农田受损，严重影响生产经营及农作物生长。而清理、疏通排灌渠，需要很高的费用。事发后，村民要求该公司停止倾倒行为并赔偿有关损失，该公司置之不理。村民又多次通过农田所在村与该公司协商，其仍然不理会。经村民聘请的评估机构评估，造成的土地损失及农作物死亡、迁移损失为 139830 元，评估费为 23000 元。后村民向法院提起诉讼，请求该公司立即停止侵害并赔偿损失。

【分析】农地被污染，当事人可以依据民法典侵权责任编有关规定主张侵权责任，维护自己的合法权益。因污染环境、破坏生态发生纠纷，行为人应当

就法律规定的不承担责任或者减轻责任的情形及其行为与损害之间不存在因果关系承担举证责任。

本案中，某工程公司施工的工地与村民承包的土地毗邻，且该公司在施工过程中存在部分泥浆排放至相邻土地的情形。村民提供了农地损失评估结论书，损失共包括三部分，一是树木迁移费用 11200 元，二是树木损失价格经评估为 10070 元，三是侵入沙土的清理费用 118560 元，农地污染损失总值为 139830 元。该结论书证明施工工地把建筑余泥、废水倾倒至种植场地内造成种植场地排灌渠堵塞，建筑余泥覆盖种植场地表面，致种植场地土地及农作物损失，即土地及农作物的损失与施工方的施工存在着直接的因果关系。最终，法院判决某工程公司承担侵权责任，赔偿村民农地污染损失总值 139830 元以及评估费 23000 元。

依据 >> 附录扫码看全文

《中华人民共和国民法典》第 1229 条、第 1230 条

75 占用林地开采矿产，如何处理？

王某得知县水泥厂收购麻骨石，便承包了某村三组林地，申报将该处林地改造为蜜香杏基地的土地平整项目。王某未办理占用林地手续，于 2019 年 5 月开始在三组山上挖山毁林，占地开采麻骨石予以出售。经勘验，毁坏林地面积为 11.28 亩，林地的原有植被及地表土层毁坏程度达到 100%。

【分析】森林是陆地生态系统的主体，对国家生态安全具有基础性、战略性作用。违法采石采矿，严重破坏森林资源。森林法规定，未经县级以上人民政府林业主管部门审核同意，擅自改变林地用途的，由县级以上人民政府林业主管部门责令限期恢复植被和林业生产条件，可以处恢复植被和林业生产条件所需费用 3 倍以下的罚款。违反土地管理法规，非法占用耕地、林地等农用地，改变被占用土地用途，数量较大，造成耕地、林地等农用地大量毁坏的，

构成非法占用农用地罪，处 5 年以下有期徒刑或者拘役，并处或者单处罚金。

本案中，王某在未办理占用林地手续的情况下，擅自占用林地开采矿产，改变林地用途，数量较大，造成林地大量毁坏，其行为已构成非法占用农用地罪。同时，王某的行为致使国家资源和生态环境遭受破坏，社会公共利益严重受损，法院在判处刑罚的同时，还责令其缴纳生态修复金。

依据 》 附录扫码看全文

《中华人民共和国森林法》第 73 条，《中华人民共和国刑法》第 342 条

76 可以开垦自己承包的天然草场吗？

顾某在未经相关部门批准许可的情况下，擅自雇用农用拖拉机在自家承包的天然草场进行开垦。经测绘，开垦面积为 55.9035 亩。

【分析】草原是我国陆地上面积最大的绿色生态屏障，是建设生态文明和美丽中国的重要基础。我国法律明确禁止开垦草原（天然草原和人工草地）。违反草原法、土地管理法等规定，非法占用草原，改变被占用草原用途，数量较大，造成草原大量毁坏的，以非法占用农用地罪定罪处罚。

根据相关司法解释的规定，非法占用草原，改变被占用草原用途，"数量较大"的标准一般为 20 亩以上；曾因非法占用草原受过行政处罚，在 3 年内又非法占用草原，改变被占用草原用途的，则为 10 亩以上。本案中，顾某非法开垦草地 55.9035 亩，数量较大，其擅自将天然草场开垦为耕地的行为造成草原大量毁坏，破坏了植被系统，已构成非法占用农用地罪，应当依法追究刑事责任。

【提示】草原法在草原保护方面明确规定：禁止开垦草原；禁止乱采滥挖草原野生植物和破坏草原植被的其他活动；禁止使用剧毒、高残留以及可能导致二次中毒的农药；除抢险救灾和牧民搬迁外，禁止机动车辆离开道路在草原上行驶。

依据 >> 附录扫码看全文

《中华人民共和国草原法》第 46 条、第 49 条、第 54 条、第 55 条、第 66 条，《中华人民共和国土地管理法》第 40 条，《中华人民共和国刑法》第 342 条，《最高人民法院关于审理破坏草原资源刑事案件应用法律若干问题的解释》第 1 条、第 2 条

77 盗挖出售高原泥炭，会有什么后果？

杨某、扎某等人听说当地的高原泥炭能作为高品质花肥卖到花卉苗圃，便开始非法采挖泥炭。两个月间，杨某、扎某等人先后三次盗挖出售泥炭共计 1614.65 立方米。案发后，6 名嫌疑人先后被公安机关抓获。

【分析】泥炭作为非金属矿产资源，在调节气候、保持水土、水源涵养、固碳增汇等方面具有不可替代的作用。盗挖泥炭，对于生态环境破坏极大。2022 年 6 月 1 日正式实施的湿地保护法明确规定，禁止在泥炭沼泽湿地开采泥炭或者擅自开采地下水；禁止将泥炭沼泽湿地蓄水向外排放，因防灾减灾需要的除外。违法开采泥炭的，由县级以上人民政府林业草原等有关主管部门按照职责分工责令停止违法行为，限期修复湿地或者采取其他补救措施，没收违法所得，并按照采挖泥炭体积，处每立方米 2000 元以上 1 万元以下罚款。构成违反治安管理行为的，由公安机关依法给予治安管理处罚；构成犯罪的，依法追究刑事责任。

本案中，杨某、扎某等人非法采挖泥炭并出售牟利，构成非法采矿罪。最终，人民法院根据各行为人的犯罪事实、性质、情节、认罪认罚和社会危害程度，分别判处有期徒刑 3 年 3 个月至拘役 3 个月不等，并处罚金 10 万元至 2 万元不等，追缴违法所得。

依据 >> 附录扫码看全文

《中华人民共和国湿地保护法》第 35 条、第 57 条、第 62 条，《中华人民

共和国刑法》第 343 条

78　禁渔期使用禁用渔具捕捞，会有什么后果？

梁某、叶某合伙装好一艘木质渔船，用于出海打渔。二人明知某海域处于禁渔期，仍共同出资购买柴油先后两次驾船出海进行非法捕捞作业。第一次，二人驾驶渔船在该海域撒下各自带来的 4 张渔网（共 8 张网，系单片刺网，最小网目尺寸小于 50mm，属于禁用渔具）实施非法捕捞，其中梁某捕获杂鱼约 1 斤，叶某捕获杂鱼约 3 斤，均被二人食用。第二次，二人再次使用上述 8 张禁用渔网实施非法捕捞，上岸后被民警抓获，并被查获非法捕捞所使用的渔网 8 张、木船 1 艘、塑料鱼筐 3 个、鱼类 54 条。

【分析】禁渔期制度是依据渔业法建立的一项重要渔业资源养护制度。禁渔期违法捕捞，会破坏渔业资源和生态平衡，损害生物多样性和渔业资源的可持续开发利用。我国法律明确禁止在禁渔区、禁渔期进行捕捞。禁止使用小于最小网目尺寸的网具进行捕捞。关于禁渔区和禁渔期以及禁止使用的渔具和捕捞方法，最小网目尺寸以及其他保护渔业资源的措施，由国务院渔业行政主管部门或者省、自治区、直辖市人民政府渔业行政主管部门规定。

根据相关司法解释的规定，在禁渔区内使用禁用的工具或者方法捕捞的，在禁渔期内使用禁用的工具或者方法捕捞的，属于刑法第 340 条规定的"情节严重"，均应追究刑事责任。本案中，梁某、叶某在禁渔期内使用禁用渔具捕捞水产品，其行为已触犯刑法，构成犯罪，应依法追究刑事责任。

依据 》 附录扫码看全文

《中华人民共和国渔业法》第 30 条，《中华人民共和国刑法》第 340 条，《最高人民法院关于审理发生在我国管辖海域相关案件若干问题的规定（二）》第 4 条

79 没有养殖证，能在全民所有水域进行网箱养鱼吗？

某水库是某县行政区域内的全民所有水域。陈某未取得养殖证在某水库库区内建造网箱，进行鱼类养殖生产，至2021年时，陈某在该水库库区内投入建造养殖网箱13个。2021年5月20日，县渔业局向陈某发出《限期拆除网箱养殖设施通知书》，敦促陈某于2021年6月3日前自行拆除网箱养殖设施。限期拆除期限届满，陈某没有自行拆除。县渔业局作出强制执行决定并送达后，分别于2021年10月7日、2021年11月18日、2022年5月19日组织执法人员拆除陈某的7个网箱。2022年8月12日，因认为县渔业局强制拆除行为违法，陈某向法院提起行政诉讼主张赔偿。

【分析】水是生命之源、生存保障。水产品养殖往往需要投放大量饲料等物质，非常容易造成水体污染以及水质严重富营养化，进而对生态环境产生不利影响。因此，法律对水产养殖等行为进行严格规定，加强行政监管。

根据渔业法的规定，作为该县人民政府渔业行政主管部门的县渔业局对在全民所有水域的某水库库区内建造网箱设施，从事鱼类养殖生产的行为进行处理属于其职权范围。就陈某未依法取得养殖证，在全民所有水域某水库库区内建造网箱养殖设施进行鱼类养殖生产的行为，县渔业局依法作出的限期自行拆除网箱养殖设施的行政处罚决定合法。

关于县渔业局组织人员强制拆除陈某网箱的行为是否合法的问题。根据行政强制法的规定，县渔业局在作出行政处罚决定后，在强制拆除前曾对陈某进行过书面催告，其行为符合法律规定。

本案中，陈某请求赔偿因强制拆除网箱造成的损失，没有事实和法律依据。根据国家赔偿法的规定，国家机关和国家机关工作人员行使职权，有本法规定的侵犯公民、法人和其他组织合法权益的情形，造成损害的，受害人有依照本法取得国家赔偿的权利。因此，请求国家赔偿应当以其合法权益受到损害为前提条件。陈某未依法取得养殖证擅自在全民所有水域从事养殖生产的行为，属于非法养殖。因此，陈某被拆除的网箱养殖设施（包括其中的养殖鱼类）不是其合法权益，不属于可以申请国家赔偿的范围。

依据 》》 附录扫码看全文

《中华人民共和国渔业法》第 11 条、第 40 条，《中华人民共和国行政强制法》第 35 条、第 36 条、第 37 条，《中华人民共和国国家赔偿法》第 2 条

六、农村电商和直播

随着网络技术的发展，线上销售已经成为农产品营销的重要途径。各大电商平台不断加大对农产品线上销售的扶持力度，同时积极推广新营销模式，如直播、短视频营销等。互联网电商、直播电商等数字化商业模式已经成为赋能乡村振兴的重要方式。需要注意的是，村民很可能因为对网络电商或直播规则不熟悉而违法，要承担相应的法律责任。学习掌握好电子商务法、食品安全法等相关法律法规，尤为重要。

80 在网上开店，需要办理营业执照吗？

周某缝纫技巧一流，想在网站上开拓业务开一家"周氏裁缝店"，提供旗袍、西装等定制服务，但她不知道是否要先去办理营业执照才能开店。

【分析】依据我国电子商务法的规定，除个人销售自产农副产品、家庭手工业产品，个人利用自己的技能从事依法无须取得许可的便民劳务活动和零星小额交易活动，以及依照法律、行政法规不需要进行登记的外，其他均需办理营业执照。《网络交易监督管理办法》列举了"个人利用自己的技能从事依法无须取得许可的便民劳务活动"，主要有保洁、洗涤、缝纫、理发、搬家、配制钥匙、管道疏通、家电家具修理修配等。同时，明确了"零星小额交易活动"

的认定标准：个人从事网络交易活动，年交易额累计不超过 10 万元。同一经营者在同一平台或者不同平台开设多家网店的，各网店交易额合并计算。

本案中，周某想在网上开的裁缝店，属于个人利用自己的技能从事依法无须取得许可的便民劳务活动，不需要进行登记。

【提示】个人从事的零星小额交易须依法取得行政许可的，应当依法办理市场主体登记。

依据》 附录扫码看全文

《中华人民共和国电子商务法》第 9 条、第 10 条，《网络交易监督管理办法》第 8 条

81 在网络平台售卖自制食品，需要取得相关许可吗？

小姚的婆婆经常做泡菜、粉蒸肉等特色食品，乡亲们都赞不绝口。小姚看到了商机，想和丈夫一起回乡帮婆婆扩大生产，并通过电商平台销售。小姚想要开店，但不知道在网上卖自家做的食品是否需要取得相关许可。

【分析】我国对食品生产经营实行许可制度，从事食品生产、食品销售、餐饮服务，应当依法取得许可。但是，销售食用农产品和仅销售预包装食品的，不需要取得许可。根据相关规定，食用农产品，指来源于种植业、林业、畜牧业和渔业等供人食用的初级产品，即在农业活动中获得的供人食用的植物、动物、微生物及其产品，不包括法律法规禁止食用的野生动物产品及其制品。即食食用农产品，指以生鲜食用农产品为原料，经过清洗、去皮、切割等简单加工后，可供人直接食用的食用农产品。

本案中，小姚婆婆制作的泡菜、粉蒸肉等自制食品，已不属于食用农产品，需要取得相关许可才可以售卖。

在网络平台销售自制食品，不仅要有营业执照，向市场监管部门申请核准通过网络经营，还要依法取得相关许可，并按照许可的类别范围销售食品，按照许可的经营项目范围从事食品经营。

取得食品生产许可的食品生产者，通过网络销售其生产的食品，不需要取得食品经营许可。取得食品经营许可的食品经营者通过网络销售其制作加工的食品，不需要取得食品生产许可。在网络平台销售自制食品，要依法履行食品安全义务，接受平台监管，销售的自制食品必须达到食品安全标准。入网食品生产经营者应当在其经营活动主页面显著位置公示其食品生产经营许可证。

依据 》 附录扫码看全文

《中华人民共和国食品安全法》第 35 条，《网络食品安全违法行为查处办法》第 16 条、第 18 条，《食用农产品市场销售质量安全监督管理办法》第 49 条

82 直播宣传产品时，能随意使用他人商标吗？

某地螺蛳粉协会申请注册了"某某螺蛳粉"商标，该商标经国家知识产权局核准注册，在行业内具有较高知名度与美誉度，广受消费者的认可与欢迎。村民李某未经某地螺蛳粉协会授权，在电商平台销售自己生产的同类商品时，擅自在产品宣传的直播间内显著、突出地使用"某某螺蛳粉"的标识。某地螺蛳粉协会认为此举严重损害其权益，提起诉讼。

【分析】商标不仅有识别商品来源的功能，同时也具有保证商品品质、广告宣传等功能。商标的使用，是指将商标用于商品、商品包装或者容器以及商品交易文书上，或者将商标用于广告宣传、展览以及其他商业活动中，用于识别商品来源的行为。未经商标注册人的许可，在同一种商品上使用与其注册商标相同的商标的，属于侵犯注册商标专用权的行为。

直播宣传产品时，要注重遵守商业规范，不能随意使用他人商标。本案中，李某擅自在直播宣传产品时显著、突出地使用"某某螺蛳粉"标识，使消费者混淆了商品和服务的来源，误认为李某销售的螺蛳粉与某地螺蛳粉协会具有特定的关系。李某的行为已构成对某地螺蛳粉协会商标专用权的侵害，应当承担停止侵权、赔偿经济损失等民事责任。

依据 》 附录扫码看全文

《中华人民共和国商标法》第 48 条、第 57 条

83 能在直播中宣称自己卖的水果是当地最好吃的吗？

胡某在某电商平台销售当地特色水果。某日，胡某在直播间卖水果时，宣传自己所卖的菠萝是当地最好吃的菠萝。任某在观看直播后，购买了胡某的菠萝。收到菠萝品尝后，任某认为还没有自己曾经买过的其他家的当地菠萝好吃，于是对胡某的直播间进行投诉。

【分析】广告法明确规定，广告不得使用"国家级""最高级""最佳"等用语。直播间利用网站、网页、互联网应用程序等互联网媒介，以文字、图片、音频、视频或者其他形式，直接或者间接地推销商品或者服务的商业广告活动，适用广告法的规定。主播应该严格遵守法律规定，不能使用任何的极限用语。例如，最高、最低、最便宜、最新、最先进、最新技术、最佳、最大、最好、最新科学、最先进加工工艺、最时尚、最受欢迎、最先等含义相同或近似的绝对化用语，都属于不能在直播间出现的词语。

可见，直播卖货时不能宣传自己的食品是最好吃的食品。本案中，胡某宣传自己销售的菠萝是当地最好吃的菠萝，属于使用了广告法中规定的禁止使用的极限用语，含有虚假宣传的成分，会因违法受到处罚。

依据 》 附录扫码看全文

《中华人民共和国广告法》第 9 条、第 57 条，《互联网广告管理办法》第 2 条

84 网售农产品因运输环节变质，商家要赔吗？

王某通过郑某在某电商平台开设的店铺了解到郑某在出售新鲜的鸡腰子，

于是联系郑某购买。王某向郑某提出，不要发没弹性、速冻和染血的鸡腰子，同时，王某与郑某约定以冷链物流方式运送该批鸡腰子。王某在收到鸡腰子后，觉得鸡腰子与郑某之前在网络上展示的外观和质量不一致，遂要求郑某承担责任。经查明，因运输过程中物流公司的冷藏处理不到位，导致鸡腰子出现了变质。郑某需要承担赔偿责任吗？

【分析】根据民法典的规定，承运人应当在约定期限或者合理期限内将旅客、货物安全运输到约定地点。承运人对运输过程中货物的毁损、灭失承担赔偿责任。但是，承运人证明货物的毁损、灭失是因不可抗力、货物本身的自然性质或者合理损耗以及托运人、收货人的过错造成的，不承担赔偿责任。

本案中，王某和郑某之间是买卖合同关系，郑某和物流公司之间是运输合同关系，王某和物流公司之间不存在合同关系。根据合同的相对性原则，王某应按照买卖合同的约定向郑某要求赔偿，郑某须进行赔偿。郑某托运的鸡腰子在运输中因冷藏不到位变质，其可以向承运的物流公司主张赔偿。但前提是，郑某须在托运前向物流公司说明货物的名称、性质和注意事项等。

【提示】货物的毁损、灭失的赔偿额，当事人有约定的，按照其约定；没有约定或者约定不明确，依据民法典第 510 条的规定仍不能确定的，按照交付或者应当交付时货物到达地的市场价格计算。法律、行政法规对赔偿额的计算方法和赔偿限额另有规定的，依照其规定。

依据 》 附录扫码看全文

《中华人民共和国民法典》第 510 条、第 811 条、第 832 条、第 833 条

85 为了提高网店销售额，可否请人刷单？

郭某在某购物平台开了一家网店。为提升网店的综合搜索排名、吸引顾客，其通过微信招募"水军"刷单。每日刷单前，郭某将当日需要刷单的数量告知"水军"，待刷单任务完成并核对明细后，郭某支付商品总价款及佣金给"水军"，然后再按照收货地址发送空包裹形成物流信息。这一套流程走下来仅

一个月不到，郭某店铺商品的销量明显提高，网店的综合搜索排名上升。经营同类型网店的李某得知此事后，向市场监管部门进行投诉。

【分析】刷单是互联网交易中的新型不正当竞争行为，干扰了消费者的决策，严重损害了消费者的知情权，对市场竞争秩序造成了严重干扰和破坏。刷单行为事实上是一种虚假宣传行为，反不正当竞争法明确规定经营者不得对其商品的"销售状况""用户评价"等作虚假或者引人误解的商业宣传，欺骗、误导消费者。相关部门对网络商家通过"刷单炒信"积累人气和声誉的虚假宣传类案件也逐年加大查处力度。

根据法律规定，对于"刷单炒信"行为，将由监督检查部门责令停止违法行为，处20万元以上100万元以下的罚款；情节严重的，处100万元以上200万元以下的罚款，甚至可以吊销营业执照。

本案中，郭某为了提高网店的销售额而请人刷单的行为属于不正当竞争行为，其用虚假宣传欺骗、误导消费者，被市场监管部门处以罚款。

【提示】诚信是中华民族的传统美德，是社会主义核心价值观的重要内容。商家只有遵守诚实信用这一市场活动的基本准则，才能避免被淘汰出局。

依据》 附录扫码看全文

《中华人民共和国反不正当竞争法》第8条、第20条

第三章　婚姻家庭与继承

一、婚姻家庭

　　农村社会是以血缘、亲缘和地缘为关系纽带的社会，人们之间的联系频繁、密切，幸福的婚姻、和睦的家庭，是促进乡村社会和谐稳定的坚实基础。我国将婚姻家庭法规定在民法典中的第五编"婚姻家庭编"，来调整亲属之间的身份关系以及夫妻、父母子女和其他一定范围的亲属之间的身份地位、权利和义务关系。无论是在城市还是在农村，婚姻自由、一夫一妻、男女平等等民法典所确立的制度和原则，都应当得到遵守。

86　结婚后彩礼还能要回来吗？

　　王某已年近40岁，还未婚配。好不容易经人撮合，王某和吕某相识半年后张罗婚事。为了王某的婚事，王某的父亲老王四处筹钱，付给吕某家一笔彩礼。然而王某和吕某登记结婚一起生活3个月后，王某因生活琐事对吕某及其娘家心生不满，要求吕某返还彩礼，遭到拒绝。

　　【分析】彩礼，是以婚姻为目的，依据习俗给付的财物。随着人民生活水平的提高，一些地方的彩礼金额直线上升，与彩礼相关的民事纠纷也逐渐增多。

依据我国民法典及相关司法解释的规定，发生彩礼纠纷时，彩礼是否返还，需要考虑是否办理结婚登记、是否共同生活、给付彩礼是否导致给付人生活困难等因素进行判断，且不同情况下彩礼的返还条件和返还比例不同。如果已经办理结婚登记且共同生活，离婚时一方请求返还彩礼，人民法院一般不予支持。但是，如果共同生活时间较短且彩礼数额过高的，人民法院可以根据彩礼实际使用及嫁妆情况，综合考虑彩礼数额、共同生活及孕育情况、双方过错等事实，结合当地习俗，确定是否返还以及返还的具体比例。婚前给付彩礼导致给付人生活困难的，离婚时一方请求返还彩礼，人民法院应予支持。

本案中，王某与吕某已办理结婚登记并共同生活3个月，假使符合彩礼数额过高或者给付彩礼导致给付人生活困难的情形，但由于这两种情形下返还彩礼以双方离婚为条件，而王某并未提出离婚，故其要求吕某返还彩礼于法无据。

【提示】婚恋过程中一方给予另一方的财物是否为彩礼，可以根据一方给付财物的目的，综合考虑双方当地习俗、给付的时间和方式、财物价值、给付人及接收人等事实认定。下列情形给付的财物，不属于彩礼：（1）一方在节日、生日等有特殊纪念意义时点给付的价值不大的礼物、礼金；（2）一方为表达或者增进感情的日常消费性支出；（3）其他价值不大的财物。

依据 》 附录扫码看全文

《最高人民法院关于适用〈中华人民共和国民法典〉婚姻家庭编的解释（一）》第5条，《最高人民法院关于审理涉彩礼纠纷案件适用法律若干问题的规定》第3条、第5条

87 只办了酒席未领结婚证，算合法夫妻吗？

2021年12月10日，周某与姚某在村中操办结婚酒席，之后开始以夫妻名义共同生活。然而此后，两人因性格不合经常发生争吵。随着矛盾逐渐激化，忍无可忍的周某起诉至法院要求离婚。法院以双方不存在婚姻关系为由，裁定驳回起诉。

【分析】民法典规定，要求结婚的男女双方应当亲自到婚姻登记机关申请结婚登记。符合本法规定的，予以登记，发给结婚证。完成结婚登记，即确立婚姻关系。未办理结婚登记的，应当补办登记。因此，如果男女双方共同生活，但并未办理结婚登记，在法律上讲仅是同居关系，不是合法的婚姻关系。根据相关司法解释的规定，男女双方依据民法典规定补办结婚登记的，婚姻关系的效力从双方均符合民法典所规定的结婚的实质要件时起算。

本案中，周某和姚某虽然办了酒席，但因未领取结婚证，二人未形成婚姻关系，不享有夫妻之间法定的权利和义务，分手时不需要办理离婚手续。

依据》 附录扫码看全文

《中华人民共和国民法典》第 1049 条，《最高人民法院关于适用〈中华人民共和国民法典〉婚姻家庭编的解释（一）》第 3 条、第 6 条

88 父母能强迫子女与他人结婚吗？

王某初中毕业辍学在家后就一直被父母催婚。王某 20 岁时，其父母在没有与王某商量的情况下，收了邻村刘某 26 万元的彩礼钱，并逼迫王某嫁给刘某的儿子小刘。王某的父母能这么做吗？

【分析】依据民法典的规定，结婚应当男女双方完全自愿，禁止任何一方对另一方加以强迫，禁止任何组织或者个人加以干涉。禁止包办、买卖婚姻和其他干涉婚姻自由的行为。可见，每个人都有选择是否结婚以及与谁结婚的权利。无论是父母还是其他人都不能强加自己的意愿到结婚双方身上。干涉婚姻自由情节严重的，可能还会受到刑事处罚。

本案中，王某的父母无权决定王某的婚姻，其强迫王某嫁给小刘的行为，侵犯了王某的婚姻自主权，也是对王某人权的践踏。王某可以依法拒绝其父母作出的婚姻安排。

【提示】根据法律规定，被胁迫形成的婚姻属于可撤销的婚姻，受胁迫的

一方可以向人民法院请求撤销婚姻。请求撤销婚姻的，应当自胁迫行为终止之日起1年内提出。被非法限制人身自由的当事人请求撤销婚姻的，应当自恢复人身自由之日起1年内提出。

依据 》 附录扫码看全文)

《中华人民共和国民法典》第1042条、第1046条、第1052条

89 夫妻一方承诺将自己名下的房产赠与对方，后悔了能撤销吗？

郭某与李某是夫妻。2021年，郭某与李某签订赠与合同，自愿将其位于某村的一处房屋院落无偿赠与李某。一年后，郭某反悔，想要回房产，被李某拒绝。郭某以该房产未办理过户登记手续为由向法院起诉，请求撤销赠与。

【分析】依据民法典及相关司法解释的规定，夫妻之间婚前或婚内的房产赠与适用民法典第658条的规定，只要同时达成以下3个条件，赠与人就可行使撤销权：（1）赠与财产权利尚未转移；（2）赠与合同不具有社会公益和道德义务的性质；（3）赠与合同未经过公证。

本案中，郭某将其所有的房屋院落赠与妻子李某，其在赠与时的意思表示真实，合同内容合法有效。但是，郭某赠与李某的房屋院落为不动产，依据民法典的规定，不动产物权的变更必须经依法登记才发生效力，而郭某的赠与房产未办理过户登记，也就未发生物权变动效力。加上双方的赠与合同没有经过公证，且不属于具有社会公益和道德义务性质的赠与，因此，郭某在赠与房产变更登记之前，可以依法行使任意撤销权来撤销赠与。最终，法院判决撤销了郭某与李某签订的赠与合同。

依据 》 附录扫码看全文)

《中华人民共和国民法典》第209条、第658条，《最高人民法院关于适用〈中华人民共和国民法典〉婚姻家庭编的解释（一）》第32条

90 夫妻财产约定的法律效力是怎样的？

曹某与范某于 2004 年 2 月 10 日登记结婚，婚后二人购得位于甲市的房屋，房屋登记在范某名下，双方均认可该房屋是夫妻共同财产。2005 年 8 月，范某在曹某的生日宴上当着亲朋好友的面与曹某口头约定甲市房屋"一人一半"。2008 年 9 月，曹某与范某在甲市乙区承包了一块农村土地搞蔬菜种植。2020 年 7 月 6 日，范某与曹某签订《财产分配协议》，约定："甲市房屋虽为婚后所购，但首付为曹某所付，故不是夫妻共同财产。该房产按以下比例分配：曹某占房产 2/3，范某占房产 1/3。甲市乙区的土地承包经营权归范某所有。双方自愿按上述协议分配。"协议签订后，未进行公证。2020 年 12 月 20 日，范某与案外人刘某签订《房屋买卖合同》，将位于甲市的房屋以 228 万元价格出售，且未告知曹某，并擅自用售房款进行投资，亏损严重。曹某得知后，向法院请求婚内分割售房款和农村土地承包经营权。

【分析】依据我国民法典的规定，男女双方可以约定婚姻关系存续期间所得的财产归谁所有。为避免争议，夫妻对财产的约定应当采用书面形式，只要双方具有相应的民事行为能力，约定系真实意思表示且约定的内容不违反法律、行政法规的强制性规定，不违背公序良俗，那么夫妻财产约定就合法有效，夫妻双方应遵守执行，确实需变更、撤销的，须经由双方协商一致。

本案中，范某与曹某当着亲朋好友的面口头约定甲市房屋分配，该口头约定有效。但是后来范某与曹某签订的《财产分配协议》对该处房产重新作了约定，曹某占房产 2/3，范某占房产 1/3，因此应以后者为准。范某私自售卖房屋，擅自将售房款用于投资并严重亏损的行为，严重损害了曹某的财产权益，曹某请求婚内分割售房款的诉讼请求，符合法律规定，法院予以支持。最终，范某返还了出售房屋所得房款的 2/3 给曹某。

我国农村土地承包实行的是以家庭承包经营为基础、统分结合的双层经营体制，土地承包经营权对家庭内部来说属于家庭共同财产。曹某与范某签订《财产分配协议》是夫妻双方约定财产的行为，是双方的真实意思表示，不违反法律规定，双方应予遵守。因此，该案中的土地承包经营权应当归范某所有。

【提示】夫妻财产的口头约定不需要办理公证。但是，审判实践中很有可能按照没有约定或者约定不明确来处理分配夫妻财产的口头约定，如果有证据证明该口头约定真实存在，那么口头约定也可能被法院认可。夫妻对财产的约定一般仅在夫妻之间有效，涉及第三人利益时，不能对抗善意第三人。除非该约定为第三人所明知，才能对第三人产生法律约束力。

依据 >> 附录扫码看全文

《中华人民共和国民法典》第 1062 条、第 1063 条、第 1065 条、第 1066 条

91 遭遇家庭暴力，怎么办？

高某与李某婚后育有一女，因为没儿子，丈夫高某经常殴打李某。李某觉得"家丑"不可外扬，对高某的暴力行为选择了隐忍。2021 年 5 月，高某因生活琐事再次殴打李某，导致李某眼眶内侧壁骨折、右侧颜面区软组织肿胀。为了求得李某原谅，高某写下保证书，保证不再对李某动手。然而没多久，高某变本加厉再次殴打了李某。李某该怎么办？

【分析】家庭暴力，是指家庭成员之间以殴打、捆绑、残害、限制人身自由以及经常性谩骂、恐吓等方式实施的身体、精神等侵害行为。国家禁止任何形式的家庭暴力。本案的焦点是李某遭遇家暴后，能够采取何种措施来保护自己，维护自身合法权益。

家庭暴力涉嫌违法犯罪，绝非家务事。遭受家庭暴力的一方，不要想着忍忍就能过去，应积极向加害人或者受害人所在单位、村民委员会、妇女联合会等求助，也可以向公安机关报案或者依法向人民法院申请人身安全保护令。

人身安全保护令可以包括禁止被申请人实施家庭暴力，禁止被申请人骚扰、跟踪、接触申请人及其相关近亲属，责令被申请人迁出申请人住所等保护申请人人身安全的措施。本案中，高某因生活琐事经常殴打李某，属于实施家庭暴力的行为。李某可以向其或高某居住地、家庭暴力发生地的基层人民法院

申请人身安全保护令。

如果李某不愿再与高某共同生活，可与高某协议离婚；若高某不同意，李某可直接起诉离婚。家庭暴力是诉讼离婚的法定事由之一，即便施暴方表示坚决悔改，不同意离婚，若调解无效，人民法院也应当依法判决准予离婚。

离婚时，就夫妻共同财产的分割，如果协议不成，李某作为遭受家庭暴力的一方，可以按照照顾无过错方的原则，向法院主张对高某少分财产。此外，民法典规定，有下列情形之一，导致离婚的，无过错方有权请求损害赔偿：（1）重婚；（2）与他人同居；（3）实施家庭暴力；（4）虐待、遗弃家庭成员；（5）有其他重大过错。因此，李某还有权请求高某支付损害赔偿，该损害赔偿既包括物质损害赔偿，也包括精神损害赔偿。

【提示】任何家庭都可能存在家庭暴力，受害人应该摒弃"家丑不可外扬"的观念，及时向外界求助，同时要收集好出警记录、伤情鉴定意见、悔过书、视听资料、证人证言等能够证明存在家庭暴力最直接、最有力的证据。

加害人实施家庭暴力，构成违反治安管理行为的，依法给予治安管理处罚；构成犯罪的，依法追究刑事责任。

依据》 附录扫码看全文

《中华人民共和国民法典》第 1042 条、第 1076 条、第 1078 条、第 1079 条、第 1087 条、第 1091 条，《中华人民共和国反家庭暴力法》第 2 条、第 13 条、第 23 条、第 24 条、第 25 条、第 27 条、第 29 条、第 30 条、第 33 条

92 夫妻一方不同意，另一方怎么离婚？

章某与邱某是同一个镇的村民，二人于 2018 年登记结婚。婚后章某发现邱某好吃懒做，不务农活也不外出打工，经过多次劝说邱某仍不知悔改。忍无可忍的章某向邱某提出离婚，邱某就是不同意。章某该如何离婚？

【分析】本案的焦点是章某在邱某不同意协议离婚的情况下，如何与之离婚。

依据民法典的规定，我国的离婚制度分为协议离婚和诉讼离婚两种。除了夫妻双方直接签订离婚协议外，夫妻一方要求离婚的，还可以由有关组织进行调解或者直接向人民法院提起离婚诉讼。"有关组织"在实践中一般是指当事人所在单位、群众团体、基层调解组织等。诉讼外调解并不是当事人要求离婚的必经程序，也不是诉讼前的必经程序，当事人即使接受了调解，也可以随时退出调解，直接向人民法院起诉。

民法典规定，人民法院审理离婚案件，应当进行调解；如果感情确已破裂，调解无效的，应当准予离婚。有下列情形之一，调解无效的，应当准予离婚：（1）重婚或者与他人同居；（2）实施家庭暴力或者虐待、遗弃家庭成员；（3）有赌博、吸毒等恶习屡教不改；（4）因感情不和分居满2年；（5）其他导致夫妻感情破裂的情形。此外，一方被宣告失踪，另一方提起离婚诉讼的，应当准予离婚。经人民法院判决不准离婚后，双方又分居满1年，一方再次提起离婚诉讼的，应当准予离婚。

本案中，章某和邱某属于合法夫妻，在双方协议离婚不成的情况下，章某可以诉至法院请求离婚。但如果不存在上述法定离婚事由，也没有证据证明夫妻感情确已破裂、无和好可能，本着维护婚姻关系稳定、减少冲动离婚的原则，法院一般判决不准离婚。如果章某想要通过诉讼成功离婚，可以在提出诉讼前与邱某分居满2年，或者在经人民法院判决不准离婚后，与邱某分居满1年，然后再次向人民法院提起离婚诉讼，此时法院应当准予离婚。

【提示】夫妻双方自愿离婚的，应当签订书面离婚协议，并亲自到婚姻登记机关申请离婚登记。离婚协议应当载明双方自愿离婚的意思表示和对子女抚养、财产以及债务处理等事项协商一致的意见。婚姻登记机关查明双方确实是自愿离婚，并已经对子女抚养、财产以及债务处理等事项协商一致的，予以登记，发给离婚证。

依据 》 附录扫码看全文

《中华人民共和国民法典》第1076条、第1078条、第1079条

93　离婚后，孩子由谁抚养？

　　刘某与凌某于 2020 年 1 月结婚。同年 12 月，刘某生下一子小凌。2021 年 7 月，二人因琐事发生争吵并动手，刘某随即带小凌外出居住。半个月后，刘某以找工作无暇照顾小凌为由让凌某将孩子接走，此后小凌一直随凌某生活。次年 10 月，刘某以感情破裂为由向法院起诉离婚，同时要求由自己抚养孩子。凌某同意离婚，但要求孩子仍由自己抚养。该由谁抚养小凌呢？

　　【分析】依据民法典及相关司法解释的规定，父母与子女间的关系，不因父母离婚而消除。离婚后，子女无论由父或者母直接抚养，仍是父母双方的子女，父母对于子女仍有抚养、教育、保护的权利和义务。

　　离婚后，不满 2 周岁的子女，以由母亲直接抚养为原则。如果存在子女确实不宜随母亲生活的情形，父亲请求直接抚养的，人民法院应予支持。已满 2 周岁的子女，父母双方对抚养问题协议不成的，由人民法院根据双方的具体情况，按照最有利于未成年子女的原则判决。子女已满 8 周岁的，应当尊重其真实意愿。

　　本案中，小凌未满 2 周岁，一般来说，应随母亲刘某生活。但刘某与凌某分居期间，刘某要求凌某将本随其一同生活的小凌接走，此后长时间内小凌均随父亲凌某生活。考虑到小凌在凌某处生活时间较长，已经形成较为熟悉和习惯的生活环境，而刘某实际对小凌抚养时间较少，且凌某有稳定的收入和住处，刘某也未举证证明凌某有不适合抚养小孩的情形，法院从有利于未成年人健康成长的角度出发，判决小凌归凌某抚养。

　　【提示】抚养权确定后，不直接抚养孩子的一方要支付抚养费，并依法享有探望权，另一方有协助的义务。对于拒不协助对方行使探望权的有关个人或者组织，可以由人民法院依法采取拘留、罚款等强制措施，但是不能对子女的人身、探望行为进行强制执行。

　　依据 >> 附录扫码看全文

《中华人民共和国民法典》第 1084 条、第 1085 条、第 1086 条，《最高人民法院关于适用〈中华人民共和国民法典〉婚姻家庭编的解释（一）》第 44 条、第 49 条、第 68 条

94 离婚后，还能变更子女的抚养权吗？

黄某与邹某原系夫妻，育有一女小邹。2022 年 5 月 28 日，两人通过法院调解离婚，小邹由邹某抚养。邹某因工作原因长期在外，将小邹交由奶奶陆某照顾。而陆某在村中的菇厂上班，非常繁忙，即使到了周末、节假日，年仅 4 周岁的小邹也往往独自在家。此外，小邹还存在语言发育迟缓、语言表达能力不足的问题。而黄某因在生育小邹之前曾多次流产，已不能正常受孕。离婚后，未再婚的黄某找到一份外贸公司的工作，收入稳定。于是，黄某向法院提出更改小邹抚养权的诉讼。

【分析】依据民法典的规定，夫妻离婚后，双方虽然协议约定子女由一方直接抚养，但是随着子女年龄的增长或家庭环境等情况的变化，直接抚养子女的一方可能不再适合承担直接抚养义务，父母一方可以通过协议变更子女抚养关系，也可以提起诉讼要求变更抚养关系。

一般而言，对于已满 2 周岁的子女，父母双方对抚养问题协议不成的，由人民法院根据双方的具体情况，按照最有利于未成年子女的原则判决。本案中，法院经审理认为，邹某未能尽到抚养义务，从最有利于未成年人身心健康出发，支持黄某的诉讼请求，判决小邹变更由黄某直接抚养，邹某每月支付小邹抚养费至其年满 18 周岁为止。

依据 》 附录扫码看全文

《中华人民共和国民法典》第 1084 条，《最高人民法院关于适用〈中华人民共和国民法典〉婚姻家庭编的解释（一）》第 55 条、第 56 条、第 57 条

95 夫妻一方欠债，另一方有义务偿还吗？

郝某与李某系夫妻。郝某在婚前向朋友孙某借款 55 万元，婚后郝某的收入不足以支付家庭日常开支，遂将 55 万元借款中的 47 万元用于家庭共同生活。但是，郝某在结婚几年后开始频繁借贷用于炒股，李某多次反对并劝诫

郝某，均无作用。郝某不仅把赚到的钱跟朋友挥霍一空，更是欠下了巨额债务。最终，李某起诉离婚。郝某欠下的债务，李某需要偿还吗？

【分析】依据民法典的规定，夫妻共同债务，是指夫妻双方共同签名或者夫妻一方事后追认等共同意思表示所负的债务，以及夫妻一方在婚姻关系存续期间以个人名义为家庭日常生活需要所负的债务。夫妻一方在婚姻关系存续期间以个人名义超出家庭日常生活需要所负的债务，不属于夫妻共同债务；但是，债权人能够证明该债务用于夫妻共同生活、共同生产经营或者基于夫妻双方共同意思表示的除外。配偶原则上无需承担另一方婚前所负个人债务，但债权人能够证明所负债务用于婚后家庭共同生活的除外。此外，夫妻一方与他人串通，虚构的债务，以及在从事赌博、吸毒等违法犯罪活动中所负债务，不属于夫妻共同债务。

本案中，郝某在婚前向朋友孙某借的 55 万元中有 47 万元用于婚后家庭共同生活，因此该笔借款中的 47 万元应属于夫妻共同债务，李某需要偿还。郝某在婚后因炒股欠债，李某多次反对，且其炒股收入均与朋友挥霍，未用于家庭共同生活，因此不属于夫妻共同债务，李某不需要偿还。

【提示】夫或者妻一方死亡的，生存一方应当对婚姻关系存续期间的夫妻共同债务承担清偿责任。

依据 》 附录扫码看全文

《中华人民共和国民法典》第 1064 条，《最高人民法院关于适用〈中华人民共和国民法典〉婚姻家庭编的解释（一）》第 33 条、第 34 条、第 36 条

96 赡养义务能否免除？

李某和张某夫妇二人育有 5 个孩子，因年老多病日常生活需要子女照顾，二人于 2012 年就赡养问题与子女签订了一份协议书，约定由老大、老二、老三负责赡养照顾两人，免除老四、老五的赡养义务。但近年来，老大、老二因自身体弱多病，无力照顾父母，于是提出让老四、老五也履行对父母的赡养义

务。老四、老五以协议书为由，拒绝履行赡养义务。无奈之下，李某夫妇向村委会求助，想知道能否要求老四、老五承担赡养义务。

【分析】子女赡养父母，是中华民族的优良传统。依据民法典的规定，成年子女对父母负有赡养、扶助和保护的义务。成年子女不履行赡养义务的，缺乏劳动能力或者生活困难的父母，有要求成年子女给付赡养费的权利。因此，无论有何种理由，子女均不能拒绝尽赡养义务。

本案中，李某夫妇因年老多病，日常生活需要照顾，子女应对其尽到赡养义务。虽然李某夫妇与子女签订了协议，免除了老四、老五的赡养义务，但该协议违反了法律、行政法规的强制性规定和公序良俗，应属无效。李某夫妇要求老四、老五履行赡养义务，其应当履行。

依据 » 附录扫码看全文

《中华人民共和国民法典》第 26 条、第 153 条、第 1067 条

97 夫妻一方可以单独送养子女吗？

张某与高某系夫妻。2020 年，两人因感情不和开始分居生活，婚生二子均由高某抚养。2021 年 5 月，高某以生活苦难、无力抚养为由将次子送给杨某夫妇收养，双方未办理收养登记。2022 年 3 月，两人经法院调解离婚。2023 年 4 月，张某得知高某将次子送人后，提起诉讼，要求解除收养关系。

【分析】依据民法典的规定，生父母送养子女，应当双方共同送养。生父母一方不明或者查找不到的，可以单方送养。生父母作为送养人的，还需符合"有特殊困难无力抚养"的条件，但送养给三代以内旁系同辈血亲的除外。收养关系自登记之日起成立。

本案中，高某未经张某同意，在张某不知道的情况下，擅自将次子送给杨某夫妇收养，亦未办理收养登记，故该收养行为无效。经法院释明后，张某变更诉讼请求为确认收养关系无效，法院依法予以支持。

【提示】生父母送养子女应当满足法律规定的条件，按照法定程序送养。私自送养亲生子女并收取相关费用，涉嫌拐卖妇女、儿童罪，可能会面临刑事处罚。但是，不是出于非法获利目的，而是迫于生活困难，或者受重男轻女思想影响，私自将没有独立生活能力的子女送给他人抚养，包括收取少量"营养费""感谢费"的，属于民间送养行为，不以犯罪论处。

依据 >> 附录扫码看全文

《中华人民共和国民法典》第 1093 条、第 1094 条、第 1097 条、第 1099 条、第 1105 条，《最高人民法院、最高人民检察院、公安部、司法部关于依法惩治拐卖妇女儿童犯罪的意见》第 17 条

98 收养子女，需要具备哪些条件？

自幼失去父母的小帅一直跟奶奶吴某共同生活。现小帅已满 10 周岁，吴某的身体越来越差，照顾小帅渐渐力不从心，于是想找小帅的姑姑王某收养他。王某 48 周岁，自离异后就带着两个子女一直在国外定居。作为华侨的王某想收养小帅为养子，是否符合法律规定？

【分析】依据民法典的规定，收养人应当同时具备下列条件：（1）无子女或者只有 1 名子女；（2）有抚养、教育和保护被收养人的能力；（3）未患有在医学上认为不应当收养子女的疾病；（4）无不利于被收养人健康成长的违法犯罪记录；（5）年满 30 周岁。无配偶者收养异性子女的，收养人与被收养人的年龄应当相差 40 周岁以上。

民法典还规定，收养三代以内旁系同辈血亲的子女，可以不受"生父母有特殊困难无力抚养""无配偶者收养异性子女的，收养人与被收养人的年龄应当相差 40 周岁以上"规定的限制，对于华侨收养三代以内旁系同辈血亲的子女，还可以不受"无子女或者只有 1 名子女"规定的限制。

本案中，小帅是王某三代以内旁系同辈血亲的子女，因此王某收养小帅不受年龄相差 40 周岁的限制。王某虽然已有两名子女，但作为华侨，其收养小

帅也不受最多只能有 1 名子女的限制。此外，民法典规定收养 8 周岁以上未成年人的，应当征得被收养人的同意。小帅已经年满 10 周岁，因此，王某还应征得小帅本人的同意。

依据 >> 附录扫码看全文

《中华人民共和国民法典》第 1098 条、第 1099 条、第 1102 条、第 1104 条

二、继 承

继承法是民法的重要组成部分，民法典在第六编"继承编"中规定了我国的继承制度，并且充分体现了保护私有财产继承权、继承权平等、遗嘱自由、权利义务相一致以及养老育幼、照顾病残，互谅互让、和睦团结等原则。在我国，一个人死亡后，其所遗留的个人合法财产由死者生前在法定范围内指定的或者法定的继承人依法继承。继承既可以为继承人的生活带来一定的保障，也能够为社会交易提供一定的安全保护。继承问题是我们每个人都会面临的问题，这里通过案例分析和法律阐释，以期农民朋友们能够更好地理解和运用法律来解决继承问题。

99 遗嘱继承和法定继承，哪个为先？

王某和张某系夫妻，育有一女小张。因小张已在国外定居，自 2013 年起，年事已高的二人一直由侄子小王赡养。2020 年 9 月 2 日，王某和张某前往公证处订立遗嘱两份，内容为将夫妻二人共同所有的房产遗赠给小王，其他人不得干涉。后王某于 2021 年 8 月去世，张某于 2022 年 3 月去世，丧事均由侄子小

王办理。后小王想依据遗嘱继承两位老人的房产，但小张认为自己才是法定继承人，应该由自己继承，双方由此发生争执。

【分析】依据民法典的规定，遗产按照下列顺序继承：第一顺序：配偶、子女、父母；第二顺序：兄弟姐妹、祖父母、外祖父母。继承开始后，由第一顺序继承人继承，第二顺序继承人不继承；没有第一顺序继承人继承的，由第二顺序继承人继承。自然人可以依照民法典的规定设立遗嘱来处分个人财产。自然人可以立遗嘱将个人财产指定由法定继承人中的一人或者数人继承，也可以立遗嘱将个人财产赠与国家、集体或者法定继承人以外的组织、个人。

继承开始后，按照法定继承办理；有遗嘱的，按照遗嘱继承或者遗赠办理；有遗赠扶养协议的，按照协议办理。本案中，小张虽然是法定继承人，但是其父母立有经公证合法有效的遗嘱，遗嘱继承应优先于法定继承。小王可以依据遗嘱合法继承小张父母的房产。

依据 >> 附录扫码看全文

《中华人民共和国民法典》第 1123 条、第 1127 条、第 1133 条

---

⑩ 胁迫父母立遗嘱，会丧失继承权吗？

小王从小就吊儿郎当，而妹妹却好学上进。初中毕业后，小王就一直在外打零工混社会。母亲去世后，父亲对他更是束手无策，软硬兼施，各种办法齐上阵都没有用。近几年村里拆迁，王家的房子也在拆迁范围内，收到将近 60 万元的拆迁补偿款。小王十分担心父亲因为喜欢妹妹，把家产给了妹妹而不给自己，就在狐朋狗友的怂恿下，某日晚上趁妹妹不在家，对卧病在床的父亲一顿打骂，胁迫他立下遗嘱，将所有财产只留给自己。后来小王在妹妹的劝导下认识到自己的错误，非常后悔自己的行为，主动照顾父亲，得到了父亲的原谅。小王还能继承遗产吗？

【分析】依据民法典的规定，继承人有下列行为之一的，丧失继承权：（1）故

意杀害被继承人；（2）为争夺遗产而杀害其他继承人；（3）遗弃被继承人，或者虐待被继承人情节严重；（4）伪造、篡改、隐匿或者销毁遗嘱，情节严重；（5）以欺诈、胁迫手段迫使或者妨碍被继承人设立、变更或者撤回遗嘱，情节严重。丧失继承权并非绝对丧失，继承人有上述（3）（4）（5）项的行为，确有悔改表现，被继承人表示宽恕或者事后在遗嘱中将其列为继承人的，该继承人不丧失继承权。

本案中，虽然小王曾经因为使用胁迫手段迫使父亲立下遗嘱而丧失继承权，但小王已经真诚悔过并得到了父亲的宽恕，因此，小王仍然可以继承遗产。

【提示】继承宽恕制度是民法典的一项新制度，旨在最大程度尊重被继承人的意思自治，挽救确已悔改的继承人。是否能够恢复继承权，需要考虑三点：（1）故意杀害被继承人或为争夺遗产而杀害其他继承人的情形，已然上升为刑事犯罪，丧失被宽宥的基础，不能恢复继承权。（2）继承人确有悔改表现。悔改表现并非口头认错，而是要有实质意义的行动，例如，曾经有遗弃、虐待被继承人行为的，能够积极赡养被继承人，给予被继承人精神、物质上的关爱。（3）被继承人表示宽恕或者事后在遗嘱中将其列为继承人。被继承人有处分自己财产的自由，是否表示宽恕，取决于被继承人。

依据 » 附录扫码看全文

《中华人民共和国民法典》第 1125 条、第 1143 条

101 出嫁女儿能否继承父母的财产？

老王夫妇育有一子（王大）和一女（王小）。王小长大成人后，嫁入省城并取得了城镇户口。天有不测风云，老王夫妇在一场事故中相继去世，留下一套房产和一些存款。王大以"嫁出去的女儿泼出去的水"为由，拒绝分割遗产，试图单独占有。因协商无果，王小遂诉至法院，请求依法继承父母的遗产。

【分析】依据民法典及相关法律的规定，继承权男女平等。也就是说，子

女对父母的遗产享有平等的继承权。不论是儿子还是女儿，女儿不论已婚还是未婚，在继承父母遗产时，都享有平等的权利。

本案中，王大所说的"嫁出去的女儿泼出去的水"没有法律依据。经过法院调解，最终兄妹达成一致调解意见，房屋归王大所有，王大给王小一定的经济补偿，并平分存款，以此完成遗产分割。

依据 » 附录扫码看全文

《中华人民共和国民法典》第 1126 条

102 立有多份遗嘱，应以哪份为准？

老李立下遗嘱，将两套房产给无房的三儿子，剩余两套房产大儿子与二儿子一人一套，并对遗嘱进行了公证。大儿子知道后心生不满，不再探望老李和支付赡养费。老李一气之下重新立下遗嘱，将四套房产平分给二儿子和三儿子。两个月后，老李因病去世，大儿子要求按照公证遗嘱分房。老李的两份遗嘱应以哪份为准呢？

【分析】依据民法典的规定，遗嘱人可以撤回、变更自己所立的遗嘱。立遗嘱后，遗嘱人实施与遗嘱内容相反的民事法律行为的，视为对遗嘱相关内容的撤回。为尊重遗嘱人的真实意愿，民法典取消了公证遗嘱的优先性，规定立有数份遗嘱，内容相抵触的，以最后的遗嘱为准。

本案中，老李在立了第一份遗嘱后，在第二份遗嘱中对四套房产进行了重新安排，两份遗嘱的内容相互抵触，应当以老李的最后一份遗嘱为准。

【提示】法定遗嘱形式可分为自书遗嘱、代书遗嘱、打印遗嘱、录音录像遗嘱、口头遗嘱及公证遗嘱。除自书遗嘱、公证遗嘱，其他遗嘱形式都应当有两个以上见证人在场见证。以下人员不能作为遗嘱见证人：（1）无民事行为能力人、限制民事行为能力人以及其他不具有见证能力的人；（2）继承人、受遗赠人；（3）与继承人、受遗赠人有利害关系的人。

依据 》 附录扫码看全文

《中华人民共和国民法典》第 1134 条、第 1135 条、第 1136 条、第 1137
条、第 1138 条、第 1139 条、第 1140 条、第 1142 条

103 如何签订遗赠扶养协议？

85 岁的老周在家附近的公园结识了 30 岁的小张，二人交谈甚欢，相见恨
晚，很快发展成为忘年交。老周患有慢性疾病，眼看身体一天不如一天，而老
周的妻子早已去世，子女也远在异国他乡，无法照顾他，老周便想和小张签订
遗赠扶养协议，由小张来照顾自己的生活，并在自己百年之后由其继承财产。
老周和小张能否签订遗赠扶养协议？

【分析】依据民法典的规定，自然人可以与继承人以外的组织或者个人签
订遗赠扶养协议。按照协议，该组织或者个人承担该自然人生养死葬的义务，
享有受遗赠的权利。遗赠扶养协议设立的初衷主要是解决空巢老人无人赡养的
问题，但是也并不排斥存在法定赡养人的情况下与他人签订遗赠扶养协议，只
要满足合同生效的形式与实质要件，遗赠扶养协议就能生效。

本案中，小张虽然不属于老周的继承人，但只要老周和小张达成合意，就
可以签订遗赠扶养协议。签订遗赠扶养协议后，小张就要依照协议对老周承担
生养死葬的义务，在老周百年后，小张依法享有受遗赠的权利。

【提示】在遗产继承的方式中，遗赠扶养协议优先于其他继承方式。公民在
签订和适用遗赠扶养协议的过程中，应重点注意以下几个方面的问题：（1）遗
赠人应当具有完全民事行为能力，有一定的可遗赠的财产并需要他人扶养；
（2）扶养人应是遗赠人继承人以外的个人或组织，并具有完全民事行为能力，
能履行扶养义务；（3）遗赠扶养协议为双方法律行为，须有双方一致的意思表
示才能成立；（4）为避免履行过程中发生不必要的争议，遗赠扶养协议一般应
采用书面形式；（5）遗赠扶养协议为双务有偿法律行为，扶养人需对遗赠人承

担生养死葬的义务，遗赠人也有将自己的财产遗赠给扶养人的义务。

依据 》》 附录扫码看全文

《中华人民共和国民法典》第 1123 条、第 1158 条

104 父债需要子还吗？

为了做生意，杨某找好友王某借了 10 万元。可好景不长，生意还没有进展，杨某就因意外去世。杨某死后留下一套房子和 20 万元的银行存款，由他的儿子和女儿继承。王某得知杨某去世的消息，立即找到杨某的子女，并拿出签订的借据，要求杨某的子女偿还本金和利息。但是，杨某的子女认为父亲的债务和自己没关系，当初借钱的是父亲，父亲死后债务自然就没有了，因此拒不偿还。无奈之下，王某将两人告上了法庭。

【分析】依据民法典的规定，继承人以所得遗产实际价值为限清偿被继承人依法应当缴纳的税款和债务。超过遗产实际价值部分，继承人自愿偿还的不在此限。继承人放弃继承的，对被继承人依法应当缴纳的税款和债务可以不负清偿责任。

本案中，杨某的子女继承他的遗产，就必须继承他的债务。杨某欠了王某 10 万元债务，却给子女留下了 20 万元的存款和一套房子。遗产价值总额大于债务，因此，杨某的子女在继承遗产后要将遗产中的一部分用于偿还债务。

【提示】如果既有法定继承又有遗嘱继承、遗赠，由法定继承人清偿被继承人依法应当缴纳的税款和债务；超过法定继承遗产实际价值部分，由遗嘱继承人和受遗赠人按比例以所得遗产清偿。

依据 》》 附录扫码看全文

《中华人民共和国民法典》第 1161 条、第 1163 条

105 农民去世，可以被继承的遗产有哪些？

村民老田辛劳半生，有良田十亩，家宅一座，还在城中购置了一套商品房。老田撒手人寰后不久，村中土地被征收，老田的承包地也在征收范围内。那么，承包地、土地承包经营权、征地补偿款、宅基地、宅基地使用权、农村老宅、城里的房产、存款等，哪些可以作为遗产呢？

【分析】依据民法典的规定，遗产是自然人死亡时遗留的个人合法财产。依照法律规定或者根据其性质不得继承的遗产，不得继承。

本案中，老田的农村老宅（宅基地上的房屋）、城里的房产、存款等属于个人合法财产，可以继承。根据土地管理法的规定，农村的土地（除由法律规定属于国家所有的以外）和宅基地属于农民集体所有，不能继承。而根据农村土地承包法的规定，家庭承包以农户为单位，承包户享有土地承包经营权。根据"增人不增地，减人不减地"政策，承包户某个家庭成员死亡，作为承包方的农户仍存在，承包合同并未改变，承包地在承包期内由该户其他成员继续承包经营，不发生土地承包经营权的继承问题，但老田应得的承包收益可以继承。

关于征地补偿款能否获得并作为遗产的问题。本案中，老田去世后才发生征地一事，根据民法典的规定，老田因死亡不再具有民事权利能力，不享有民事权利，不能参与征地补偿款的分配，相应的征地补偿款不属于老田的遗产。

关于宅基地使用权能否作为遗产的问题。宅基地使用权是农村村民基于本集体经济组织成员的特定身份取得的，具有专属性，不属于公民遗产的范围，不能被单独继承。而农村房屋属于遗产范围，按照房地一体原则，继承人继承取得房屋所有权和宅基地使用权。本案中，与老田的农村老宅相对应的宅基地使用权须随该老宅一并被继承并依法办理不动产转移登记。

依据》 附录扫码看全文

《中华人民共和国民法典》第 13 条、第 1122 条，《中华人民共和国土地管理法》第 9 条，《中华人民共和国农村土地承包法》第 3 条、第 16 条、第 17 条、第 32 条

106　没领结婚证可以继承遗产吗？

张某和李某因未达到法定婚龄，在村里摆了酒席后，一直以夫妻名义长期共同生活。期间达到法定婚龄后，两人也未办理结婚登记。现张某意外死亡，李某可以继承张某的遗产吗？

【分析】本案的焦点是婚姻关系的认定。依据民法典及相关司法解释的规定，在我国，未办理结婚登记而以夫妻名义共同生活的男女，是否被认定为事实婚姻，是以 1994 年 2 月 1 日民政部《婚姻登记管理条例》公布实施的这一天为界的。该日之前，男女双方已经符合结婚实质要件的，按照事实婚姻处理；该日之后，只要未办理结婚登记，一概认定为同居关系。同居双方所生的子女，适用民法典婚姻家庭编有关父母子女的规定；同居期间财产的分割，不适用夫妻财产制度的规定；同居双方相互之间没有法定的扶养义务，不能以配偶的身份互为第一顺序的法定继承人。

本案中，张某和李某未办理结婚登记，若其二人是在 1994 年 2 月 1 日民政部《婚姻登记管理条例》公布实施以前达到法定婚龄，已经符合结婚实质要件，可按事实婚姻处理，李某可以张某配偶的名义继承张某的遗产。但是，若其二人是在 1994 年 2 月 1 日民政部《婚姻登记管理条例》公布实施以后达到法定婚龄，即使已经符合结婚实质要件，因为没有补办结婚登记，二人仅为同居关系，在张某没有遗嘱的情况下，李某无法继承张某的遗产。但依据民法典的规定，对继承人以外的依靠被继承人扶养的人，或者继承人以外的对被继承人扶养较多的人，可以分给适当的遗产。如果李某能证明自己属于以上两种情形之一，也能分得适当遗产。

依据 》》附录扫码看全文

《中华人民共和国民法典》第 1071 条、第 1127 条、第 1131 条，《最高人民法院关于适用〈中华人民共和国民法典〉婚姻家庭编的解释（一）》第 3 条、第 6 条、第 7 条、第 8 条

第四章 乡村生活

一、村民自治

习近平总书记强调，要完善党组织领导的自治、法治、德治相结合的乡村治理体系，让农村既充满活力又稳定有序。实行基层群众自治制度，发展基层民主，是社会主义民主政治建设的基础。中国实行最广泛的农村基层民主，保障了亿万农村村民实行自治。而作为基层自治规范的村规民约，在构建"三治融合"的现代化乡村治理体系中扮演着重要的角色。民政部、中央组织部、中央政法委、中央文明办、司法部、农业农村部、全国妇联等七部门《关于做好村规民约和居民公约工作的指导意见》对规范、加强村规民约和居民公约工作作出了全面部署。强化村民自治能力，提升村规民约的作用，以"三治融合"实现乡村善治，对于构建农村基层共建共治共享的社会治理体系、完善中国特色基层治理制度、实施乡村振兴战略具有重要的推进作用。

107 竞选村干部，需要哪些条件？

村民小王退伍后回到家乡生活，正值村"两委"换届选举，他想竞选村干

部，但有村民说需要在本村居住 6 个月以上才有资格。小王能参加竞选吗？

【分析】根据我国村民自治的选举制度，年满 18 周岁的村民无论其民族、种族、性别、职业、家庭出身、宗教信仰、教育程度、财产状况、居住期限是怎样的，除了政治权利已被剥夺的人外，都享有选举权和被选举权。

选举前，下列人员经登记后，列入参加选举的村民名单：（1）户籍在本村并且在本村居住的村民；（2）户籍在本村，不在本村居住，本人表示参加选举的村民；（3）户籍不在本村，在本村居住 1 年以上，本人申请参加选举，并且经村民会议或者村民代表会议同意参加选举的公民。选举村民委员会，由登记参加选举的村民直接提名候选人。村民委员会组织法规定了候选人的提名条件：村民提名候选人，应当从全体村民利益出发，推荐奉公守法、品行良好、公道正派、热心公益、具有一定文化水平和工作能力的村民为候选人。

本案中，村民小王年满 18 周岁，户籍、居住均在本村，享有政治权利，符合参加选举的基本条件，不受居住期限的限制。其进行选民登记后即可参加选举，一旦经村民直接提名为村委会成员候选人，即可参加竞选。

【提示】被判处有期徒刑、拘役、管制而没有附加剥夺政治权利的人；被羁押，正在受侦查、起诉、审判，检察院或者法院没有决定停止行使选举权利的人；正在被取保候审或者监视居住的人；正在受拘留处罚的人，准予行使包括选举权和被选举权在内的选举权利。

依据 >> 附录扫码看全文

《中华人民共和国村民委员会组织法》第 13 条、第 15 条，《村民委员会选举规程》第 3 章第 2 条

108 村民在选举期间外出，如何投票？

某村拟进行村民委员会选举，在县城打工的村民老赵夫妇已登记参加选举，但是因工作繁忙无法回村投票，于是他们让 12 岁的女儿小赵代他们去投票。在投票现场，小赵被告知所代投的票无效，老赵夫妇应该怎么办？

【分析】村民直接投票选举自己信任的人组成村民委员会，是村民使自治权利的体现，是实行村民自治的前提和基础。为了让选举产生的村委会有尽可能广的民意基础，村民委员会组织法规定，选举村民委员会，有登记参加选举的村民过半数投票，选举有效；候选人获得参加投票的村民的过半数选票，始得当选。

随着村民流动日益加剧，外出务工或经商等常年在外的村民在村委会选举日往往不在村里。村民委员会组织法规定，登记参加选举的村民选举期间外出不能参加投票的，可以书面委托本村有选举权的近亲属代为投票。近亲属主要包括配偶、父母、子女、兄弟姐妹、祖父母、外祖父母、孙子女、外孙子女。

本案中，小赵虽然是老赵夫妇的近亲属，但是，小赵因年龄未满18岁，不享有选举权，不能代为投票。老赵夫妇应该找有选举权的近亲属代为投票。

【提示】每一登记参加选举的村民接受委托投票不得超过3人。委托投票应当办理书面委托手续。受委托人不得再委托他人。

【依据》】附录扫码看全文

《中华人民共和国村民委员会组织法》第15条，《村民委员会选举规程》第6章第3条

109 村干部不称职，罢免需要哪几步？

某日，村民老冯无意中发现，某开发商正在村里的5块空地上建厂房。村民们对这些厂房的来历和用途全然不知。大家要求开发商出示有关证明，并停止施工，但未得到满意答复。经过调查，村民们梳理出疑点，认为村主任陈某没有及时进行村务公开，侵犯了大家的知情权，于是要罢免他。同年9月，村民们通过投票，自行决定村委会主任陈某"下台"。村民们的做法正确吗？

【分析】选举和罢免村干部都是村民自治权利的正当行使，村委会主任、副主任及其他委员应当接受村民监督。村民对违法乱纪或者严重失职的村委会成员，有权检举或者提出罢免要求。

罢免村干部的流程大体分为三步：第一，本村 1/5 以上有选举权的村民或者 1/3 以上的村民代表联名，可以要求罢免村委会成员，并写明罢免理由，比如重大失职、损害村民利益等，向村委会递交罢免书；第二，村委会通知村民要罢免的村干部，允许其提出申辩意见；第三，村委会及时召开村民会议，进行投票表决。罢免村委会成员，须有登记参加选举的村民过半数投票，并须经投票的村民过半数通过。

本案中，村民未按法定程序"罢免"村委会主任的做法不正确。法律设置罢免流程既是对村干部的监管，也是为了对全体村民的利益负责。村干部是实施乡村振兴战略的中坚力量，其所肩负的责任重大，因此，对村干部的任免要严格依照法定流程，这也是每个村民的责任。

【提示】村民委员会实行村务公开制度，应当及时公布涉及本村村民利益、村民普遍关心的事项，接受村民的监督。一般事项至少每季度公布一次；集体财务往来较多的，财务收支情况应当每月公布一次；涉及村民利益的重大事项应当随时公布。村民委员会应当保证所公布事项的真实性，并接受村民的查询。村干部不得在村级事务决策中独断专行、以权谋私。在村级事务监督中，不得阻挠、干扰村民依法行使询问质询权、罢免权等监督权利。

依据 》 附录扫码看全文

《中华人民共和国村民委员会组织法》第 16 条、第 30 条，《村民委员会选举规程》第 8 章第 1 条，《农村基层干部廉洁履行职责若干规定（试行）》第 5 条、第 7 条

110 村里美化环境，可以让村民出钱出力吗？

春节期间，趁着乡亲们陆续返乡过年，某村村委会就 2023 年人居环境整治，在老乡群里广泛征求村民意见，挨家挨户进行动员。在村民会议上大家纷纷表态，所需费用每家每户自愿捐。年后村民们自筹资金 8 万元，投工投劳，建设排污通道，平整村道，清除房屋周边杂草灌木，购买花草种子并在村民房

前屋后、道路边角以及空地栽种，进一步美化村里的环境。人居环境整治后，村庄面貌焕然一新。某村村委会向村民筹资筹劳合法吗？

【分析】农村税费改革后，村民一事一议筹资筹劳成为村民参与集体生产和公益事业建设的主要形式。农村集体经济组织或者村民委员会为发展生产或者兴办公益事业，需要向其成员（村民）筹资筹劳的，应当经成员（村民）会议或者成员（村民）代表会议过半数通过后，方可进行。农村集体经济组织或者村民委员会筹资筹劳，不得超过省级以上人民政府规定的上限控制标准，禁止强行以资代劳。筹资筹劳遵循村民自愿、直接受益、量力而行、民主决策、合理限额的原则，不得加重村民负担。

本案中，该村筹资筹劳符合流程，仅用在村公益事业上，村民自愿出钱出力，不属于乱集资乱摊派乱收费。

依据 》 附录扫码看全文

《中华人民共和国村民委员会组织法》第24条，《中华人民共和国农业法》第73条，《农村基层干部廉洁履行职责若干规定（试行）》第5条，《国务院办公厅关于转发农业部村民一事一议筹资筹劳管理办法的通知》第1条、第6条

111 可以把村集体资金短暂借给他人使用吗？

某村村委会主任杨某有一个经营陶瓷厂的弟弟，因急需流动资金，找杨某寻求帮忙。恰巧村委会刚收到土地承包费6万元，杨某听弟弟说只是短暂借用一下，觉得问题不大，就从银行提取出来给其使用。半个多月后，杨某弟弟就归还了全部款项。有村民得知此事，举报了杨某。杨某的行为违法吗？

【分析】村干部要廉洁履行职责，维护农村集体和农民群众利益。本案中，杨某作为村委会主任，将村集体财产借给自己的弟弟用于营利活动，属于挪用资金的违法行为。根据相关司法解释的规定，挪用资金归个人使用，数额在10万元以上，超过3月未还的或者进行营利活动的，属于构成挪用资金罪的"数额较大"情形。由于杨某挪用的资金为6万元，因此，不构成犯罪。但杨某是

基层群众性自治组织中从事管理的人员，按照监察法的规定，属于监察机关的监察范围，监察机关应当对其违法行为进行调查和处置。

　　【提示】村民委员会组织法明确规定，村应当建立村务监督委员会或者其他形式的村务监督机构，负责村民民主理财，监督村务公开等制度的落实。随着乡村振兴战略的实施，村务监督委员会的作用会越来越重要。

　　依据》 附录扫码看全文

　　《中华人民共和国村民委员会组织法》第 8 条、第 32 条，《中华人民共和国监察法》第 15 条，《中华人民共和国公职人员政务处分法》第 22 条，《中华人民共和国监察法实施条例》第 42 条，《最高人民法院、最高人民检察院关于办理贪污贿赂刑事案件适用法律若干问题的解释》第 6 条、第 11 条

112　什么样的村规民约是有效的？

　　甲村公布村规："牲畜糟蹋别人家的庄稼，一律罚款 50 元；严重者，格杀勿论。"

　　乙村对车辆乱停乱放规定："卸掉轮胎，并贴纸条警告司机。"

　　丙村规定："不交卫生垃圾费的户，不交纳富余土地承包款的户，不予收取养老保险费、合疗费，取消一切政府优惠政策，不予办理一切事务。"

　　丁村给村规增加新内容："彩礼超两万元，按贩卖妇女或诈骗罪论处。"

　　这些村规民约是否有效？

　　【分析】村规民约规定了和村民生活最为接近的问题，如邻里相处、家畜管理、田地纠纷等方面的事务，其以现行法律、政策以及传统道德为基础，结合乡村发展的实际情况，由村民一起协商，经村民会议制定，对全体村民都有一定的约束力。村规民约灵活地处理乡村事务，是法律、政策的有效补充，其在村民自治框架下能够强化法治建设，统筹德治建设，赋予自治实质性内容，在乡村治理工作中促进"三治融合"，推动乡土社会的法治化。

　　村民委员会组织法规定，村规民约不得与宪法、法律、法规和国家的政策

相抵触，不得有侵犯村民的人身权利、民主权利和合法财产权利的内容。本案中的村规民约具有惩戒性的特征。根据民政部等七部门《关于做好村规民约和居民公约工作的指导意见》的规定，对违反村规民约的情形，要加强批评教育，并通过合理的处理方式，使违反者受到教育、改正错误，但不得滥用强制处罚，避免简单以罚代教。村委会作为基层群众性自治组织，既无权设定行政处罚，也不具备行政执法主体、司法裁判主体的资格，不能随意罚款、定罪等。本案所列的村规民约，既没有法律依据，也与公序良俗相悖，是无效的。

【提示】村规民约是村民自治的体现，在内容制定上要进行合法性规范，以充分发挥善治作用。如果是村民之间的民事纠纷，可以由村委会进行调解。如果村民的行为触犯了治安管理处罚法、刑法，依照我国法律规定，要移交公安机关处理，而不能由村委会调解或进行处罚。

依据 》附录扫码看全文

《中华人民共和国村民委员会组织法》第27条，《民政部、中央组织部、中央政法委、中央文明办、司法部、农业农村部、全国妇联关于做好村规民约和居民公约工作的指导意见》第4条

二、居住与相邻

宅基地使用权是农村村民户有所居的重要保障。农村村民基于集体经济组织成员的身份，以户为单位申请宅基地使用权并在土地上建设房屋。邻里之间应当坚持有利生产、方便生活、团结互助、公平合理的原则正确处理相邻关系，遵守有关通行、采光、通风、噪声、取水、排水等方面的规定。

113 农村住宅，能说买就买吗？

2020 年 11 月 22 日，甲村的王某与乙村的刘某签订房产买卖协议，约定刘某将其一处住宅卖给王某，作价 15 万元，王某一次性付清。2020 年 11 月 25 日，王某支付了房款，刘某交付了住宅。2021 年，王某花费 20 万元对房屋及宅院进行了翻新改建。2022 年 2 月 6 日，刘某找到王某，说双方的买卖协议无效，让王某返还住宅。王某认为双方的协议早就签字生效了，拒绝返还。两人争执不下，诉至法院。

【分析】《国务院办公厅关于严格执行有关农村集体建设用地法律和政策的通知》指出，农村住宅用地只能分配给本村村民，城镇居民不得到农村购买宅基地、农民住宅或"小产权房"。根据法律规定，农村宅基地属于农民集体所有。宅基地使用权的设定是为了保障农村集体经济组织成员居有其所，具有人身属性，非本集体经济组织成员不能申请宅基地使用权。宅基地使用权只能随着宅基地上住宅的转让而转让，并且受让人只能是本集体经济组织成员。

本案中，双方买卖的住宅占用的是乙村的集体土地，该住宅的买卖必然涉及宅基地使用权的转让问题。而王某作为甲村村民，没有资格购买乙村村民刘某宅基地上的住宅。王某与刘某签订的房产买卖协议因违反强制性规定而无效，双方均应返还因房产买卖协议取得的财产。由于双方均应知晓涉案房屋属于宅基地房屋，对购买人资格有一定限制，因此造成协议无效双方均有一定责任。最终，法院根据双方的过错程度以及公平合理原则，判决刘某赔偿王某对房屋及宅院进行翻新改建的费用等。

【提示】农村村民有权以户为单位向农村集体经济组织申请宅基地，县级以上地方人民政府应当按照国家规定安排建设用地指标，合理保障本行政区域农村村民宅基地需求，但一户只能申请一处宅基地，即一户一宅。农村村民出卖、出租、赠与住宅后，再申请宅基地的，不予批准。

党的二十大报告指出，深化农村土地制度改革，赋予农民更加充分的财产权益。在国家确定的宅基地制度改革试点地区，可以按照国家政策及相关指导意见，保留农户的宅基地资格权，流转宅基地使用权。

依据 》 附录扫码看全文

《中华人民共和国民法典》第 157 条、第 362 条、第 363 条,《中华人民共和国土地管理法》第 9 条、第 62 条,《中华人民共和国土地管理法实施条例》第 33 条,《国务院办公厅关于严格执行有关农村集体建设用地法律和政策的通知》第 2 条

114 村集体可以收回闲置宅基地吗?

2018 年 3 月 14 日,甲村村民冯某取得《集体土地使用证》,该证记载土地用途为农村宅基地。取得该证后,冯某一直未按照批准用途建设住宅。2022 年 5 月 8 日,县政府根据甲村所在街道办的请示,作出《关于同意收回冯某宅基地使用权的批复》,同意注销冯某的宅基地使用权登记,宅基地由甲村集体经济组织收回。冯某拒不返还宅基地,由此产生纠纷。

【分析】根据土地管理法的规定,不按照批准的用途使用土地的,农村集体经济组织报经原批准用地的人民政府批准,可以收回土地使用权。根据《确定土地所有权和使用权的若干规定》的规定,空闲或房屋坍塌、拆除 2 年以上未恢复使用的宅基地,不确定土地使用权。已经确定使用权的,由集体报经县级人民政府批准,注销其土地登记,土地由集体收回。根据村民委员会组织法的规定,涉及宅基地使用方案的事项,须经村民会议讨论决定方可办理。也就是说,未按照批准的土地用途使用土地,造成宅基地空闲 2 年以上的,经村民会议讨论通过,报县级人民政府批准,集体经济组织有权收回宅基地使用权。

本案中,冯某获批宅基地使用权后一直未按照批准用途建设住宅,长期闲置宅基地,造成宅基地资源的浪费,甲村集体经济组织经村民会议讨论通过后,有权向县政府申请注销其宅基地使用权登记并收回宅基地。

【提示】根据土地管理法的规定,集体经济组织不能强迫进城落户的农村村民退出宅基地,或者强制农村集体经济组织成员盘活利用闲置住宅。国家

保障农民的宅基地使用权和住宅所有权，严格限制集体经济组织收回宅基地使用权。

依据 》附录扫码看全文

《中华人民共和国土地管理法》第 62 条、第 66 条，《中华人民共和国村民委员会组织法》第 24 条，《确定土地所有权和使用权的若干规定》第 52 条

115 进城落户卖了农村房屋，还能再申请宅基地吗？

2006 年，村民张某进城落户，将房屋卖给同村村民夏某。当年，张某去世。2019 年 8 月 6 日，因"双减量"项目需要，村委会受镇政府委托与夏某就该房屋签订《搬迁补偿协议书》。村委会拆除该房屋，将宅基地平整后交由夏某耕种。这时，张某的儿子小张找到村委会，主张当年父亲只是卖房屋，宅基地还是张家的，并提出房屋买卖协议违反了"一户一宅"的规定，应当无效，要求村委会将补偿款支付给他，否则，应当给他另行提供宅基地。

【分析】国家允许进城落户的农村村民依法、自愿、有偿退出宅基地，鼓励农村集体经济组织及其成员盘活利用闲置宅基地和闲置住宅。农村村民出卖、出租、赠与住宅后，宅基地使用权一并转移给买受人，再申请宅基地的，不予批准。

本案中，张某进城落户后已将住宅卖给同村村民夏某，双方的房屋买卖合同合法有效。夏某既是房屋所有权人也是宅基地使用权人，应当是搬迁补偿款的给付对象。小张没有资格再申请宅基地，也无权要求搬迁补偿款。

【提示】虽然一户只能申请一处宅基地，但通过购买、继承等合法途径取得的宅基地使用权，即便是一户多宅，也受到法律保护。

依据 》附录扫码看全文

《中华人民共和国土地管理法》第 62 条

116 在自家宅基地上翻建房屋，需要邻居同意吗？

张某和李某两家是邻居，张某家住在李某家东侧，两家共用中间院墙。2022 年夏，张某家房屋因暴雨倒塌，张某申请翻建房屋并得到批准。但是，张某家计划翻建的房屋比李某家房屋高出 1 米，李某得知后，认为张某家房屋翻建后比自家房屋高，看着不顺眼，于是反对其翻建，提出如果翻建必须经过自己同意，并且翻建的房屋应跟原来的大小一样。

【分析】根据民法典和《村庄和集镇规划建设管理条例》的规定，宅基地使用权人依法对集体所有的土地享有占有和使用的权利，有权依法利用该土地建造住宅及其附属设施。宅基地上的房屋毁损的，宅基地使用权人有权修理或翻建房屋。但是，农村村民在原有宅基地上翻建住宅的，应当先向村集体经济组织或者村民委员会提出建房申请，经村民会议讨论通过后，由乡级人民政府根据村庄、集镇规划和土地利用规划批准。

本案中，张某在自家宅基地上翻建房屋，只要取得乡镇人民政府的批准就可开工，不必征得邻居同意。但是，翻建房屋不得违反国家有关工程建设标准，不得妨碍相邻房屋的通风、采光和日照，不得危及相邻房屋的安全。

【提示】农村房屋的翻建或加盖，应严格按照批准面积和建房标准进行，否则将被认定为非法建筑。如果翻建或加盖房屋影响了邻居的采光等，应当通过拆除来排除妨碍，或者与邻居达成合理的补偿协议。

依据 》附录扫码看全文

《中华人民共和国民法典》第 293 条、第 295 条、第 362 条，《村庄和集镇规划建设管理条例》第 18 条

117 安装的空调外挂机影响邻居通行，要拆除吗？

朱某与徐某是东西相邻的邻居，两家房屋之间有通道，通道占地属于徐某家宅基地的范围，且此通道是出入双方院后农田的必经通道。某日，徐某在自

家西墙上安装了一台空调外挂机（顶部离地 138 厘米），与朱某家东墙距离最窄处为 90 厘米。由于该空调外挂机严重影响到朱某向后的通行，朱某要求徐某予以拆除，徐某拒绝。双方争执不下。

【分析】相邻关系是房屋或土地等不动产的相邻各方因行使所有权或使用权而发生的权利义务关系。根据民法典的规定，房屋、土地等不动产的权利人应当按照有利生产、方便生活、团结互助、公平合理的原则，正确处理相邻关系，其有义务根据法律规定为相邻不动产的所有人或使用人行使权利提供必要的便利，而且提供这种便利是无偿的。例如，甲晾晒的衣服因大风吹到邻居乙家里，乙应当允许甲到其家里取回衣服。

本案中，徐某虽然是通道所占土地的使用权人，但该通道是朱某到达农田的必经之路，因此，徐某有义务为朱某无偿提供通行便利。徐某应当拆除空调外挂机或调整空调外挂机的位置，排除对朱某造成的不便。

依据 》 附录扫码看全文

《中华人民共和国民法典》第 288 条、第 291 条

118 邻居擅自占用排水沟，出行受影响怎么办？

周某与孙某是邻居。孙某房屋东侧院墙外有一通道，为孙某日常出行通道。通道西侧有自北向南流向的裸露排水沟，平日雨水通过排水沟排出。孙某在房屋东侧接建一间房屋，并将院落大门由朝东开改为朝南开，将厕所由院内迁到院东墙外侧。因孙某所建厕所占用排水沟，雨水不能正常排出，改从周某的门前道上流经，严重影响了周某出行。周某要求孙某将排水沟恢复原样，被孙某拒绝。周某遂诉至法院。

【分析】根据民法典相邻关系的规定，房屋、土地等不动产的相邻权利人应当按照有利生产、方便生活、团结互助、公平合理的原则，正确处理相邻关系。房屋、土地等不动产的权利人应当为相邻权利人的排水提供必要便利。对

自然流水的排放，应当尊重自然流向。改变水流方向，给他人造成妨碍或损害的，受害人可以请求排除妨碍、赔偿损失。

本案中，孙某将厕所搭建在院墙外排水沟处，影响日常雨水流向，导致周某通行不便，给周某出行带来妨碍，周某有权要求孙某排除妨碍。

依据 》附录扫码看全文

《中华人民共和国民法典》第 288 条、第 290 条

⑪⑨ 葡萄种植因相邻土地树木的遮挡而受损，能追责吗？

2006 年，张某承包村里的土地用于葡萄种植。2015 年 5 月，方某租赁土地，东西北三面环绕张某的承包地。后方某在租赁土地上种植了树木，现树木已严重影响张某所种葡萄的通风和采光，造成葡萄无法正常生长，近乎绝收。张某多次与方某沟通，要求其消除影响，均被方某拒绝。张某诉至法院。

【分析】不动产的相邻权利人应当按照有利生产、方便生活、团结互助、公平合理的原则，正确处理相邻关系。土地承包经营权人在利用农地进行农业生产活动时，应当遵守相关法律法规和习惯，避免对相邻土地的生产活动造成影响或损失。

本案中，张某可以向方某追责。张某种植葡萄在先，方某种植树木在后，方某在对租赁土地进行利用时有义务避免对张某所种葡萄的生长产生不利影响。因此，方某应当采取措施消除影响或者对张某进行合理的赔偿。

依据 》附录扫码看全文

《中华人民共和国民法典》第 288 条

三、日常交往

日常交往是亲戚朋友、邻里乡亲间增进感情的桥梁和纽带，是农村生活的重要组成部分。日常交往中，农村村民应当遵守法律法规和公序良俗，共筑团结互助、诚信友爱、礼尚往来的淳朴民风。

120　因无偿帮邻居修墙而受伤，责任谁承担？

2021年夏，周某家的院墙被暴雨冲垮。周某找邻居李某帮忙修墙，李某欣然答应无偿帮忙。在修墙过程中，因脚手架不稳，李某从高处掉下摔伤了右腿。李某经治疗康复后，找周某赔偿医疗费、护理费、误工费共7万元。周某称李某因自己的过失摔伤，只愿意补偿3万元。双方因此争执不下。

【分析】无偿帮工是农村生活中的常见现象，既体现了邻里之间互帮互助的良好风尚，对于构建和美乡村也具有重要意义。在无偿帮工过程中，帮工人应尽到自身的注意义务；被帮工人应尽到审慎的安全防范义务，为帮工人提供安全的帮工环境和防护措施，保证帮工人在帮工活动中的人身安全。

根据相关司法解释的规定，无偿提供劳务的帮工人因帮工活动遭受人身损害的，根据帮工人和被帮工人各自的过错承担相应的责任；被帮工人明确拒绝帮工的，被帮工人不承担赔偿责任，但可以在受益范围内予以适当补偿。

本案中，李某应周某之邀无偿帮其修墙，因脚手架不稳而摔伤，其对于摔伤没有主观过错。周某组织实施修墙活动，应保障修墙中使用的设施设备的安全性，脚手架不稳的过错在周某。因此，周某应当承担全部赔偿责任。

依据 >> 附录扫码看全文

《最高人民法院关于审理人身损害赔偿案件适用法律若干问题的解释》
第 5 条

121 为朋友借钱当担保人，要承担什么责任？

周某向孙某借款 10 万元，约定 2021 年 10 月 1 日还款，并以其价值 5 万元的小轿车作为抵押物来担保借款的偿还。为了让孙某放心，周某又找了朋友钱某作为保证人，就 10 万元借款承担连带保证责任，保证期间为 2021 年 10 月 1 日至 2022 年 5 月 1 日。2021 年 10 月 1 日，周某未能偿还借款。孙某知道周某没钱，便直接找钱某代为还款，结果遭到钱某拒绝。孙某诉至法院，请求钱某承担连带保证责任。

【分析】担保分为物的担保和人的担保。物的担保形式主要有抵押权、质押权和留置权。人的担保是保证，保证分为一般保证和连带责任保证。

当事人在保证合同中约定，债务人不能履行债务时，由保证人承担保证责任的，为一般保证。通常情况下，一般保证的保证人在主合同纠纷未经审判或者仲裁，并就债务人财产依法强制执行仍不能履行债务前，有权拒绝向债权人承担保证责任。当事人在保证合同中约定保证人和债务人对债务承担连带责任的，为连带责任保证。连带责任保证的债务人不履行到期债务或者发生当事人约定的情形时，债权人可以请求债务人履行债务，也可以请求保证人在其保证范围内承担保证责任。

被担保的债权既有物的担保又有人的担保的，债务人不履行到期债务或者发生当事人约定的实现担保物权的情形，债权人应当按照约定实现债权；没有约定或者约定不明确，债务人自己提供物的担保的，债权人应当先就该物的担保实现债权；第三人提供物的担保的，债权人可以就物的担保实现债权，也可以请求保证人承担保证责任。提供担保的第三人承担担保责任后，有权向债务人追偿。

本案中，孙某的债权既有债务人周某提供的抵押物担保也有钱某的保证，孙某应当先主张实现周某小轿车的抵押权，实现抵押权后未清偿的部分再找钱某在保证范围内承担连带保证责任。孙某没有找周某，相当于放弃了周某提供的抵押担保，钱某有权拒绝承担保证责任。

【提示】在为他人提供保证时，一定要明确约定保证形式、保证责任的范围和保证期间。

依据 》 附录扫码看全文

《中华人民共和国民法典》第 392 条、第 686 条、第 687 条、第 688 条

122　丈夫欠下的赌债，妻子要还吗？

郝某经常参与赌博。某日，郝某输光后到朋友钱某家欲借款 5 万元。钱某明知郝某借钱用于赌博还是借了钱给他，并约定日利息为 20%。郝某输光后，无力偿还借款。钱某于是找不知情的郝某妻子范某索要本金及高额利息，遭范某拒绝。双方争执不下。

【分析】违反法律、行政法规强制性规定以及违背公序良俗的民事法律行为无效。出借人事先知道或者应当知道借款人借款用于违法犯罪活动仍然提供借款的，人民法院应当认定民间借贷合同无效。此外，夫妻一方在从事赌博、吸毒等违法犯罪活动中所负债务，第三人主张该债务为夫妻共同债务的，人民法院不予支持。

本案中，钱某明知郝某向其借钱用于赌博还出借，违反法律法规，两人之间的借款合同应当无效。根据民法典第 157 条"民事法律行为无效后，行为人因该行为取得的财产，应当予以返还"的规定，郝某应当返还钱某本金。因该借款为郝某个人赌博所欠，不属于夫妻共同债务。所以，范某有权拒绝钱某返还本金的请求。

【提示】如果在赌博现场借款给赌博人，则该借款认定为赌资，按规定应当没收。

依据 >> 附录扫码看全文

《中华人民共和国民法典》第 153 条、第 157 条，《最高人民法院关于审理民间借贷案件适用法律若干问题的规定》第 13 条，《最高人民法院关于适用〈中华人民共和国民法典〉婚姻家庭编的解释（一）》第 34 条

123 酒后突发疾病离世，一同喝酒的人要承担责任吗？

某日，庞某约其好友李某一起喝酒。两人喝了半斤白酒，没有互相劝酒。饭后李某坐庞某的车回家，因不胜酒力吐了一次后要求提前下车。于是，庞某将李某放在路边后，驾车离去。当晚 11 点左右，李某的妻子接到电话去楼下接他，见李某躺在地上不省人事，便拨打了 120 急救电话。后李某经抢救无效死亡。经鉴定，李某系冠心病发作死亡，其心血酒精含量很低，可排除直接酒精中毒死亡的可能。李某妻子将庞某告上法庭，索赔 54 万余元。

【分析】邀请朋友喝酒属于情谊行为。情谊行为是以增进私人情谊为目的或基于善良风俗而无偿为他人提供物质和服务的行为。在情谊行为中因过错导致损害会产生相应的侵权责任。一起喝酒的人之间互相负有注意义务，即就人身安全负有适当的提醒、劝告、照顾、护送等控制或避免危险行为发生的注意义务。没有尽到注意义务的，如强制劝酒、不照顾醉酒者等，应当根据过错大小承担相应的侵权赔偿责任。

本案中，庞某虽并不存在劝酒行为，但从李某回家途中吐酒一次可知，李某明显饮酒过量，在此情形下，庞某没有尽到充分安全注意义务将李某护送到家，对李某的死亡存在一定过错，应承担相应的赔偿责任。当然，李某对自身身体情况最了解，应承担更多的注意义务，避免喝多伤身。因此，对死亡后果，李某自己应承担主要责任，庞某则承担次要责任。

依据 >> 附录扫码看全文

《中华人民共和国民法典》第 1165 条

124 自家的狗咬伤他人，要负什么责任？

张某家的狗在无人看护的情况下从家中跑出，遇到在自家门口的何某。何某与该狗逗玩，被咬伤。何某受伤后即前往医院治疗，住院 24 天，支出医疗费 3 万余元。因与张某就赔偿事宜协商未果，何某诉至法院。

【分析】饲养动物应当遵守法律法规，尊重社会公德，不得妨碍他人生活。违反管理规定，未对动物采取安全措施造成他人损害的，动物饲养人或者管理人应当承担侵权责任；但是，能够证明损害是因被侵权人故意造成的，可以减轻责任。这里讲的故意，是指受害人明知自己的行为会导致损害发生还希望或者放任损害结果的发生。比如，在动物园中故意翻越围栏追打黑熊，结果被黑熊抓伤。还需要注意，动物饲养人或管理人对被侵权人是否存在故意，承担举证责任。如果能够证明被侵权人的故意造成了损害的发生，可以减轻动物饲养人或管理人的侵权责任。

本案中，张某应当按规定对其饲养的狗采取拴绳等安全措施，但疏于管理，让狗在无人看护的情况下从家中跑到何某家门口，张某对损害结果的发生存在过错；而何某只是与狗逗玩，并没有追打等故意伤害或激怒狗的行为，因此，被狗咬伤并不是何某故意造成，张某应就何某的损害承担全部赔偿责任。

依据 》 附录扫码看全文

《中华人民共和国民法典》第 1246 条、第 1251 条

四、交通出行

农村道路交通安全是保障人民群众生命财产利益的重要内容。实践中，农村道路交通保障力量相对薄弱，交通设施、交通标志还不够完善，

加上部分群众交通安全意识和法治观念淡薄，农村道路交通安全存在重重隐患。农村村民增强出行安全、车辆安全责任意识，明确安全出行合法权利，有利于构建安全、畅通、和谐、文明的交通环境，提升乡村幸福生活指数。

125 顺路无偿载人发生意外，要赔偿吗？

某日凌晨，梁某驾驶小型汽车顺路无偿搭载戚某。在行驶过程中，撞到路上一不规则障碍物后发生交通事故，造成戚某受伤。事故发生后，戚某诉至法院，要求梁某及公路管养中心赔偿医疗费、护理费、误工费等共计 19 万余元。经查，该障碍物系公路管养中心因疏忽清理所遗漏。

【分析】搭便车的行为，在法律上被称为"好意同乘"，是指驾驶人出于好意，邀请或允许他人无偿搭乘自己车辆的非运营行为，是一种助人为乐的行为。好意同乘出事故，驾驶人员是否担责，需要看交通事故的责任认定。

根据民法典的规定，非营运机动车发生交通事故造成无偿搭乘人损害的，如果属于该机动车一方的责任，应当减轻其赔偿责任，但是机动车使用人有故意或者重大过失的除外；如果该机动车对此次交通事故没有责任，则搭乘人所遭受的损失应由交通事故责任方承担全部赔偿责任。可见，机动车使用人减轻责任需要满足以下条件：（1）机动车属于非营运机动车。（2）须无偿搭乘，即机动车使用人不收取任何搭乘费用。（3）机动车使用人对于事故不存在故意或者重大过失。故意是指明知或者应当知道自己的驾驶行为会发生交通事故，还希望或放任发生，如故意闯红灯造成事故；重大过失是指违反社会上一般人的注意义务造成事故，如酒后驾驶、无证驾驶等。

本案中，梁某和公路管养中心对事故的发生均有过错。经交警部门认定，梁某系未尽注意义务，承担主要责任；公路管养中心未及时发现并清理公路上的障碍物，未尽到相应管理和保障义务，承担次要责任。梁某无偿搭载戚某，符合民法典中"好意同乘"的相关规定，应在其承担的主要责任份额内减轻赔偿责任。

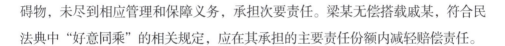

《中华人民共和国民法典》第 1217 条

126 驾驶买来的尚未过户的二手车发生事故，责任谁承担？

赵某将其小轿车卖给杜某，双方签订二手车交易协议，杜某付款后将车开走。次日，杜某在驾驶该车前往车管所过户的途中撞到行人孙某，造成孙某受伤。交警队出具道路交通事故责任认定书，认定杜某负全责。涉案车辆投保了交强险，但未投保商业第三者责任险。杜某认为，车辆尚未登记在自己名下，赵某也要一起赔。

【分析】买卖机动车的，自出卖人将机动车交付给受让人之日起，机动车的所有权转移到受让人，未办理过户不影响所有权转移。根据民法典的规定，当事人之间已经以买卖或者其他方式转让并交付机动车但是未办理登记，发生交通事故造成损害，属于该机动车一方责任的，由受让人承担赔偿责任。本案中，杜某驾驶买来的但未办理所有权转移登记的车辆，发生交通事故，对交通事故负全责，故其应当承担赔偿责任。

此外，民法典规定，机动车发生交通事故造成损害，属于该机动车一方责任的，先由承保机动车强制保险的保险人在强制保险责任限额范围内予以赔偿；不足部分，由承保机动车商业保险的保险人按照保险合同的约定予以赔偿；仍然不足或者没有投保机动车商业保险的，由侵权人赔偿。本案中，涉案车辆仅投保了机动车交通事故责任强制保险，因此，对于保险公司在强制保险责任限额范围内赔付后仍然不足的部分，杜某应承担赔偿责任。

《中华人民共和国民法典》第 1209 条、第 1210 条、第 1213 条

127 借用他人机动车发生事故，责任谁承担？

　　小张是老张的侄子，已满 18 岁。某日，小张到老张家说有急事儿要借老张的小轿车用一下。老张问小张会不会开车，小张说自己会开并谎称有驾照。老张见小张神色急切，就让小张把车开走了。不料，小张刚开上路车辆就失控，撞到了老李停在路边的三轮车，造成三轮车和小轿车受损。经交警部门认定，小张对事故承担全部责任。老李找小张赔偿，小张说车不是他的，拒绝赔偿。老李找老张，老张说不是他撞的，自己的车还受损了，要找小张算账。

　　【分析】根据民法典及相关司法解释的规定，因租赁、借用等情形机动车所有人、管理人与使用人不是同一人时，发生交通事故造成损害，属于该机动车一方责任的，由机动车使用人承担赔偿责任；机动车所有人、管理人对损害的发生有过错的，承担相应的赔偿责任。发生以下情形时，可以认定机动车所有人或管理人对损害的发生具有过错：（1）知道或者应当知道机动车存在缺陷，且该缺陷是交通事故发生原因之一的；（2）知道或者应当知道驾驶人无驾驶资格或者未取得相应驾驶资格的；（3）知道或者应当知道驾驶人因饮酒、服用国家管制的精神药品或者麻醉药品，或者患有妨碍安全驾驶机动车的疾病等依法不能驾驶机动车的；（4）其他应当认定机动车所有人或者管理人有过错的。驾驶人未取得驾驶资格，导致第三人人身损害，当事人请求保险公司在交强险责任限额范围内予以赔偿的，保险公司应先行赔付，并可以在赔偿范围内向侵权人追偿。

　　本案中，老张作为机动车所有人，在出借车辆时已经询问过小张会不会开车，已尽到相应的注意义务，故其对交通事故损害的发生没有过错，小张应当承担全部赔偿责任。小张未取得机动车驾驶证，因此，老李可以请求保险公司先行赔偿，保险公司赔偿后可以向小张追偿。而老张只能要求小张赔偿车辆的损失。

　　依据 》 附录扫码看全文

　　《中华人民共和国民法典》第 1209 条，《最高人民法院关于审理道路交通事故损害赔偿案件适用法律若干问题的解释》第 1 条、第 15 条

128 因骑三轮车闯红灯撞上小轿车而受伤，小轿车一方要赔偿吗？

某日，周某骑人力三轮车从幼儿园接孩子回家，在过路口时闯红灯，被驾驶小轿车正常行驶的田某撞翻。事故造成周某受伤住院治疗 8 天，并且车辆损坏。经交警部门认定，周某负事故的全部责任。

【分析】根据相关法律规定，机动车与非机动车发生交通事故造成人身伤亡、财产损失的，由保险公司在机动车第三者责任强制保险责任限额范围内予以赔偿；不足的部分，按照下列规定承担赔偿责任：非机动车驾驶人没有过错的，由机动车一方承担赔偿责任；有证据证明非机动车驾驶人有过错的，根据过错程度适当减轻机动车一方的赔偿责任；机动车一方没有过错的，承担不超过 10% 的赔偿责任。此外，交通事故的损失是由非机动车驾驶人、行人故意碰撞机动车造成的，机动车一方不承担赔偿责任。

本案中，周某闯红灯造成交通事故，应负全部责任。因周某骑行的是人力三轮车，属于非机动车，田某承担不超过 10% 的赔偿责任。

依据》 附录扫码看全文

《中华人民共和国道路交通安全法》第 76 条，《中华人民共和国民法典》第 1213 条

129 电动车电池爆炸致人损害，由谁承担赔偿责任？

因续航低，小王更换了自己多年前购买的电动车的充电器和电瓶。更换后不久，小王将电动车推进屋内充电，不料充电过程中发生爆炸并引发火灾，烧毁房屋内家具、电器、内装修等，同时造成小王受伤。当地消防部门出具的火灾事故认定书认定：起火原因系小王的电瓶充电器为锂电瓶充电过程中引发故障所致。经鉴定，小王从张某经营的商店里购买的充电器和电瓶均为缺陷产品，由甲公司制造。

【分析】根据民法典的规定，因产品存在缺陷造成他人损害的，生产者应当承担侵权责任。被侵权人可以向产品的生产者请求赔偿，也可以向产品的销售者请求赔偿。产品缺陷由生产者造成的，销售者赔偿后，有权向生产者追偿。因销售者的过错使产品存在缺陷的，生产者赔偿后，有权向销售者追偿。另外，根据《公安部关于规范电动车停放充电加强火灾防范的通告》的规定，公民应当将电动车停放在安全地点，充电时应当确保安全。严禁在建筑内的共用走道、楼梯间、安全出口处等公共区域停放电动车或者为电动车充电。公民应尽量不在个人住房内停放电动车或为电动车充电；确需停放和充电的，应当落实隔离、监护等防范措施，防止发生火灾。

本案中，因涉案充电器和电瓶均为缺陷产品，甲公司应当对损害的发生承担侵权责任。小王既可以找张某也可以找甲公司赔偿损失，张某赔偿后可以找甲公司追偿。同时，根据民法典"被侵权人对损害的发生有过错的，可以减轻侵权人的责任"的规定，小王将电动车停放在室内充电的行为本身存在一定的安全隐患，而其疏于防范也存在一定过错，因此，可以适当减轻甲公司的赔偿责任。

依据 » 附录扫码看全文

《中华人民共和国民法典》第 1202 条、第 1203 条，《公安部关于规范电动车停放充电加强火灾防范的通告》第 3 条

五、消费者权益保护

消费者一般是指为生活消费需要购买、使用商品或者接受服务的主体。为了保障农民权益，消费者权益保护法将"农民购买、使用直接用于农业生产的生产资料"也纳入保障范围。经营者与消费者进行交易，应当遵循自愿、平等、公平、诚实信用的原则。

130　购买的除草剂跟宣称效果不一样还导致减产，卖家怎么赔？

2018年7月，何某向胡某购买了一批水稻田除草剂。胡某宣称该除草剂不仅能够除草还有增产作用。但使用除草剂后，何某发现水稻生长缓慢。2018年8月，何某与胡某签订损失补偿协议，约定胡某对何某的减产部分进行补偿。之后，何某进行正常田间管理。2018年10月，经鉴定，何某的水稻田亩产量减少400公斤。何某要求胡某赔偿损失40万元，胡某不认同并一直拖延。何某遂向法院起诉。

【分析】根据消费者权益保护法的规定，经营者提供商品或者服务，造成消费者财产损害的，应当依法承担赔偿损失等责任。经营者提供商品或者服务有欺诈行为的，应当按照消费者的要求增加赔偿其受到的损失，增加赔偿的金额为消费者购买商品的价款或者接受服务的费用的3倍；增加赔偿的金额不足500元的，为500元。法律另有规定的，依照其规定。

本案中，胡某为推销除草剂夸大其词甚至编造除草剂能够增产的不实信息，对何某构成欺诈。何某除了可以要求胡某赔偿其水稻田的经济损失，还可以欺诈为由要求胡某承担除草剂价款3倍的赔偿。

依据 》 附录扫码看全文

《中华人民共和国消费者权益保护法》第52条、第55条

131　因饲料质量产生纠纷，消费者无法举证的后果如何？

2021年5月至7月，尤某分多次向陈某赊购螃蟹饲料，总价值为3万元。2021年8月1日，尤某向陈某出具了一张3万元的欠条，未约定给付期限。后经陈某催要，尤某以饲料存在质量问题，影响螃蟹的生长为由，拒绝给付饲料款。但尤某在养殖螃蟹过程中，未向陈某提出过饲料存在质量问题，也未向有关部门反映此类问题及申请证据保全。因索要饲料款不成，陈某诉至法院。

【分析】根据相关司法解释的规定，当事人对自己提出的诉讼请求所依据

的事实或者反驳对方诉讼请求所依据的事实,应当提供证据加以证明,但法律另有规定的除外。在作出判决前,当事人未能提供证据或者证据不足以证明其事实主张的,由负有举证证明责任的当事人承担不利的后果。

本案中,尤某作为消费者,如发现其购买的饲料有质量问题,应及时与商家沟通,若沟通无果,应及时进行证据收集和保全,并向法院提起诉讼维权。一旦拖延时间过长,很可能会因难以取证导致败诉。最终,法院认为,尤某无法证明送检的样本为陈某销售的饲料,且送检时间已经超过保质期,故无法认定饲料是否存在问题,从而判决尤某在规定的时间内给付饲料款。

依据 >> 附录扫码看全文

《最高人民法院关于适用〈中华人民共和国民事诉讼法〉的解释》第 90 条

132 接受病虫害绿色防控服务后反而减产,可以获得赔偿吗?

2020 年 5 月,钱某与某公司签订《全程植保承包合同》,约定某公司为钱某种植的 300 亩水稻提供病虫害绿色防控服务。某公司在对钱某地块提供病虫害防治服务的过程中,因防治不当,致使稻田出现严重的纹枯病病害。2020 年 10 月,当地农业委员会组织双方对稻田进行测产,测产报告载明钱某自行管理防治的地块平均单产 635.13 公斤,某公司参与管理防治的地块平均单产 542.40 公斤,产量相差 92.73 公斤。

【分析】随着农业社会化服务的发展,农户作为消费者,不仅会购买农业生产资料,还会购买绿色防控等农业社会化服务。消费者在接受服务时享有财产安全不受损害的权利。消费者因接受服务受到财产损害的,依法享有获得赔偿的权利。

本案中,某公司未能按照《全程植保承包合同》的约定提供全方位的绿色防控技术服务,导致钱某水稻产量减少,该公司在提供服务的过程中存在过错,应当赔偿钱某因绿色防控不到位而产生的减产损失。

依据 》 附录扫码看全文

《中华人民共和国民法典》第 577 条，《中华人民共和国消费者权益保护法》第 7 条、第 11 条

133 因经营者未科学推荐农药而致药害，可以要求赔偿吗？

2021 年 8 月 27 日，黄某为防治香梨树虫害向某农资超市购买农药。某农资超市将阿维·噻虫胺、双甲脒、甲维·虫酰肼三种农药卖给黄某，由黄某自行按比例配制。其中，双甲脒药瓶标签载明的使用范围为"柑橘树"。2021 年 9 月 4 日，黄某发现用药后的香梨树出现黑斑等药害现象，随即找某农资超市要求赔偿。双方争执不下，黄某向市场监督管理局投诉。经查明，造成黄某种植的香梨树出现药害现象的主要原因是农药使用不当。

【分析】根据相关规定，经营者向消费者提供有关商品的质量、性能、用途、有效期限等信息，应当真实、全面，不得作虚假或者引人误解的宣传。经营者对消费者就其提供的商品的质量和使用方法等问题提出的询问，应当作出真实、明确的答复。农药经营者应当向购买人询问病虫害发生情况并科学推荐农药，必要时应当实地查看病虫害发生情况，并正确说明农药的使用范围、使用方法和剂量、使用技术要求和注意事项，不得误导购买人。

本案中，农药经营者某农资超市有义务向黄某科学推荐农药。而双甲脒农药标签载明的使用范围为"柑橘树"，某农资超市明知黄某买农药用于防治香梨树病虫害，仍向其推荐该农药，导致损害后果发生，应当承担赔偿责任。同时，黄某有义务严格按照农药标签载明的使用范围、使用方法和剂量、使用技术要求和注意事项使用农药，不得扩大使用范围、加大用药剂量或者改变使用方法。其在双甲脒药瓶标签载明的使用范围不包括香梨树的情况下，仍使用配制的含双甲脒的农药，对损害的发生有一定过错，应当适当减轻某农资超市的赔偿责任。

依据》 附录扫码看全文

《中华人民共和国民法典》第 1165 条、第 1173 条，《中华人民共和国消费者权益保护法》第 20 条、第 40 条，《农药管理条例》第 27 条、第 34 条

134 "样品特价，概不退换"的店内公告有效吗？

张某向某家居馆购买了一个样品衣橱，店内公告：样品特价，1 年保修，3 年维修，免费送货安装，如因质量问题导致破损，只负责修复，概不退换。衣橱送到家后，张某发现隔板缺失、有异味，要求退货，遭家居馆拒绝。

【分析】根据消费者权益保护法的规定，经营者提供的商品或者服务不符合质量要求的，消费者可以依照国家规定、当事人约定退货，或者要求经营者履行更换、修理等义务。没有国家规定和当事人约定的，消费者可以自收到商品之日起 7 日内退货；7 日后符合法定解除合同条件的，消费者可以及时退货，不符合法定解除合同条件的，可以要求经营者履行更换、修理等义务。由此可见，经营者提供的商品不符合质量要求，消费者有权退货。通过店堂告示排除消费者权利不合法，所宣告的内容无效。

本案中，家居馆内"样品特价，概不退换"的公告是典型的格式条款，属于无效的霸王条款，对消费者没有约束力。张某有权要求家居馆予以退货。

依据》 附录扫码看全文

《中华人民共和国消费者权益保护法》第 24 条、第 26 条

135 电视购物可以享受七天无理由退货吗？

2022 年 4 月 12 日，蔡某通过电视购物节目向某电视购物公司订购了一台笔记本电脑，某电视购物公司于次日安排向蔡某送货，蔡某当场收货并支付了价款 2999 元。收货后的第二天，蔡某要求无理由退货。某电视购物公司认为

笔记本电脑并无质量问题，拒绝办理退货手续。

【分析】经营者采用网络、电视、电话、邮购等方式销售商品，消费者有权自收到商品之日起 7 日内退货，且无需说明理由，但下列商品除外：（1）消费者定作的；（2）鲜活易腐的；（3）在线下载或者消费者拆封的音像制品、计算机软件等数字化商品；（4）交付的报纸、期刊。此外，其他根据商品性质并经消费者在购买时确认不宜退货的商品，不适用无理由退货。

本案中，蔡某通过电视购物节目购买笔记本电脑，有权自收货之日起 7 日内退货，且无需说明理由。蔡某的退货时间符合法律规定，某电视购物公司不得拒绝。

【提示】蔡某应当保证退货的笔记本电脑完好，除与某电视购物公司对运费另有约定外，蔡某还需要承担退回笔记本电脑的运费。

依据》 附录扫码看全文

《中华人民共和国消费者权益保护法》第 25 条

六、医疗卫生健康与疫情防控

发展农村卫生健康事业是全面实施乡村振兴战略、全面推进健康中国建设的重要内容。党的十八大以来，党中央高度重视和加强乡村医疗卫生体系建设，从完善基础设施条件、人员队伍建设、机构运行机制等方面采取一系列举措，持续提升乡村医疗卫生服务能力，基本实现了农民群众公平享有基本医疗卫生服务。2023 年中共中央办公厅、国务院办公厅印发的《关于进一步深化改革促进乡村医疗卫生体系健康发展的意见》提出，把乡村医疗卫生工作摆在乡村振兴的重要位置，健全适应乡村特点、优质高效的乡村医疗卫生体系。农村村民平等享有卫生健康权益，需要法律来保障。

136 农村集市上可以卖药吗？

某乡地处偏僻的山区，村民们时常趁着赶集来购买生产生活物资，其中包括药品。村民徐某从某医药公司购买了一些非处方西药和中成药，在没有取得营业执照、药品经营许可证的情况下，到集市上摆摊售卖获利。同时，徐某把药品加价销售给黄某，黄某拿到附近乡的集市上销售。徐某和黄某的行为合法吗？

【分析】药品是特殊商品，药品安全关系人民身体健康和生命安全，关系国计民生。我国对药品实行专营许可证制度。农村集市上销售药品的经营者需要获得药品经营许可证。根据相关规定，交通不便的边远地区城乡集市贸易市场没有药品零售企业的，当地药品零售企业经所在地县（市）药品监督管理机构批准并到市场监督管理部门办理登记注册后，可以在该城乡集市贸易市场内设点并在批准经营的药品范围内销售非处方药品。

本案中，徐某和黄某既不是药品零售企业，也未取得药品经营许可证，其在农村集市擅自售卖药品牟利的行为违法。根据药品管理法的规定，未取得药品经营许可证销售药品的，责令关闭，没收违法销售的药品和违法所得，并处违法销售的药品（包括已售出和未售出的药品）货值金额 15 倍以上 30 倍以下的罚款；货值金额不足 10 万元的，按 10 万元计算。因此，对两人的行为应当处以相应的行政处罚，如果其销售的药品为假药、劣药，则根据刑法定罪处罚。

【提示】城乡集市贸易市场可以出售中药材，国务院另有规定的（如毒性、成瘾及资源稀缺等药材）除外。

依据 》》附录扫码看全文

《中华人民共和国药品管理法》第 51 条、第 60 条、第 115 条，《中华人民共和国药品管理法实施条例》第 18 条

137 用"祖传秘方"给他人配药治病，合法吗？

村民宋某手里有"祖传秘方"，专治癫痫，从不向外透露，在周边颇有名气。但宋某给人看病并不懂中医把脉，他根据患者说的病情和年龄大小，从药铺买回药材自己配药，并且告诉患者服用该药后出现抽搐是正常现象。

2016 年 11 月 15 日，王某经人介绍找到宋某欲治疗癫痫病。宋某在询问王某的病情及相关情况后，以 1800 元的价格出售给王某自制中药丸六小袋，每小袋 25 克，共 150 克，并告知其服药方法。2016 年 11 月 22 日 21 时许，王某按照宋某告知的服药方法，在家中服用了宋某开出的中药，后出现抽搐、口吐白沫、双腿乱蹬等症状。次日 7 时左右，王某经 120 急救医生诊断确认死亡。王某家属找到宋某讨说法。公安机关经查实，发现宋某既无《医疗机构执业许可证》，亦未取得任何医师执业资格。经鉴定，王某系因服用含有雄黄等的中药后砷元素中毒而死亡。

【分析】我国实行医师执业注册制度，从事中医医疗活动的人员应当通过中医医师资格考试取得中医医师资格，并进行执业注册。研制、生产、经营、使用药品，都需要遵守药品管理法的规定。

本案中，宋某不懂医学知识，没有取得医师资格证书、执业证书，利用"祖传秘方"长期非法从事医疗活动，私自为癫痫病人配药并获利，造成王某因服用中药后砷元素中毒而死亡的严重后果，其行为已触犯刑法，构成非法行医罪。最终，法院判处其有期徒刑 10 年 6 个月，并处罚金 2 万元，同时，赔偿附带民事诉讼原告人因被害人王某死亡所产生的各项损失共计 643163.5 元。

【提示】药品是特殊商品，安全性与有效性是其重要属性，药品从研发到批准上市具有严格的流程。民间的一些祖传秘方、偏方，未经过充分的疗效及

安全性验证，并不天然具有上市资格。看病求医，一定要选正规的诊疗场所，医务人员要有相应的资质，不要迷信所谓的祖传秘方、偏方，否则带来严重后果，追悔莫及。

依据》附录扫码看全文

《中华人民共和国药品管理法》第 7 条，《中华人民共和国医师法》第 13 条，《中华人民共和国中医药法》第 15 条，《中华人民共和国刑法》第 336 条

138 自配中药粉开展"三伏贴"服务，需要办理手续吗？

张某经营一家中医诊所，利用中医正骨、推拿、针灸等技术为患者诊疗，有时会以自制膏药贴敷的方式用于患者，特别是每年村民们会在夏季来贴其特制的"三伏贴"。"三伏贴"中药粉由张某组方，其将近十味中药饮片成方后送外粉碎加工，再用塑料自封袋自行分装成小包装，并贴"三伏贴"字样标签。市场监督管理所在例行检查时发现，该诊所存放的"三伏贴"中药粉20袋（规格为50克/袋）未取得传统中药制剂备案号，系该诊所未经备案开展"三伏贴"服务剩余的药品。

【分析】为加强"三伏贴"技术应用管理，2013 年国家中医药管理局印发通知，对开展"三伏贴"技术应用的机构、人员、管理等事项提出了具体要求。根据该通知，医疗机构开展"三伏贴"服务，对"三伏贴"处方用药、穴位选择、禁忌症及相关注意事项等，须经过研究、组方、论证、审议、备案等程序。根据中医药法、药品管理法等相关规定，本案中张某加工后配制的"三伏贴"中药粉，应当认定为医疗机构制剂中的传统中药制剂，须向省级药品监督管理部门备案，取得传统中药制剂备案号。

本案中，张某作为中医专业卫生技术人员在其中医诊所开展"三伏贴"服务，这一诊疗行为没有超出《医疗机构执业许可证》核准登记的诊疗科目。但是，张某未经备案自行加工配制药粉，开展"三伏贴"服务，属于违法行为，会受到相应行政处罚。

【提示】我国鼓励传统中医的发展。在村医疗机构执业的中医医师、具备中药材知识和识别能力的乡村医生，按照国家有关规定可以自种、自采地产中药材并在其执业活动中使用。

依据 》 附录扫码看全文

《中华人民共和国中医药法》第 26 条、第 32 条，《中华人民共和国药品管理法》第 76 条、第 124 条，《国家中医药管理局关于加强对冬病夏治穴位贴敷技术应用管理的通知》第 3 条，《国家食品药品监督管理总局关于对医疗机构应用传统工艺配制中药制剂实施备案管理的公告》第 1 条

139 村医能否到外村行医？

李庄和王庄相邻，李庄卫生室的乡村医生张大夫因医术高明在王庄也广为人知，从王庄专门来李庄卫生室找张大夫看病的患者络绎不绝。后来张大夫因报酬问题从李庄卫生室辞职，和王庄卫生室谈好薪资待遇后就开始在王庄看病。但是，不久他就因在王庄卫生室接诊受到了行政处罚。

【分析】乡村医生是指尚未取得执业医师资格或者执业助理医师资格，经注册在村医疗卫生机构从事预防、保健和一般医疗服务的医生。乡村医生虽不具有执业医师资格或者执业助理医师资格，但应当遵守国家乡村医生执业注册制度，须在取得《医疗机构执业许可证》的村医疗卫生机构执业，并且须在注册的执业地点内执业。如果乡村医生变更了执业的村医疗卫生机构，但未办理变更执业注册手续，县级人民政府卫生行政主管部门将对其给予警告，并责令限期办理变更注册手续。

本案中，张大夫作为注册在李庄卫生室的乡村医生，在未办理变更执业注册手续时不能在王庄卫生室提供医疗服务。因违反了相关规定，张大夫受到了行政处罚。

依据 》 附录扫码看全文

《乡村医生从业管理条例》第 2 条、第 17 条、第 40 条

140 发生医疗事故，怎么索赔？

村民李某因胃穿孔在县医院接受手术，麻醉方式选择为全身麻醉。麻醉医生在为李某配制麻醉剂时错拿患者信息，按照另一位患者的年龄和体重准备麻醉剂，注射给了李某，后李某因麻醉剂过量死亡。经鉴定，该事故为一级医疗事故。李某的家属应如何索赔？

【分析】患者在诊疗活动中受到损害，医疗机构或者其医务人员有过错的，由医疗机构承担赔偿责任。本案中，麻醉医生因错拿患者信息导致李某因麻醉剂过量死亡，县医院对此应当承担医疗损害赔偿责任。李某的家属与县医院若就李某医疗事故的赔偿事宜产生民事责任争议，双方可以协商解决，不愿意协商或者协商不成的，也可以通过调解或民事诉讼程序予以处理。具体赔偿数额应当考虑医疗事故等级、医疗过失行为在医疗事故损害后果中的责任程度、医疗事故损害后果与患者原有疾病状况之间的关系等因素，医疗费、误工费、丧葬费、交通费、住宿费、精神损害抚慰金等赔偿项目按照法律法规规定的标准进行计算，最终的医疗事故赔偿费用实行一次性结算。

【提示】如果不幸遭遇医疗事故，应当依法维权，采用协商、调解、诉讼等多元方式化解纠纷，不得干扰医疗秩序，妨碍医务人员工作、生活，侵害医务人员合法权益。若以医疗事故为由，寻衅滋事、抢夺病历资料，扰乱医疗机构正常医疗秩序和医疗事故技术鉴定工作，将承担行政责任甚至刑事责任。

依据 》附录扫码看全文）

《中华人民共和国民法典》第 1218 条、第 1228 条，《医疗事故处理条例》第 2 条、第 4 条、第 46 条、第 49 条、第 50 条、第 52 条、第 59 条

141 疫情防控中，村民应当履行哪些义务？

甲村的王某通过开办"小饭桌"提供学生看护、接送和用餐等服务，共招收周边村镇的学龄前儿童、小学生 20 余人。2020 年 12 月 25 日，该村出现

新冠肺炎确诊病例。12月26日，当地政府工作人员通知各村联络人，要求村民非必要不出村，有发热症状要第一时间报告村委会。2021年1月2日，王某晨起出现咽干、咽痛、头疼症状，无发热及其他症状，当日中午自测体温37.4℃，服用感冒药后退烧，未按要求向村委会报告。1月8日在例行的核酸筛查中，王某的新冠肺炎核酸结果呈阳性，于次日被转至某医院隔离治疗。疾病预防控制部门对王某开展流行病学调查和密接排查工作时，王某隐瞒真实行程，导致周围村镇疾病预防控制部门未能及时全面掌握其活动轨迹并确认密接人员。后经疾病预防控制部门确认，王某密切接触者共计927人，均被采取隔离措施；王某同住家属6人中，2人被确诊为新冠肺炎病例，4人被确诊为无症状感染者；"小饭桌"的2名学生及1名学生亲属也被确诊为新冠肺炎病例。

【分析】我国法律对政府应对突发传染病采取的防控措施作出了明确授权，如限制或停止人群聚集的活动、停工、停业、停课、封闭可能造成传染病扩散的场所、封锁疫区、实行交通管制等。疫情发生地的村民有服从人民政府和村委会等单位的指挥和安排，配合防控工作的义务。村民必须接受疾病预防控制机构、医疗机构有关传染病的调查、检验、采集样本、隔离治疗等预防、控制措施，如实提供有关情况。发现自己或者他人患有或者疑似患有新冠肺炎等传染病时，应当及时向附近的疾病预防控制机构或者医疗机构报告。如果村民是传染病病人、病原携带者和疑似传染病病人，在治愈前或者在排除传染病嫌疑前，不得从事法律、行政法规和国务院卫生行政部门规定禁止从事的易使该传染病扩散的工作。此外，村民不得编造、传播有关疫情防控的虚假信息。

村民一旦不履行相关义务，需要承担以下法律责任：村民不服从所在地人民政府及其有关部门发布的决定、命令或者不配合其依法采取的措施，构成违反治安管理规定的，由公安机关依法给予处罚。村民不履行义务的行为造成严重后果，构成犯罪的，应依法承担刑事责任，涉及的罪名主要包括妨害传染病防治罪，妨害公务罪，编造、故意传播虚假信息罪等。如果村民不履行义务的行为导致他人被传染，还有可能要承担相应的民事责任。

本案中，"小饭桌"经营人员王某在当地疫情防控形势严峻的情况下仍实施多种妨碍疫情防控的行为，在确诊后仍不配合流行病学调查，引起疫情传播严重危险，情节恶劣，最终被司法机关以妨害传染病防治罪依法追究刑事责任。

【提示】公民在疫情防控期间，享有获得疫情信息的权利、获得救治的权利、不受歧视的权利、获得生活保障和工作报酬的权利、个人隐私受保护的权利等。对于违法实施行政管理或者预防、控制措施，侵犯公民合法权益的行为，可以依法申请行政复议或者提起诉讼。

依据 》附录扫码看全文

《中华人民共和国传染病防治法》第 12 条、第 16 条、第 31 条、第 38 条、第 41 条、第 42 条、第 77 条，《中华人民共和国突发事件应对法》第 57 条、第 66 条，《中华人民共和国刑法》第 330 条

142 疫情期间，恶意囤积、哄抬物价、牟取暴利，会有什么后果？

疫情防控形势严峻时，为防止不法分子趁机囤积居奇、哄抬物价，牟取巨额利润，某市的市场监管部门发出公告，统一向经营者告诫不得非法囤积。该市某村的朱某向某便利店求购了一批市场紧缺的生活及防疫物资，价格为 270 元。当便利店将物资送到朱某家时，却称物资进价提高，朱某须支付 577 元。经与便利店沟通无果，朱某报警。经调查，该便利店接到市场监管部门的公告后置之不理，开始大量囤积物资，并在为客户配送蔬菜、水果以及口罩等生活及防疫物资的过程中，声称进价提高，提高商品价格，已非法牟利 4000 余元。

【分析】疫情期间，防疫用品、民生商品需求激增，价格已经出现较大幅度波动，经营者如再超过正常存储数量和存储周期，大量囤积物资，必将加剧供求矛盾、推高价格，进而形成恶性循环。为了保障民生安全，必须对恶意囤积、哄抬物价、牟取暴利的行为进行严厉打击。

经营者应严格遵守我国关于价格的法律法规，自觉增强社会责任感，遵循公平、合法、诚实信用的定价原则，不得在疫情期间，在成本未有明显上涨的

情况下大幅提高销售价格。对非法囤积的认定，涉及经营者的经营规模、上下游联系紧密度等多种因素。为最大限度保护经营者的经营自主权，本着教育与处罚相结合的原则，首先采取告诫程序，经告诫仍继续囤积的，依法惩处。

本案中，某便利店无视公告内容，大量囤积生活及防疫物资，提高价格，扰乱了市场秩序，根据其非法牟利数额，市场监管部门可直接认定构成哄抬价格的违法行为，责令改正，没收其违法所得，并处以违法所得 5 倍以下的罚款。

【提示】如果违反国家在预防、控制突发传染病疫情等灾害期间有关市场经营、价格管理等规定，哄抬物价、牟取暴利，严重扰乱市场秩序，违法所得数额较大或者有其他严重情节，则会触犯刑法，将以非法经营罪依法从重处罚。

依据 >> 附录扫码看全文

《中华人民共和国价格法》第 14 条，《中华人民共和国刑法》第 225 条，《价格违法行为行政处罚规定》第 6 条，《最高人民法院、最高人民检察院关于办理妨害预防、控制突发传染病疫情等灾害的刑事案件具体应用法律若干问题的解释》第 6 条

七、应急治理

在全面推进乡村振兴战略背景下，为实现农村的全面发展，必然要提升农村应急治理能力，这是基层治理体系和治理能力现代化建设的重要组成部分，也是农村现代化建设的重要内容。农村地区是应急管理体系中的薄弱环节，农村村民要丰富应急安全知识，提升突发事件防范和应急处置能力，积极有效参与农村应急治理。面对紧急情况时，在保证自身安全的前提下，见义勇为、见义智为，依法维护国家利益、公共利益、本人或他人的正当权益。

143 村民委员会如何开展突发事件应急准备和处置工作？

甲乡地处偏僻山区，介于两县的交界处，总面积约6万亩，其中林地面积约2.5万亩。进入春季后，当地持续出现高火险天气，火险等级居高不下，位于甲乡的乙村也面临着极大的火灾隐患。对此，乙村的村民委员会应当如何进行应急准备？如果灾害来临，又该如何进行应急处置？

【分析】村民委员会在乡村应急治理中发挥着重要的作用，应当及时做好宣传，有效规范村民行为，助力应对突发事件，稳定乡村社会秩序。《中共中央、国务院关于加强基层治理体系和治理能力现代化建设的意见》明确提出要健全常态化管理和应急管理动态衔接的基层治理机制，健全基层应急管理组织体系，从应急预案、应急管理队伍、应急物资储备保障、应急演练等多角度提出增强乡镇（街道）的应急管理能力。村民委员会在突发事件的应对过程中，承担着自治职责、法定职责和辅助职责。

本案中，为有效预防和遏制较大或有影响的火灾事故发生，甲乡人民政府应当根据有关法律规定、上级人民政府及其有关部门的应急预案以及本地区的实际情况，制定相应的森林火灾应急预案。而乙村的村民委员会应当根据其所在地人民政府的要求，结合实际情况，开展有关森林火灾应急知识的宣传普及活动和必要的应急演练。

若乙村突发森林火灾，村民委员会应当在获悉火灾信息后立即向甲乡人民政府、有关主管部门或者指定的专业机构报告；同时，乙村的村民委员会应当按照甲乡人民政府的决定、命令，进行宣传动员，组织群众开展自救和互救，协助维护社会秩序。

【提示】在潜在灾害未发生时，当地政府和村民委员会应当结合当地实际情况制定应急预案并进行演练；在面对突发的灾害时，村民委员会和村民都应当服从当地政府的指挥和安排，政府应当从快处置。此时，每个人都无法置之度外。

依据》 附录扫码看全文

《中共中央、国务院关于加强基层治理体系和治理能力现代化建设的意见》
第 1 条、第 3 条,《中华人民共和国突发事件应对法》第 17 条、第 29 条、第
38 条、第 55 条

144 在突发事件中迟报、谎报信息,要承担什么责任?

甲县有大面积林地且地处偏僻山区,当地每到三四月就会出现持续高火
险天气,火险等级居高不下。为了预防突发火灾,甲县人民政府制定了突发
森林火灾的应急预案。张某作为护林员,负责对甲县下属的乙村范围内的林
地进行每日重点时段的巡逻,监测火情,并在火灾发生时及时上报信息。某
日,林地发生火灾。张某擅自离岗半小时后才发现火情,因担心失职被罚,于
是捏造信息,谎称火灾刚刚发生。相关部门接到信息后立即展开救火行动,但
是由于火情信息延误半小时,大量林木被焚烧,造成了重大财产损失。张某对
其迟报、谎报信息的行为需要承担什么责任?

【分析】本案中,张某作为护林员,负有及时、客观、真实报告突发事件
信息的义务,不能迟报、谎报、瞒报、漏报。然而作为直接责任人员的张某擅
自离岗,履职不到位、工作不负责,未在第一时间发现火情,迟报、谎报灾害
信息,严重扰乱火情应急处置,应受到相应处分。

此外,张某作为受国家机关委托代表国家机关行使职权的组织中从事公务
的人员,在高火险天气本应盯住重点时段开展巡护、瞭望,监测并及时上报火
情信息,但其玩忽职守,致使公共财产、国家和人民利益遭受重大损失,情节
特别严重,其行为已构成玩忽职守罪,应依法承担刑事责任。

依据》 附录扫码看全文

《中华人民共和国突发事件应对法》第 63 条、第 68 条,《中华人民共和国
刑法》第 397 条,《全国人民代表大会常务委员会关于〈中华人民共和国刑法〉

第九章渎职罪主体适用问题的解释》

145 可以临时"借用"地震应急救援帐篷吗？

甲村位于地震带，为应对突发地震，甲村的村民委员会常年预备防震救灾物资。某日，甲村的村委会成员张某与家人决定在假期外出露营。张某购买露营装备时，见帐篷不便宜，为了省钱便动了临时"借用"的念头，把村委会的两顶地震应急救援帐篷拿回了家。张某的行为合法吗？

【分析】村民委员会的地震应急救援帐篷属于应急救灾物资。防震减灾法规定，禁止侵占、截留、挪用地震应急救援、地震灾后过渡性安置和恢复重建的资金、物资。《救灾专用帐篷使用管理暂行办法》规定，救灾专用帐篷必须专物专用，严禁挪用。使用救灾专用帐篷一律实行有借有还，限期回收，任何单位与个人不得无偿长期占用。

本案中，张某作为村委会成员，不仅不能私自使用应急救灾物资，还应当协助当地人民政府做好应急救灾物资的保障维护登记工作。张某的行为属于挪用地震应急救援物资的行为，其应立即改正并交回帐篷。假如张某有违法所得，还要上缴违法所得。不仅如此，甲村村委会会受到警告或者通报批评，直接负责的主管人员和其他直接责任人员会受到处分。

【提示】县级以上人民政府有关部门对地震应急救援、地震灾后过渡性安置和恢复重建的资金、物资以及社会捐赠款物的使用情况，依法加强管理和监督，予以公布，并对资金、物资的筹集、分配、拨付、使用情况登记造册，建立健全档案。如果挪用应急救灾物资，情节严重，致使国家和人民群众利益遭受重大损害，还会涉嫌挪用特定款物罪，可能会被追究刑事责任。

依据 》 附录扫码看全文

《中华人民共和国防震减灾法》第 77 条、第 90 条，《中华人民共和国刑法》第 273 条，《救灾专用帐篷使用管理暂行办法》第 3 条、第 6 条

146 因紧急需要，政府可以直接征用村民财产吗？

受夏季强降雨影响，某市境内多条河流水位上涨漫溢，抢险救援指挥部对易发生滑坡、水毁等地质灾害的危险路段实行全天候值守。某村被洪水围困，情况危急，随时会发生洪水漫灌。村民郭某因事外出，家门口堆放了大量盖房用的沙土。为了最大限度延长救援时间，指挥部动用郭某家的沙土去填补围挡。指挥部可以不经郭某同意就使用其沙土吗？

【分析】根据我国法律规定，因抢险救灾、疫情防控等紧急需要，有关人民政府及其部门可以依法征用组织、个人的财产（包括不动产、动产）。被征用的财产在使用完毕或者突发事件应急处置工作结束后，应当及时返还。财产被征用或者征用后毁损、灭失的，应当给予公平、合理的补偿。

本案中，抢险救援指挥部为了公共利益，必要时可以向任何组织、个人征用应急救援所需设备、设施、场地、交通工具和其他物资，因此，在危急情况下，可以不经郭某同意直接使用其沙土。由于沙土被征用后明显会毁损、灭失，当地政府应遵循及时合理补偿原则，给予郭某公平、合理的补偿。

依据 》》附录扫码看全文

《中华人民共和国宪法》第 13 条，《中华人民共和国民法典》第 117 条、第 245 条，《中华人民共和国突发事件应对法》第 12 条、第 52 条

147 在应急状态下施救造成受助人损伤，是否要承担责任？

村民张某与李某等四人结伴去山里采草药，突发特大暴雨，山洪暴发，引发泥石流，致使下山的道路被截断，四人的手机信号中断。四人找到一处山洞避险后，李某突发心脏病。因情况紧急，无法寻求外界的救援帮助，张某遂采用按压心脏的方式进行急救，但因用力过重，导致李某的肋骨被压断 4 根。张某是否需要为此承担责任？

【分析】民法典设立了"好人条款"，规定因自愿实施紧急救助行为造成受助人损害的，救助人不承担民事责任，从法律层面大力弘扬和提倡助人为乐、见义勇为的中华民族传统美德，鼓励人们在危难时刻相互帮扶，强化了对见义勇为行为的鼓励和保护。

本案中，在道路被截断、信号中断的情况下，外界施救的可能性实际上已经微乎其微。李某突发心脏病情况危急，若不对其采取急救措施，李某将面临死亡的危险。张某为了挽救同伴生命，主动承担起救助李某的责任，虽然造成了李某身体上的损害，但是其行为可以定性为自愿实施的紧急救助行为，张某作为救助人不承担民事责任。

【提示】灾难随时可能降临，只有提高安全意识，做好相关灾害的预防准备，掌握必要的应急知识和急救技能，才能在危及生命的灾难中化险为夷。此外，灾难发生时要积极开展自救互救，在确保自身离险的同时承担救助他人的社会责任。

依据 》 附录扫码看全文

《中华人民共和国民法典》第 184 条

148 偷卖患非洲猪瘟的生猪引发疫情，会有什么法律后果？

村民严某在明知甲市发生非洲猪瘟疫情的情况下，为谋取个人利益，先后从疫区以明显低价购买了 81 头生猪，未经动物检疫部门的检疫，雇用工人将该 81 头生猪运至乙县，寄养在乙县三处猪圈、猪场。之后部分生猪陆续异常死亡，严某将死猪偷偷掩埋或丢弃，未经动物检疫部门的检疫，将其他生猪陆续屠宰及销售。不久，乙县畜牧兽医与渔业局工作人员发现严某寄养在某猪圈的生猪异常死亡，于是报警。经省动物疫病预防控制中心确诊，乙县发生非洲猪瘟疫情；同时，在从严某寄养生猪的三处猪圈、猪场内提取的样品中检出非洲猪瘟病毒核酸阳性。为迅速扑灭疫情，阻止疫情蔓延，乙县政府启动重大动物疫病控制应急预案，划定疫点和疫区，涉及 26 个自然村、队，并投入大量人力、物力开展非洲猪瘟防控工作。

【分析】根据相关规定，禁止屠宰、经营、运输下列动物和生产、经营、加工、贮藏、运输下列动物产品：（1）封锁疫区内与所发生动物疫病有关的；（2）疫区内易感染的；（3）依法应当检疫而未经检疫或者检疫不合格的；（4）染疫或者疑似染疫的；（5）病死或者死因不明的；（6）其他不符合国务院农业农村主管部门有关动物防疫规定的。有关单位和个人发现动物出现群体发病或者死亡的，应当立即向所在地的县（市）动物防疫监督机构报告，并按照国家有关规定做好病死动物、病害动物产品的无害化处理，不得买卖、加工、随意弃置病死动物和病害动物产品。

非洲猪瘟属于一类动物疫病，会对人、动物构成特别严重的危害，可能造成重大经济损失和社会影响，需要采取紧急、严厉的强制预防、控制等措施。本案中，严某在从事生猪的贩运、饲养、屠宰、经营过程中，违反我国关于动物防疫、检疫的相关规定，明知这批生猪的实际情况，在未办理动物检疫手续的情况下，跨区域贩运生猪，且在其寄养于乙县的生猪陆续异常死亡时，不仅未按国家规定及时上报，还将其他在非洲猪瘟疫区购买的生猪陆续屠宰、销售，导致在乙县引发重大动物疫情，情节严重，其行为已构成妨害动植物防疫、检疫罪。最终，法院判处严某有期徒刑2年9个月，并处罚金10万元。

【提示】国家对重大动物疫情应急处理实行分级管理，按照应急预案确定的疫情等级，由有关人民政府采取相应的应急控制措施。重大动物疫情应急处理中，乡镇人民政府、村民委员会应当组织力量，向村民宣传动物疫病防治的相关知识，协助做好疫情信息的收集、报告和各项应急处理措施的落实工作。

依据 附录扫码看全文

《中华人民共和国动物防疫法》第4条、第7条、第29条、第31条、第49条、第57条，《中华人民共和国刑法》第337条，《重大动物疫情应急条例》第16条、第28条、第37条

八、野生动植物保护

野生动植物保护对于维护生物多样性和保持生态平衡，推进生态文明建设，促进人与自然和谐共生具有重要意义。任何组织和个人都有保护野生动植物资源的义务。开发、利用野生动植物资源应当符合生态文明建设的要求，遵守法律法规和社会公德。

149 为防庄稼被毁，可以捕杀豪猪等野生动物吗？

2021年8月，为防止野外豪猪毁坏庄稼，张某在网上购买了狩猎工具，在其自留山上先后打死两头豪猪。张某将豪猪运回家，食用一部分后，将剩余部分冷冻在冰柜和熏烤在伙房内。同年9月，张某又在同一地点捕猎麂子、狗獾各一只，除将头冻在冰柜里存留外，其余部分均已食用。经认定：张某非法捕猎的野生动物分别为中国豪猪、小麂、狗獾。上述动物均属于"三有"保护动物，共造成国家野生动物生态资源损失价值3160元。

【分析】我国实行野生动物分类分级保护：（1）国家重点保护野生动物，分为一级保护野生动物和二级保护野生动物，国家对珍贵、濒危的野生动物实行重点保护。（2）地方重点保护野生动物，指国家重点保护野生动物以外，由省、自治区、直辖市重点保护的野生动物。（3）有重要生态、科学、社会价值的陆生野生动物，即"三有"保护动物。

猎捕"三有"保护动物和地方重点保护野生动物的，应当依法取得县级以上地方人民政府野生动物保护主管部门核发的狩猎证，并服从猎捕量限额管理。未取得狩猎证、未按照狩猎证规定猎捕"三有"保护动物或者地方重点保护野生动物，由县级以上地方人民政府野生动物保护主管部门和有关自然保护地管理机构按照职责分工没收猎获物、猎捕工具和违法所得，吊销狩猎证，并处猎获物价值 1 倍以上 10 倍以下罚款；没有猎获物或者猎获物价值不足 2000 元的，并处 2000 元以上 2 万元以下罚款；构成犯罪的，依法追究刑事责任。根据相关司法解释的规定，违反野生动物保护管理法规，以食用为目的，非法猎捕"三有"保护动物价值 1 万元以上的，以非法猎捕陆生野生动物罪定罪处罚。

本案中，中国豪猪、小麂和狗獾均属于"三有"保护动物。张某未取得狩猎证，猎捕上述野生动物，造成国家野生动物生态资源损失价值 3160 元。张某虽是为了防止野生动物破坏庄稼，但因其行为违法，要受到没收猎获物、猎捕工具和违法所得，并处猎获物价值 1 倍以上 10 倍以下罚款的行政处罚。

依据 》 附录扫码看全文

《中华人民共和国野生动物保护法》第 10 条、第 22 条、第 24 条、第 49 条，《中华人民共和国刑法》第 341 条，《最高人民法院、最高人民检察院关于办理破坏野生动物资源刑事案件适用法律若干问题的解释》第 8 条

150 可以随意放生美洲牛蛙吗？

2023 年 5 月，岳某与董某擅自将多只不属于某林区本地物种的美洲牛蛙投放在该林区甲村附近的村级公路、某国家公园境内的乙村村级公路的沿线，共投放至 4 个地点，对当地的生态系统造成危害。

【分析】外来入侵物种，是指传入定殖并对生态系统、生境、物种带来威胁或者危害，影响我国生态环境，损害农林牧渔业可持续发展和生物多样性的外来物种。2022 年 12 月 20 日，农业农村部、海关总署等六部门发布《重点管理外来入侵物种名录》（2023 年 1 月 1 日起施行），含 8 个类群 59 种，其中，植物有紫茎泽兰、豚草等 33 种，昆虫有美国白蛾、马铃薯甲虫、草地贪夜蛾

等 13 种，植物病原微生物有梨火疫病菌等 4 种，植物病原线虫有松材线虫 1 种，软体动物有非洲大蜗牛、福寿螺 2 种，鱼类有鳄雀鳝、豹纹翼甲鲶、齐氏罗非鱼 3 种，两栖动物有美洲牛蛙 1 种，爬行动物有大鳄龟、红耳彩龟 2 种。

根据生物安全法的规定，任何单位和个人未经批准，不得擅自引进、释放或者丢弃外来物种。未经批准，擅自释放或者丢弃外来物种的，由县级以上人民政府有关部门根据职责分工，责令限期捕回、找回释放或者丢弃的外来物种，处 1 万元以上 5 万元以下的罚款。涉嫌犯罪的，依法移送司法机关追究刑事责任。本案中，岳某和董某随意放生外来物种到某林区，由县人民政府林业主管部门责令限期捕回，处 1 万元罚款。

依据 >> 附录扫码看全文

《中华人民共和国生物安全法》第 60 条、第 81 条，《中华人民共和国刑法》第 344 条之一，《外来入侵物种管理办法》第 2 条、第 9 条、第 25 条

151 可以购买并饲养国家重点保护野生动物吗？

2022 年 7 月 6 日，李某在某花鸟鱼虫市场的一家店铺内以每只 20 元的价格，购买了 2 只幼鸟。购买后自行喂养，每日喂之以肉。2022 年 8 月 20 日，某市自然资源行政执法支队在李某家内将 2 只幼鸟全部查获。经鉴定，上述 2 只幼鸟为红脚隼，全部为活体，为国家二级重点保护野生动物。

【分析】国家禁止购买国家重点保护野生动物及其制品。因科学研究、人工繁育、公众展示展演、文物保护或者其他特殊情况，需要购买国家重点保护野生动物及其制品的，应当经省、自治区、直辖市人民政府野生动物保护主管部门批准，并按照规定取得和使用专用标识，保证可追溯，但国务院对批准机关另有规定的除外。

未经批准购买国家重点保护野生动物及其制品的，由县级以上人民政府野生动物保护主管部门和市场监督管理部门按照职责分工没收野生动物及其制品和违法所得，并处野生动物及其制品价值 2 倍以上 20 倍以下罚款，构成

犯罪的，以危害珍贵、濒危野生动物罪定罪，依法追究刑事责任。

本案中，李某非法购买国家重点保护野生动物红脚隼的行为违法，某市自然资源行政执法支队依法作出没收涉案的 2 只红脚隼，并处罚款的行政处罚。

【提示】根据相关司法解释的规定，危害珍贵、濒危野生动物罪要求犯罪嫌疑人主观上具有主观故意，即知道或应当知道是国家重点保护的珍贵、濒危野生动物还进行非法购买；客观上从事了收购行为且价值达到 2 万元以上，其中，"收购"包括以营利、自用等为目的的购买行为。

【依据 》 附录扫码看全文】

《中华人民共和国野生动物保护法》第 28 条、第 52 条，《中华人民共和国刑法》第 341 条，《最高人民法院、最高人民检察院关于办理破坏野生动物资源刑事案件适用法律若干问题的解释》第 5 条、第 6 条

152 商家可以组织村民电捕野生蚯蚓吗？

2023 年年初，刘某等蚯蚓商涌入某村，将电捕蚯蚓设备"地龙仪"发给村民并传授使用方法，让村民在耕地、撂荒地、草地、林地内捕捉野生蚯蚓，然后收购、加工并销往外地的中药材市场，形成一条捕杀、收购、加工、销售野生蚯蚓的"黑色产业链"。

【分析】任何组织和个人有保护野生动物及其栖息地的义务。禁止违法猎捕、运输、交易野生动物，禁止破坏野生动物栖息地。

根据野生动物保护法的规定，在自然保护地、禁猎区、禁猎期或者使用禁用的工具、方法猎捕其他陆生野生动物，破坏生态的，由县级以上地方人民政府野生动物保护主管部门和有关自然保护地管理机构按照职责分工没收猎获物、猎捕工具和违法所得，并处猎获物价值 1 倍以上 3 倍以下罚款；没有猎获物或者猎获物价值不足 1000 元的，并处 1000 元以上 3000 元以下罚款；构成犯罪的，依法追究刑事责任。

2023年中央一号文件强调要严厉打击电捕蚯蚓等破坏土壤行为。本案中，刘某等蚯蚓商为谋取不正当利益组织村民使用禁用工具电捕野生蚯蚓，违反了野生动物保护法的规定，应当没收猎获物、猎捕工具和违法所得，并处相应罚款。另外，电捕野生蚯蚓的行为严重破坏了土壤生态系统和生物多样性，损害了社会公共利益，刘某等蚯蚓商还应当承担生态环境损害赔偿的民事责任。

【提示】野生动物保护法规定，禁止使用毒药、爆炸物、电击或者电子诱捕装置以及猎套、猎夹、捕鸟网、地枪、排铳等工具进行猎捕，禁止使用夜间照明行猎、歼灭性围猎、捣毁巢穴、火攻、烟熏、网捕等方法进行猎捕，但因物种保护、科学研究确需网捕、电子诱捕以及植保作业等除外。

依据》 附录扫码看全文

《中华人民共和国野生动物保护法》第6条、第24条、第49条

153 采挖人工培育的银杏树，会构成犯罪吗？

2021年3月6日，钟某与甲村村委会签订合同，约定由钟某砍伐、移植工程建设所征用的该村小组背后山岭指定范围内的树木，并自行办理运输放行等相关手续。同月9日，钟某依法申领了《商品林采伐许可证》，采伐期限为2021年3月9日至3月30日。在此期间，钟某雇请工人对伐区内树木进行采伐，镇林业工作站派出工作人员到场检尺，并开具《木材运输证》等放行手续。伐区内有3棵人工培育10年的银杏树，被钟某采挖并打算移植。钟某从伐区往外运输木材和银杏树时被森林警察查获。

【分析】根据刑法规定，违反国家规定，非法采伐、毁坏珍贵树木或者国家重点保护的其他植物的，或者非法收购、运输、加工、出售珍贵树木或者国家重点保护的其他植物及其制品的，处3年以下有期徒刑、拘役或者管制，并处罚金；情节严重的，处3年以上7年以下有期徒刑，并处罚金。古树名木以及列入《国家重点保护野生植物名录》的野生植物，属于危害国家重点保护植

物罪所保护的"珍贵树木或者国家重点保护的其他植物"。

根据野生植物保护条例等规定，野生植物，是指原生地天然生长的珍贵植物和原生地天然生长并具有重要经济、科学研究、文化价值的濒危、稀有植物；百年以上树龄的树木，稀有、珍贵树木，具有历史价值或者重要纪念意义的树木，均属古树名木。而人工培育的植物，除古树名木外，不属于危害国家重点保护植物罪所保护的"珍贵树木或者国家重点保护的其他植物"。

本案中，钟某持有《商品林采伐许可证》，其采挖的银杏树系人工培育的非野生植物，且人工培育仅10年，不属于古树名木，不是危害国家重点保护植物罪的保护对象，故不构成犯罪。

依据 》 附录扫码看全文

《中华人民共和国森林法》第56条，《中华人民共和国刑法》第344条，《中华人民共和国野生植物保护条例》第2条，《城市绿化条例》第24条，《最高人民法院关于审理破坏森林资源刑事案件适用法律若干问题的解释》第2条，《最高人民法院、最高人民检察院关于适用〈中华人民共和国刑法〉第三百四十四条有关问题的批复》第1条、第2条

154 可以在自然保护区内砍伐林木吗？

某县某村村民谢某、马某到该村山上砍伐村集体种植的枫树，用于烧炭出售牟利，后被公安机关查获。该集体林地位于州级自然保护区内。经勘验，二人盗伐林木的立木蓄积达14.085立方米。某县检察院向某县法院提起公诉并提起附带民事公益诉讼。

【分析】根据森林法、自然保护区条例的规定，一般情况下，自然保护区范围的林木是严禁采伐的，因防治林业有害生物、森林防火、维护主要保护对象生存环境、遭受自然灾害等特殊情况必须采伐的和实验区的竹林除外。

根据刑法及相关司法解释的规定，行为人以非法占有为目的，具有下列情

形之一，且盗伐林木数量较大的，应当以盗伐林木罪定罪处罚：（1）未取得采伐许可证，擅自采伐国家、集体或者他人所有的林木的；（2）违反森林法第56条第3款的规定（非林地上的农田防护林、防风固沙林、护路林、护岸护堤林和城镇林木等的更新采伐，由有关主管部门按照有关规定管理），擅自采伐国家、集体或者他人所有的林木的；（3）在采伐许可证规定的地点以外采伐国家、集体或者他人所有的林木的。涉案林木具有下列情形之一的，应当认定为"数量较大"：（1）立木蓄积5立方米以上的；（2）幼树200株以上的；（3）数量虽未分别达到（1）（2）两项规定的标准，但按相应比例折算合计达到有关标准的；（4）价值2万元以上的。如果数量达到上述（1）至（4）项规定标准10倍、50倍以上，应当分别认定为"数量巨大""数量特别巨大"。盗伐国家级自然保护区内的森林或者其他林木的，从重处罚。

本案中，谢某、马某以非法占有为目的，未取得采伐许可证，擅自砍伐州级自然保护区内集体所有的林木，盗伐林木的立木蓄积为14.085立方米，达到"数量较大"标准，其行为已构成盗伐林木罪，应依法追究刑事责任。同时，二人盗伐林木的行为对国家生态环境造成了破坏，还应承担生态环境损害修复责任。

依据》 附录扫码看全文

《中华人民共和国森林法》第55条、第56条、第76条，《中华人民共和国刑法》第345条，《中华人民共和国民法典》第1234条，《中华人民共和国自然保护区条例》第26条、第35条，《最高人民法院关于审理破坏森林资源刑事案件适用法律若干问题的解释》第3条、第4条、第12条

第五章　特定群体保护

一、未成年人

　　未成年人是指未满 18 周岁的公民。目前，我国已形成以宪法为保障，以未成年人保护法与预防未成年人犯罪法为核心，以民法典、义务教育法、刑法等法律为内容，以行政法规、司法解释、部门规章、地方性法规为有益补充的较为完善的未成年人保护法律体系。加强未成年人保护是国家、社会、学校和家庭共同的责任。

155　家长不管孩子，谁来管？

　　小楚不到 6 岁时父母离婚，小楚被判给了母亲。一年后，因母亲和外祖父相继去世，外祖母也早已不在，而再婚的父亲张某在外打工不管小楚，小楚从留守儿童变成了"流浪"儿童。市民政局委托一所小学暂时照顾小楚。市检察院多次教育、训诫张某，责令他履行对小楚的监护职责，但张某始终以再婚家庭不接受小楚为由拒绝。后市民政局依法提起诉讼，请求撤销张某对小楚的监护资格并指定自己为小楚的监护人，市检察院出庭支持了市民政局的起诉。

【分析】父母是未成年子女的法定监护人,有保护被监护人的身体健康、照顾被监护人的生活、管理被监护人的财产等义务。本案中,小楚母亲去世后,父亲张某作为第一顺位的法定监护人,从未主动担负抚养小楚的职责,也从未主动看望过小楚,甚至在相关部门的教育、训诫下,仍以再婚为由拒不履行自己的监护职责,导致小楚长期处于居无定所、生活无着、无人关爱的状态,身心受到了无法弥补的伤害。

根据民法典、未成年人保护法的规定,监护人不履行监护职责或者严重侵害被监护人合法权益的,人民法院可以根据有关人员或单位的申请,撤销其监护人资格,并依法另行指定监护人。本案中,法院受理案件后,通过调查了解到:小楚的其他近亲属及他所在村的村委会均缺乏监护抚养能力;父亲张某坚持放弃对小楚的监护权,拒绝履行监护职责;由于长期缺失父爱,小楚对张某极为陌生和排斥。据此,法院支持了市民政局的诉讼请求,帮小楚找到一个家。

依据 》 附录扫码看全文

《中华人民共和国民法典》第 36 条,《中华人民共和国未成年人保护法》第 108 条

156 在学校被同学欺凌,能要求校方担责吗?

小郑是县城一所寄宿中学初一的学生。开学不久,内向、胆小的他就受到两名同班同学的欺负。他们不仅对小郑拳打脚踢,还用笔扎,甚至用火烤刀片烫小郑。由于受到威胁,小郑一直不敢声张,直到公安部门介入,家长才得知真相。经医院检查,小郑皮肤多处挫伤、擦伤及软组织肿胀,并患有精神抑郁症。小郑家长将两名学生及其法定代理人以及学校一并告上法庭。

【分析】本案涉及的是典型的学生欺凌,也就是学生之间一方蓄意或恶意通过肢体、语言及网络等手段实施欺压、侮辱,造成另一方人身伤害、财产损失或者精神损害的行为。根据民法典的规定,由于欺凌小郑的两名学生是未成

年人，他们的监护人必须为孩子的欺凌行为依法承担责任。但是，对未成年人依法负有教育、管理、保护义务的学校，是否要对小郑受到的伤害负责呢？

根据未成年人保护法的规定，学校应当建立学生欺凌防控工作制度，开展有关教育和培训；对学生欺凌行为应当立即制止，通知未成年学生的监护人参与欺凌行为的认定和处理；对未成年学生应及时给予心理辅导、教育和引导，对监护人给予必要的家庭教育指导；对实施欺凌的未成年学生，应当依法加强管教；对严重欺凌行为不得隐瞒，应当及时向公安机关、教育行政部门报告，配合依法处理。如果学校未尽到职责范围内的相关义务，并因此致使未成年人遭受人身损害，或者未成年人致他人人身损害，学校应依法承担与其过错相应的赔偿责任。

本案中，经调查，学校虽然开展过防控学生欺凌方面的宣传教育，但法院认为，小郑在住校期间被两名同学以多种方式多次欺凌，并因此身体受伤、精神抑郁，足以证明学校没有尽到教育、管理、保护责任，依法应承担相应的赔偿责任。最终，法院酌定两名实施欺凌的未成年人的法定代理人承担 60% 的赔偿责任，学校承担 40% 的赔偿责任。

【提示】学生欺凌行为通常包括：殴打、脚踢、掌掴、抓咬、推撞、拉扯等侵犯他人身体或者恐吓威胁他人；以辱骂、讥讽、嘲弄、挖苦、起侮辱性绰号等方式侵犯他人人格尊严；抢夺、强拿硬要或者故意毁坏他人财物；恶意排斥、孤立他人，影响他人参加学校活动或者社会交往；通过网络或者其他信息传播方式捏造事实诽谤他人、散布谣言或者错误信息诋毁他人、恶意传播他人隐私。

依据 >> 附录扫码看全文

《中华人民共和国民法典》第 1188 条、第 1200 条，《中华人民共和国未成年人保护法》第 39 条，《未成年人学校保护规定》第 21 条

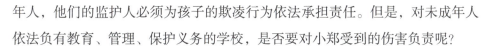

157 **发现未成年人遭性侵，该怎么办？**

小学教师张某在宿舍性侵了一名女学生。分管学校安全工作的县教育局

副局长杨某第一时间听取了情况汇报和相关处理意见。可杨某既不同意报警，也没向领导汇报，而是默许张某与受害学生家属私下赔偿了结，继续任教。几天后，张某又对其他未成年女学生实施了强奸。公安机关通过网络获知此事后立即行动，将张某绳之以法。不仅如此，检察机关以玩忽职守罪对杨某提起公诉。

【分析】未成年人相对单纯，缺乏自我保护的意识和能力，容易相信他人，成为不法行为侵害的对象。防范和依法打击性侵害未成年人犯罪，是未成年人保护工作的重点，需要全社会的共同参与。对于一些具有特殊身份的人来说，更是其不容推卸的法定职责。

根据未成年人保护法的规定，国家机关、居委会、村委会和密切接触未成年人的单位及其工作人员，如果在工作中发现未成年人身心健康受到侵害、疑似受到侵害或者面临其他危险的情形，应当立即向公安、民政、教育等有关部门报告。本案中，杨某担任县教育局副局长，分管学校安全工作，具有国家机关工作人员和密切接触未成年人的单位工作人员的双重身份。第一时间报告工作中发现的侵害未成年人的行为，是杨某的法定职责。然而，杨某在听取相关汇报后，无视自己的法定职责，既不同意报警也没有向上级领导反映，在一定程度上造成了危害结果的进一步扩大，产生了恶劣的社会影响。杨某的犯罪事实清楚，证据确实充分，其行为已经构成玩忽职守罪，理应受到法律的制裁。

【提示】未成年人遭遇性侵害，有两点必须知晓：一是应当第一时间告诉家长、老师，并及时报警，选择沉默有可能再次被侵害；二是不要急于洗澡换衣服，避免证据灭失导致无法追究犯罪。家长和学校应当密切关注未成年人的心理状况变化，根据情况进行精神卫生检查和必要的心理干预。

遭受性侵害的未成年人及其法定代理人，可以在检察院提起公诉时提起附带民事诉讼，也可以单独提起民事诉讼，要求实施性侵者赔偿损失。未成年人遭受性侵害的损害赔偿请求权的诉讼时效期间，自受害人年满18周岁之日起计算。

依据 >> 附录扫码看全文

《中华人民共和国未成年人保护法》第11条，《中华人民共和国刑法》第

397 条,《中华人民共和国民法典》第 191 条

158 孩子上不上学，只是自家的事吗？

马哥的女儿小学毕业了，如果继续读书就要送到镇上的中学。马哥觉得一个女娃读太多书没什么用，还很费事，开学后没有让女儿继续上学。镇政府向马哥下达了《责令送被监护人接受义务教育通知书》，并多次和学校教师一同到其家中做工作，但马哥一直未将女儿送入学校就读。多次劝导教育无果，镇政府依法作出《行政处罚决定书》，责令马哥限期将女儿送到学校接受并完成义务教育，对其处以罚款 1000 元，并限期缴纳。收到《行政处罚决定书》后，马哥未申请行政复议或提起行政诉讼，也未履行行政处罚决定。镇政府遂向县人民法院申请强制执行。

【分析】义务教育法规定，义务教育是所有适龄儿童、少年必须接受的教育，父母或者其他法定监护人有义务保证适龄儿童、少年按时入学接受义务教育，并有义务保证孩子完成义务教育。如果孩子因身体状况需要延缓入学或休学，必须获得当地乡镇政府或县政府教育行政部门的批准。

义务教育不仅是一家一户自己的事，更是关系到培养"四有"社会主义建设者和接班人的公益性事业，各级人民政府及其有关部门应当履行法律规定的各项职责予以保障。本案中，马哥的女儿没有完成 9 年义务教育，马哥无正当理由不让女儿继续读书的行为违反了义务教育法。对马哥的这种违法行为，当地乡镇政府或者县政府教育行政部门应当给予批评教育，并责令限期改正。本案中，镇政府对马哥的行政处罚，正是在履行法律规定的职责。

依据 >> 附录扫码看全文

《中华人民共和国义务教育法》第 11 条、第 58 条，《中华人民共和国未成年人保护法》第 83 条，《中华人民共和国行政诉讼法》第 97 条，《教育行政处罚暂行实施办法》第 11 条

159 教育孩子还要受法官指导吗？

小杜父母长期在外务工，亲子关系生疏。小杜初中毕业后待业，结交社会闲散人员。16岁时，小杜因涉嫌非法拘禁罪被刑事拘留，但其父母未予重视，仍疏于管教。17岁时，小杜因涉嫌聚众斗殴罪被逮捕。法院审理认定，小杜构成聚众斗殴罪，判处有期徒刑10个月，缓刑1年。同时，法院注意到了小杜父母家庭教育失范的问题，于是向他们签发了家庭教育令，责令他们承担起家庭教育的主体责任，引导他们关注小杜的身心健康状况。

【分析】家庭教育，是指父母或者其他监护人为促进未成年人全面健康成长，对其实施的道德品质、身体素质、生活技能、文化修养、行为习惯等方面的培育、引导和影响。家庭教育缺失，是隐藏在未成年人犯罪背后的深层原因。预防和减少未成年人犯罪，帮教挽救迷途未成年人回归正轨，不仅需要刑罚手段干预，更需要广大家长落实家庭教育责任，营造良好家庭环境。

根据家庭教育促进法的规定，公检法机关在办理案件过程中，发现未成年人存在严重不良行为或者实施犯罪行为，或者未成年人的父母或者其他监护人不正确实施家庭教育侵害未成年人合法权益的，根据情况对父母或者其他监护人予以训诫，并可以责令其接受家庭教育指导。

本案中，小杜父母与小杜亲子关系生疏，怠于履行家庭教育责任，法院以家庭教育令要求小杜父母多与小杜沟通交流，密切关注他的心理健康状况及情感需求，向他灌输积极向上的思想观念，帮助小杜早日回归正轨。在法院的持续跟踪帮教下，小杜父母在家庭教育理念、责任意识等方面均有不同程度的提升。小杜刑满释放后与父母共同生活，家庭监护、亲子关系得到改善。

【提示】未成年人的父母发现未成年人行为异常时，不得拒绝或者怠于履行监护职责，应当教育未成年人崇德向善，培养其良好的社会公德、家庭美德、个人品德意识和法治意识，切实承担起对未成年人实施家庭教育的主体责任，推动法治教育与家庭教育的联动，促进未成年人健康成长和全面发展。

依据 》》附录扫码看全文

《中华人民共和国家庭教育促进法》第 14 条、第 15 条、第 16 条、第 49 条，《中华人民共和国未成年人保护法》第 16 条、第 113 条

160 孩子被幼儿园同学家长打伤，园方有责任吗？

幼儿园放学了，小许妈妈接到小许后没有走，而是找到还在老师组织队伍中的小徐，猛扇了小徐两个耳光，并转身要走。老师见状，立刻让保安拦下小许妈妈，然后报警。经医生检查，小徐存在皮肤挫伤、中等应激性情绪障碍等症状。事发后，幼儿园安排老师看望小徐、安抚家长。小徐爸爸不同意协商解决，将小许妈妈告上法庭，并要求幼儿园承担连带赔偿责任。

【分析】根据民法典的规定，无民事行为能力人或者限制民事行为能力人在幼儿园、学校或者其他教育机构学习、生活期间，受到幼儿园、学校或者其他教育机构以外的第三人人身损害的，由第三人承担侵权责任；幼儿园、学校或者其他教育机构未尽到管理职责的，承担相应的补充责任。幼儿园、学校或者其他教育机构承担补充责任后，可以向第三人追偿。本案中，幼儿园在第一时间阻拦小许妈妈离开并报警，事发后还看望了小徐及其家长，措施是妥当的，态度也是积极的，但其是否尽到了管理职责呢？

答案是否定的。法院查明，幼儿园每名学生均有对应卡。学生在幼儿园，卡在接送人手中；学生交给接送人，卡回到幼儿园。而小徐被打时她的卡在接送人手里，法院据此认定，当时幼儿园还没有将小徐交给接送人。小徐此时被打，说明幼儿园在管护控制中未尽到注意、防范义务，因此其对小徐被打应当依法承担相应的责任。那么，民法典规定的幼儿园承担的"补充责任"，和小徐爸爸主张的"连带责任"是一回事吗？

答案还是否定的。就本案而言，连带责任是说，幼儿园和小许妈妈都有侵权责任，小徐爸爸对二者中的任何一个或全体，都可请求其部分或全部赔偿小徐的损失，排名不分先后；补充责任则是说，幼儿园没有侵权责任，小徐爸爸

应当先请求小许妈妈赔偿，当小许妈妈清偿不能时，才可就其不能偿付部分请求幼儿园承担补充清偿责任，幼儿园清偿后可以向小许妈妈追偿。而最终法院判令幼儿园承担的也正是这种补充责任。

依据 》 附录扫码看全文

《中华人民共和国民法典》第 1201 条

二、妇 女

党的二十大报告中提出"坚持男女平等基本国策，保障妇女儿童合法权益"，为新时代妇女事业发展指明方向。妇女在政治、经济、文化、社会、家庭等领域应当享有与男子同等的权利，妇女的特殊利益应受到保障。我国维护妇女权益、发展妇女事业的法律体系包括宪法、民法典、妇女权益保障法、劳动法、人口与计划生育法以及反家庭暴力法等。保障妇女的合法权益是全社会的共同责任。

161 **买媳妇，会有什么法律后果？**

白某年过半百，残疾儿子一直娶不上媳妇，成了她的心病。2018 年，在尚某的介绍下，白某从人贩子仝某手中以 13 万元的价格买了一个不懂中文的外籍妇女做儿媳。该妇女起先很顺从，白某对她很好。然而就在与白某儿子成亲前，该妇女借机逃走了。白某思前想后，主动到县公安局自首。后仝某、尚某被抓获。

【分析】众所周知，拐卖妇女是严重的刑事犯罪。但如果没有参与拐卖，只是收买了被拐卖的妇女，对被拐卖妇女不虐待、不转卖，而是真心实意地把被拐卖妇女当家里人，会触犯刑法吗？

妇女享有与男子平等的人身和人格权益，不受任何非法侵犯。无论拐卖妇女，还是收买被拐卖的妇女，都是犯罪。同时，我国保护在中国境内的外国人的合法权利和利益。拐卖以及收买被拐卖的外国妇女，同样要承担刑事责任。

根据刑法的规定，不以出卖为目的，明知是被拐卖的妇女而收买，不论被拐卖的妇女是否同意被收买，只要收买关系成立，即构成收买被拐卖的妇女罪，处 3 年以下有期徒刑、拘役或者管制。本案中，白某明知外籍妇女是被拐卖的妇女而予以收买，已构成收买被拐卖的妇女罪。由于白某系自首，最终法院予以从轻处罚。

【提示】保障妇女的合法权益是全社会的共同责任。对于买卖妇女的行为，各级人民政府和相关部门，以及村民委员会、居民委员会都应当按照各自的职责及时发现报告，并采取措施解救被拐卖的妇女，做好被解救妇女的安置、救助和关爱等工作。妇女联合会协助和配合做好有关工作。任何组织和个人不得歧视被拐卖的妇女。

依据 》 附录扫码看全文

《中华人民共和国宪法》第 32 条，《中华人民共和国妇女权益保障法》第 4 条、第 18 条、第 22 条，《中华人民共和国刑法》第 241 条

162　一出嫁原有的土地承包经营权就没了吗？

一轮承包时，甲村苏老汉家分得 9.6 亩地，包括苏女在内的家庭成员 6 人每人 1.6 亩。后苏女嫁入乙村，户口也迁入了乙村，但未在乙村分得土地。1999 年，甲村开展二轮土地承包，对一轮承包土地进行延包。苏老汉作为家庭代表与村委会签订了承包合同，注明共分得 9.6 亩地，包括其家庭成员 6 人。之后，苏女要求将自己的 1.6 亩地交还给自己耕种。苏老汉以老伴去世、儿子娶妻生子，二轮承包时的 6 名家庭成员中已不包括苏女为由，予以拒绝。

【分析】农村土地的承包是以户为单位的，集体土地一旦交由农户承包，

执行"增人不增地，减人不减地"的规定。一轮承包时，苏老汉和苏女等 6 人对村集体土地以家庭方式取得法定的用益物权，每人均是土地承包经营权共有人，依法享有自己一份占有、使用和收益的权利，任何组织和个人无权剥夺。

根据农村土地承包法的规定，农村土地承包经营，妇女与男子享有平等的权利。承包中应当保护妇女的合法权益，任何组织和个人不得剥夺、侵害妇女应当享有的土地承包经营权。承包期内，妇女结婚，在新居住地未取得承包地的，发包方不得收回其原承包地。本案中，苏女虽然出嫁并迁出户口，但在新居住地没有取得承包地，因此，二轮承包时她仍然享有原居住地的承包地。

依据》 附录扫码看全文

《中华人民共和国妇女权益保障法》第 55 条，《中华人民共和国农村土地承包法》第 6 条、第 31 条，《中华人民共和国民法典》第 332 条

163 外出打工未婚生子，能和孩子参与村里征地补偿款分配吗？

罗某 16 岁外出打工，未婚生育了小罗。罗某户口一直在原村民小组，分得了承包地，小罗也随母落户。早先全组村民达成协议书，商定"嫁出户的人无论户口是否迁出都不分责任田，如遇国家征收或组上土地承租，按分责任田人口计算分摊"。后村民小组获得一笔征地补偿款，就按协议书决定：村民人均分配 12 万余元，罗某分 3 万元，小罗不分配。罗某和小罗要求获得同等待遇。

【分析】本案的关键是判断罗某和小罗是否具有该集体经济组织成员资格。关于集体经济组织成员资格的认定标准，现有法律没有具体规定，参考处理此类案件法院的普遍观点，可大致概括如下：一是征地补偿方案确定时，当事人户籍是否仍在原集体经济组织；二是征地补偿方案确定时，当事人是否仍在集体经济组织实际生产和生活；三是当事人是否仍以原集体经济组织的土地为基本生活保障；四是参考当事人所在集体经济组织的村民代表大会讨论意见。

本案中，虽然征地补偿款的分配方案是根据全组村民讨论通过的协议书确定的，但是，根据村民委员会组织法和妇女权益保障法的规定，该协议书与国

家的法律政策相抵触，侵犯了妇女权益，不能作为否认罗某成员资格的依据。尽管罗某未婚生子，但户口从未迁出，也没有证据证明其承包地调整过，罗某仍然以该村民小组的土地作为基本生活保障，因此，罗某和随母落户的小罗具有该集体经济组织成员资格，在征地补偿款分配中均应获得平等待遇。

【提示】妇女在农村集体经济组织成员身份确认、土地承包经营、集体经济组织收益分配、土地征收补偿安置或者征用补偿以及宅基地使用等方面，享有与男子平等的权利。村民自治章程、村规民约，村民会议、村民代表会议的决定以及其他涉及村民利益事项的决定，不得以妇女未婚、结婚、离婚、丧偶、户无男性等为由，侵害妇女在农村集体经济组织中的各项权益。

依据》 附录扫码看全文

《中华人民共和国妇女权益保障法》第 55 条、第 56 条，《中华人民共和国村民委员会组织法》第 27 条

164 遭遇性骚扰，证据哪里找？

一天傍晚，妇女张某正在山上干农活时，同村的鲁老汉突然在其身后搂其腰部、触碰其臀部，并言语下流。张某逃回家后，出现了精神紊乱、无法入睡等症状，经医生诊断为中度抑郁症。张某先后两次到市精神病医院住院，花费数千元医疗费。张某多次向鲁老汉索赔被拒后，诉至法院。

【分析】法律禁止违背妇女意愿，以言语、文字、图像、肢体行为等方式对妇女实施性骚扰。受害妇女有权依法请求行为人承担民事责任。虽然生活中妇女遭遇性骚扰的情况并不少见，但是像本案中张某这样能成功立案的民事案件却并不多。究其原因，绝大部分是证据不足。那么，本案的证据是如何固定的呢？

起初，鲁老汉对张某的主张全部否认，说张某住院是因为旧病复发，自己没有骚扰张某。但是，当张某向法庭提交了另外一起行政诉讼案件的材料后，鲁老汉只好改口。原来，张某在遭遇性骚扰后及时报警，市公安局经调查后认定鲁

老汉的行为违反了治安管理处罚法，对其处以拘留 7 日的行政处罚。张某认为上述处罚过轻，提起了行政诉讼。尽管张某在行政诉讼中败诉，但行政诉讼的案件材料在本案的民事诉讼中却成为认定鲁老汉实施性骚扰的"铁证"。

法院依法采信了《行政处罚决定书》《行政判决书》等证明材料，结合张某住院治疗的相关证据，不仅认定了鲁老汉对张某实施的性骚扰，还认定了鲁老汉的行为与张某住院治疗之间存在因果关系，得出侵权人鲁老汉依法应承担相关民事赔偿责任的结论。最终，判处鲁老汉赔偿张某医疗费、伙食补助费、护理费、交通费、误工费等合计 2 万余元，保护了张某的合法权益。

【提示】性骚扰案件难在举证。本案的启示是，同留存录音录像、调取监控录像、寻找目击证人相比，及时报警更是获得证据、将侵害者绳之以法的关键。

依据 >> 附录扫码看全文

《中华人民共和国妇女权益保障法》第 23 条，《中华人民共和国民法典》第 1010 条

165 用工自由，不招女性违法吗？

三级中式烹调师梁某是个热爱烹饪的姑娘。某日，她在网上看到一家酒楼招聘厨房学徒，前去应聘。填写了入职申请表后，酒楼却没安排面试，说是学徒已招满。几天后，梁某又在网上看到该酒楼招聘厨房学徒的广告，其中明确"只招男性"。梁某前去理论，酒楼前台明确告诉她厨房学徒不招女性。梁某以酒楼侵犯其就业平等权为由提起诉讼。

【分析】男女平等是我国的基本国策。劳动法、妇女权益保障法和就业促进法明确规定，妇女享有与男子平等的就业权利，除国家规定不适合妇女的工种或者岗位外，招聘者不得以性别为由拒绝录用妇女或提高妇女的录用标准。

本案中，酒楼所招聘的岗位并非不适合妇女的工种以及岗位。但酒楼在招聘过程中，始终没有具体审查梁某的能力是否满足岗位要求，而是直接以梁某的性别为由拒绝梁某应聘，拒绝给予梁某平等面试的机会。这种行为是对女性

应聘者的歧视，侵犯了梁某平等就业的权利，应承担相应的民事责任。梁某在意识到权利受到侵犯时，积极收集并固定了酒楼实施就业歧视的关键证据：一是对酒楼只招男性的招聘广告网页进行了公证，二是对酒楼前台告知其不招女性的情况进行了录音录像。最终，法院根据梁某提交的招聘广告网页公证书、录音录像以及证人证言等能够相互印证的证据，认定酒楼存在就业歧视行为，判令其承担侵权责任。

依据 》 附录扫码看全文

《中华人民共和国劳动法》第 12 条、第 13 条，《中华人民共和国妇女权益保障法》第 43 条，《中华人民共和国就业促进法》第 27 条

三、老年人

在我国，老年人是指 60 周岁以上的公民。随着国家老龄化进程的加快，老年人权益保护问题凸显。为保护老年人的合法权益，国家专门出台了老年人权益保障法。此外，宪法、刑法、民法典和劳动法等重要法律，也都对保护老年人合法权益作出规定。在家庭生活中，特别是在面对儿女时，老年人尤其是乡村老年人，一定要清楚自己究竟有哪些合法权益，知道如何用法律来保护自己。

166 对孩子未尽到抚养义务，老了能要求赡养吗？

父母离婚时，张某 10 岁。后张某跟着父亲长大，母亲没管过他。母亲退休后虽有退休金，但因病生活困难。张某 35 岁时，母亲起诉要求他履行赡养

义务。张某认为母亲在自己的成长中"缺席"，拒绝履行赡养义务。经审理，法院判决，除了医药费，张某每年给母亲6000元赡养费。张某40岁时，母亲又起诉要求他支付5年来医保不报销的医药费，每年的赡养费增加到9600元，并且要在春节、五一、中秋、国庆看望自己。张某认为，医药费不能报销是母亲未经批准擅自转院就医所致，经济困难也与母亲不合理消费有关，自己收入不高又在外地工作，因此不同意母亲的诉讼请求。

【分析】赡养老人是中华民族的优良传统。民法典明确规定，成年子女对父母负有赡养、扶助和保护的义务。老年人权益保障法也要求赡养人履行对老年人经济上供养、生活上照料和精神上慰藉的义务，照顾老年人的特殊需要，使患病的老年人及时得到治疗和护理，对经济困难的老年人提供医疗费用等。

成年子女对父母的赡养义务并不以父母曾经抚养自己为前提。成年子女不能以父母"缺席"，未尽抚养、教育义务为由，拒绝履行赡养父母的义务。本案中，张某的母亲虽然在离婚后未尽到对张某的抚养义务，但张某对母亲的赡养义务并不因此而发生改变。既然张某的母亲由于自身疾病造成生活困难，张某理应尽赡养义务。

赡养关系的双方当事人均应从家庭和睦的角度出发解决矛盾。父母应体谅子女的困难，加强沟通和理解；子女除应从物质上保障老人的日常生活外，亦应从精神上尽到抚慰的义务，帮助老人安度晚年。据此，法院判令张某承担部分医药费；将赡养费调整为每年7800元，同时提醒张某母亲应尽量减少不必要的支出；张某每年至少选一个法定节假日看望母亲一次。

依据 》 附录扫码看全文

《中华人民共和国老年人权益保障法》第14条、第15条、第18条，《中华人民共和国民法典》第26条、第1067条

167 安置房不在老人名下，老人就不能居住吗？

早先，李某夫妇和两个儿子都在李某名下宅基地房屋内居住。后来，李某

申请了一处新宅基地，给老大结婚用。李某去世后，李老太、老二及其妻孩继续在旧宅基地房屋内居住。新农村建设开始后，两个儿子用新旧两处宅基地及房屋分别置换了两套安置房。李老太随老二搬入新居后不久，老二就以安置房在自己名下，老大也应尽赡养义务为由，将李老太赶出家门。李老太起诉请求确认自己对老二安置房享有永久的居住权。

【分析】尊老爱幼是传统美德，赡养老人是法定义务。本案中，李老太年事已高，儿子应精心呵护、照顾她，让她有一个安详、幸福的晚年。老年人权益保障法规定，赡养人应当妥善安排老年人的住房。因此，不管李老太对老二的安置房是否享有权益，老二将母亲赶出家门的做法都不合法。

不仅如此，土地管理法明确规定，农村村民一户一宅。本案中，旧宅基地使用权原先登记在李某名下，李某去世后旧宅基地使用权由仍在旧宅同户居住的李老太、老二及其妻孩共同享有。法院查明，本案涉及的旧村改造搬迁安置政策，拆迁对象只限该村集体成员。据此，老二用旧宅基地及房屋置换的安置房应为同户居住的家庭成员共有，李老太是该房屋的共有人。

但是，考虑到当时的拆迁安置政策及农村的风俗人情，结合李老太的诉讼请求，法院最终未认定李老太和老二一家对安置房的共有，而是支持了李老太的诉讼请求，认定她对涉案房屋享有永久居住权。

依据 >> 附录扫码看全文

《中华人民共和国老年人权益保障法》第16条，《中华人民共和国土地管理法》第62条

168 老人让孩子保管存折，孩子能说取就取吗？

老伴过世后，丁老太从老三家搬到老二家，并把身份证、银行卡及存折交给老二夫妇保管。老二夫妇本不知道存款密码，后来老三媳妇为省事就把密码告诉了他们。几年后老二过世，丁老太住回老三家。丁老太取钱时发现，老二夫妇在自己不知道的情况下一共提取47万元。震惊之余，丁老太将老二媳妇

告上法庭，请求从上述 47 万元中，按照每年 5000 元的标准扣除她这几年生活在老二家的生活费后，将余额返还给她。

【分析】根据民法典和老年人权益保障法的规定，老年人对个人财产，依法享有占有、使用、收益和处分的权利，子女或者其他亲属不得干涉，不得以窃取、骗取、强行索取等方式侵犯老年人的财产权益；不动产或者动产被他人无权占有的，权利人可以请求返还原物。

本案中，老二夫妇与丁老太共同居住期间，保管丁老太的银行卡和存折，并从中提取共计 47 万元。钱是老二夫妇取的，如果老二媳妇不能证明他们取钱的合法依据，那么这些钱就应当返还。

实际上，老二媳妇无法提供充分证据证明其提取的钱款交给了丁老太或者是为丁老太生活开支使用。老二媳妇主张部分款项属于赠与财产，却不能提供丁老太作出明确赠与意思表示的证据；还主张部分款项为丁老太同意给老二治病所用，同样也不能提供充分证据证明丁老太有明确的意思表示，而高龄的丁老太对成年子女并无法定的抚养义务。最终，由于老二媳妇不能证明他们取钱的合法依据，法院支持了丁老太的诉讼请求。

依据》 附录扫码看全文

《中华人民共和国老年人权益保障法》第 22 条，《中华人民共和国民法典》第 235 条、第 240 条、第 266 条、第 267 条

四、残疾人

残疾人事业是中国特色社会主义事业的重要组成部分，扶残助残是社会文明进步的重要标志。党中央、国务院高度重视残疾人事业发展，对

残疾人格外关心、格外关注。目前，我国已经建立起以残疾人保障法为主干，以无障碍环境建设法和《残疾人教育条例》《残疾人就业条例》《残疾预防和残疾人康复条例》等为重要支撑的残疾人权益保障法律法规体系。除专门性保护外，刑事、民事、行政等方面的法律法规也为残疾人提供了综合性法律保护。

169 申请残疾人证，对残疾评定结论有异议怎么办？

　　因听力受损，于某在县残联官网上申办残疾人证。县残联评定系统发出告知单，要求他到县第一医院评残。经检测，县第一医院出具《残疾人证评定表》，在表中注明于某的听力损失不够评残级别。于某不认同上述评定结果，该怎么办？

　　【分析】残疾人证是认定残疾人及其残疾类别、残疾等级的合法凭证，是残疾人依法享有国家和地方政府优惠政策的重要依据。残疾评定标准为国家标准《残疾人残疾分类和分级》（GB/T 26341—2010）。县级残联负责残疾人证的申办受理、核发管理等工作。

　　残疾人证的核发程序包括以下几个步骤。首先，申请人提出申办残疾人证的申请。然后，由县级残联审核受理，由指定机构对于申办残疾人证的申请人进行残疾评定，按照残疾标准作出明确的残疾类别和等级评定结论，依法进行公示。最后，由县级残联对办证申请材料、受理程序、残疾评定结论和公示结果进行审核，评定结论不符合残疾标准者，不予办理。

　　残疾人证申请人对评定结论有异议的，可在 10 个工作日内到所在地市级残联申请重新评定，经地市级残联同意后到指定的医院或专业机构进行残疾评定；如仍有异议，可向省级残联提出申请，由省级残疾评定专家委员会组织专家进行评定，该评定结论为最终结论。本案中，于某可以向市残联申请重新评定，如仍有异议，可向省残联提出申请。

【提示】残疾人证办理不受户籍地限制，新办、换领、迁移、挂失补办、注销、残疾类别（等级）变更等6项事项实行"跨省通办"。

依据 》附录扫码看全文

《中华人民共和国残疾人证管理办法》第2条、第7条、第9条、第25条

170 什么是残疾人基本康复服务？

村民老叶驾驶电动三轮车外出，与一辆货车碰撞，老叶受重伤，导致双腿截肢。伤愈后老叶觉得干什么都不方便，想安装假肢，可假肢昂贵的价格老叶却负担不起。老叶听说残联有个"小康"工程，像他这样下肢截肢装配假肢的可以获得补贴。这究竟是个什么工程，会有这样的好事吗？

【分析】老叶听说的"小康"工程，全称是"残疾人共享小康工程"，是依据《国务院关于加快推进残疾人小康进程的意见》实施的残疾人保障工程。国务院指出没有残疾人的小康就不是真正意义上的全面小康，为此要求各级政府健全残疾人权益保障制度，完善残疾人基本公共服务体系。

完善残疾人基本公共服务的一项内容就是实施重点康复项目，为城乡贫困残疾人、重度残疾人提供基本康复服务，有条件的地方可以对基本型辅助器具配置给予补贴。本案中，老叶向残联提出装配假肢的补贴申请，没想到当月就获得了批准。不久，老叶安上了称心如意的假肢。

【提示】中国残联和国务院相关部委共同制定的《残疾人基本康复服务目录》，规定了残疾类别、服务对象、服务项目、服务内容。各省（区、市）均应结合本地残疾人基本康复服务和残疾儿童康复救助工作实际，在上述目录基础上，细化、完善本地基本康复服务目录。

依据 》附录扫码看全文

《中华人民共和国残疾人保障法》第15条，《国务院关于加快推进残疾人小康进程的意见》第1条

171 公寓换门影响残疾人出行，谁来负责解决？

杨某是一位肢体二级残疾人，只能依靠轮椅行走。前些日子，物业公司在进行基建维护时将公寓进出大门更换成带有 8 厘米高门槛的大力弹簧门，导致杨某自己既开不开门也过不去门槛，不仅出行极为不便，更存在严重安全隐患。杨某为此多次与物业公司沟通，要求进行无障碍整改，物业公司均不予以理睬或断然拒绝。杨某曾向有关部门投诉，有关部门表示愿意帮助进行无障碍整改并承担相应费用，但物业公司就是不同意。杨某无奈，提起诉讼。

【分析】残疾人保障法要求为残疾人平等参与社会生活创造无障碍环境，无障碍设施的建设与维护是其中一项重要内容。根据残疾人保障法的规定，无障碍设施的建设和改造，应当符合残疾人的实际需要。新建、改建和扩建建筑物、道路、交通设施等，应当符合国家有关无障碍设施工程建设标准。本案争议所涉公寓大门的无障碍设计应当遵循的"无障碍设施工程建设标准"为住建部批准的国家标准《无障碍设计规范》（GB 50763—2012）。法院审理查明，物业公司更换的新门不符合上述规范的有关要求。

《物业管理条例》规定，物业存在安全隐患，危及公共利益及他人合法权益时，责任人应当及时维修养护，有关业主应当给予配合。本案中，造成新门不符合无障碍设计相关规范、妨害乘坐轮椅业主杨某通行的责任人正是物业公司，因此，物业公司依法负有及时改造的义务。据此，法院判令物业公司对公寓进出大门的门槛、弹簧按照无障碍设计的规范要求进行改造。

【提示】实践中，许多乡村公共服务设施没有配套建设符合国家标准的无障碍设施。对此，残疾人保障法规定，各级人民政府和有关部门应当按照国家无障碍设施工程建设规定，逐步推进已建成设施的改造，优先推进与残疾人日常工作、生活密切相关的公共服务设施的改造。

依据 》 附录扫码看全文

《中华人民共和国残疾人保障法》第 52 条、第 53 条，《中华人民共和国无障碍环境建设法》第 26 条，《物业管理条例》第 55 条

172 如何申领残疾人两项补贴？

尹某是农村低保家庭中的一位二级重度残疾人，只有一只手和一条腿能动，仅有一只眼睛有视力，还有癫痫的后遗症。因为没有劳动能力，生活十分困难。他听说，像他这样的残疾人可以申请残疾人两项补贴。可是，他并不了解这两项补贴是什么，也没有能力自行申请，他该怎么办？

【分析】残疾人两项补贴，是指困难残疾人生活补贴和重度残疾人护理补贴。其中，困难残疾人生活补贴主要补助残疾人因残疾产生的额外生活支出，对象为低保家庭中的残疾人。重度残疾人护理补贴主要补助残疾人因残疾产生的额外长期照护支出，对象为残疾等级被评定为一级、二级且需要长期照护的重度残疾人。长期照护是指因残疾产生的特殊护理消费品和照护服务支出持续6个月以上时间。本案中，尹某符合申请残疾人两项补贴的条件。

残疾人两项补贴应由残疾人向户籍所在地街道办事处或乡镇政府受理窗口提交书面申请。像本案尹某这样无法自行申请的，可以委托法定监护人，法定赡养、抚养、扶养义务人，所在村民委员会等代为办理申请事宜。所以，尹某不必担心无法申请。

受理申请后，街道办事处或乡镇政府进行初审，初审合格的报送县级残联审核，审核合格的转送县民政部门审定，审定合格的由县民政部门会同县残联报同级财政部门自递交申请当月计发补贴，补贴通过金融机构转账存入残疾人账户。

【提示】残疾人两项补贴实行以任意地申请、户籍地审核审定及发放的形式办理。申请人申请残疾人两项补贴，可以向全国范围内任何街道办事处或乡镇人民政府设立的残疾人两项补贴受理窗口提出，不受户籍地限制。

依据 》 附录扫码看全文

《中华人民共和国残疾人保障法》第46条，《国务院关于全面建立困难残疾人生活补贴和重度残疾人护理补贴制度的意见》第2条、第3条，《民政部办公厅、中国残联办公厅关于全面开展残疾人两项补贴资格认定申请"跨省通办"的通知》第1条

五、特困人员

特困人员救助供养是我国社会救助制度中的重要组成部分，保障的是最困难、最脆弱人群的基本生活。2014 年，国务院《社会救助暂行办法》将原有的农村五保供养、城市"三无"人员救助制度统一为特困人员供养制度。保障城乡特困人员基本生活，是完善社会救助体系、编密织牢民生安全网的重要举措，是坚持共享发展、保障和改善民生的应有之义，也是全面建成小康社会的必然要求。

173 谁能申请获得特困人员救助供养？

村民张大爷今年 70 周岁，终身未婚，无子女、父母，亲属仅有妹妹一家。几年前，张大爷病倒在床丧失行为能力，其日常生活以及多次住院均由妹妹照顾。自妹妹去世后，妹夫身体不好，再无人照顾他。而多年的积蓄也在一次次治疗中被消耗得所剩无几，张大爷生活十分艰难。听村里人说，认定特困人员后基本生活、照料服务、疾病治疗、殡葬服务等方面都会有保障。张大爷想知道自己能否申请获得特困人员救助供养。

【分析】根据民政部《特困人员认定办法》的规定，应当依法纳入特困人员救助供养范围的老年人、残疾人和未成年人，必须同时具备以下"三无"条件：无劳动能力；无生活来源；无法定赡养、抚养、扶养义务人或者其法定义务人无履行义务能力。

其中，申请人符合以下情形之一的，应认定为"无劳动能力"：（1）60 周岁以上的老年人；（2）未满 16 周岁的未成年人；（3）残疾等级为一、二、三级的智力、精神残疾人，残疾等级为一、二级的肢体残疾人，残疾等级为一级的视力残疾人；（4）省、自治区、直辖市人民政府规定的其他情形。"无生活来源"是指收入低于当地最低生活保障标准，且财产符合当地特困人员财产状况规定的情形。法定义务人符合以下情形之一的，应认定为"无履行义务能力"：（1）特困人员；（2）60周岁以上的最低生活保障对象；（3）70周岁以上的老年人，本人收入低于当地上年人均可支配收入，且其财产符合当地低收入家庭财产状况规定的；（4）重度残疾人和残疾等级为三级的智力、精神残疾人，本人收入低于当地上年人均可支配收入，且其财产符合当地低收入家庭财产状况规定的；（5）无民事行为能力、被宣告失踪或者在监狱服刑的人员，且其财产符合当地低收入家庭财产状况规定的；（6）省、自治区、直辖市人民政府规定的其他情形。

本案中，张大爷已经70周岁，瘫痪在床，无任何生活来源，而且也没有法定义务人，具备上述"三无"条件，可以申请获得特困人员救助供养。

依据 》 附录扫码看全文

《特困人员认定办法》第4条、第5条、第6条、第8条

174 怎样申请特困人员救助供养？

村民王某一生未婚，无儿无女，中风瘫痪在床后一直由侄子小王照顾。现小王已年过六旬，感觉力不从心，于是他要求将王某纳入特困人员救助供养范围，送其到敬老院居住。王某该如何申请获得特困人员救助供养？

【分析】根据《社会救助暂行办法》的规定，农村特困人员救助供养的申请、审核和审批程序如下：

（1）申请。申请特困人员救助供养，由本人向户籍所在地的乡镇人民政府提出书面申请，按规定提交相关材料，书面说明劳动能力、生活来源以及赡养、抚养、扶养情况。本人申请有困难的，可以委托村民委员会或者他人代为提出申请。

（2）审核。乡镇人民政府对申请人的收入状况、财产状况以及其他证明材料等进行调查核实，提出初审意见，公示后，报县级人民政府民政部门审批。

（3）审批。县级人民政府民政部门应当全面审查乡镇人民政府上报的调查材料和审核意见，并随机抽查核实，作出审批决定。对符合条件的申请予以批准，并公布；对不符合条件的申请不予批准，并书面向申请人说明理由。

本案中，王某因中风无法自己提起申请，乡镇人民政府对小王提出的申请应当予以受理。如果王某符合特困人员认定条件，经过上述程序取得《特困人员救助供养证书》后，即可享受特困人员救助供养待遇。

依据 》附录扫码看全文

《社会救助暂行办法》第 11 条、第 14 条、第 16 条

六、外出务工人员

外出务工人员，也称农民工，是指户籍仍在农村，一年内在本地从事非农产业或外出从业 6 个月及以上的劳动者。随着农民外出务工的增多，因劳动合同、劳动报酬、工伤赔偿等引发的矛盾纠纷呈高速上升趋势，而与普通劳动者相比，由于户籍等原因的影响，农民工权益保护会面临一些特殊困难。目前，我国有十余部法律、若干行政法规规章为农民工权益保护提供法律依据。学法懂法，运用法律武器保护自己的合法权益，是广大工友的当务之急。

175 **工作了 7 年没签劳动合同，存在劳动关系吗？**

自 2016 年刘某开始在碎石厂从事维修工作，但始终没有签订劳动合同，

碎石厂也没给刘某缴纳社会保险。2023年，因在工作中受伤，与碎石厂无法就赔偿问题达成一致，刘某申请劳动仲裁。由于刘某没有证据证明和碎石厂之间有劳动关系，劳动仲裁委员会不予受理。于是，刘某诉至法院，要求确认与碎石厂存在事实劳动关系。

【分析】劳动关系，是指符合法定劳动年龄的劳动者与具备劳动法所规定条件的用人单位之间，通过依法签订劳动合同而形成的稳定的法律关系。劳动者隶属于用人单位，接受用人单位的管理、监督和指挥。劳动者除了定期得到劳动报酬外，还享有劳动法律法规规定的各项待遇。本案中，刘某主张和碎石厂之间是劳动关系，而碎石厂则主张是劳务关系。

劳务关系是平等主体的自然人之间以及自然人和单位之间，经协商就一方提供劳务、另一方给付报酬所达成的一次性或临时性协议关系，不适用劳动法。雇员与雇主没有隶属关系，雇主一般只支付一次性或分期的劳动报酬，没有社会保险、最低工资标准等义务。

鉴于本案双方没有签订劳动合同，法院重点考察了劳动者和用人单位是否存在法律上的隶属关系，即用人单位是否对劳动者支付劳动报酬、进行管理、安排工作。根据刘某7年来一直服从碎石厂工作管理安排，碎石厂按月给付其劳动报酬等事实，法院依法认定刘某与碎石厂已经形成事实劳动关系。

【提示】是否存在事实劳动关系，一般从以下三个方面来判断：（1）双方是否具备法定主体资格；（2）劳动者是否受用人单位管理从事有报酬的劳动；（3）劳动者提供的劳动是否属于用人单位业务的组成部分。未签订劳动合同的劳动者要注意收集工资支付凭证、工作证、考勤记录等能够证明劳动关系存在的有效证据。

依据 >> 附录扫码看全文

《中华人民共和国劳动合同法》第7条，《中华人民共和国劳动法》第16条，《劳动和社会保障部关于确立劳动关系有关事项的通知》第1条

176　用人单位未缴纳社保，发生工伤怎么办？

2020 年，王某入职某公司，在该公司的一个矿山项目部做风钻工，但该公司一直没给王某办理社会保险。某日，王某在井下工作时被石头砸伤，治疗了半年多才出院。王某想申请工伤认定，可公司说没有给他购买工伤保险，申请了也拿不到赔偿。王某的伤算工伤吗？没参加社保，能获得赔偿吗？

【分析】王某的伤是不是工伤，应当由统筹地区社会保险行政部门认定。根据《工伤保险条例》的规定，受伤职工所在单位有义务提出工伤认定申请；如果单位不申请，受伤职工或者其近亲属、工会组织可在事故伤害发生之日起 1 年内直接申请。本案中，若该公司不申请工伤认定，王某可以自行向县人社局提出工伤认定申请。但王某没参加社保，他能享受相关工伤保险待遇吗？

答案是肯定的。《工伤保险条例》规定，应参加而未参加工伤保险的职工发生工伤的，由用人单位按照《工伤保险条例》规定的工伤保险待遇项目和标准支付费用。本案中，王某属于应参加而未参加工伤保险的情况，因此该公司应当按照该条例规定的标准向王某支付费用。

最终，王某考虑到自己属于跨省流动的农民工，按月领取长期待遇多有不便，选择由该公司一次性支付上述长期伤残待遇，即一次性医疗补助金、一次性伤残津贴和一次性生活护理费，同时与该公司解除劳动关系，与统筹地区社会保险经办机构签订协议，终止工伤保险关系。

依据》 附录扫码看全文

《工伤保险条例》第 17 条、第 18 条、第 33 条、第 34 条、第 35 条、第 36 条、第 37 条、第 62 条，《劳动和社会保障部关于农民工参加工伤保险有关问题的通知》第 4 条

177　城乡居民基本养老保险和城镇职工基本养老保险，该参加哪个？

老张今年 56 岁，在村里一直参加城乡居民基本养老保险（以下简称城乡养

老保)。今年他进城务工,和一家企业签订了劳动合同,企业让老张参加城镇职工基本养老保险(以下简称城镇养老保)。老张觉得他城镇养老保最多缴4年,达不到缴满15年的要求,同时担心参加城镇养老保就要放弃城乡养老保,60岁时两个保险都无法使用,所以不想参加。可企业说他必须参加,因为如果不按规定给他缴纳养老保险费,就是违法。这种情况下,老张该怎么办?

【分析】劳动法规定,用人单位和劳动者必须依法参加社会保险,缴纳社会保险费。用人单位无故不缴纳社会保险费的,由劳动行政部门责令其限期缴纳;逾期不缴的,可以加收滞纳金。由此可见,该企业应当为老张缴纳养老保险。

针对老张遇到的类似问题,财政部和人社部专门出台了《城乡养老保险制度衔接暂行办法》,使得城镇养老保、城乡养老保可以相互衔接。具体而言,参加城镇养老保和城乡养老保的人员,达到城镇养老保法定退休年龄后,如果城镇养老保缴费年限满15年(含延长缴费至15年),就可以申请从城乡养老保转入城镇养老保,按照城镇养老保办法计发相应待遇;如果城镇养老保缴费年限不足15年,可以申请从城镇养老保转入城乡养老保,待达到城乡养老保规定的领取条件时,按照城乡养老保办法计发相应待遇。

可见,老张参加城镇养老保,并不意味着放弃城乡养老保。而且,当老张从城镇养老保转入城乡养老保时,他城镇养老保个人账户的全部储存额将并入城乡养老保的个人账户,他参加城镇养老保的缴费年限合并计算为城乡养老保的缴费年限。所以,老张不用担心60岁后无养老金可用的问题。

【提示】办理衔接手续时,参保人员应当先按城镇养老保有关规定确定待遇领取地,并将城镇养老保的养老保险关系归集到待遇领取地,再办理衔接手续。从城乡养老保转入城镇养老保的,在城镇养老保待遇领取地提出申请办理;从城镇养老保转入城乡养老保的,在转入城乡养老保待遇领取地提出申请办理。

依据 》 附录扫码看全文

《中华人民共和国劳动法》第72条、第100条,《城乡养老保险制度衔接暂行办法》第3条、第4条、第5条、第6条

178 **患职业病享受工伤保险待遇后，还能要求用人单位赔偿吗？**

　　周某在工作期间确诊为白血病，公司此时才给她缴纳社会保险。然而在国家规定的非因工伤病医疗期届满后，公司终止了与周某的劳动关系，而周某尚在省职业病防治院进行检查。次年，省职业病防治院确认周某为职业性肿瘤（苯所致白血病）。据此，区人社局认定周某为工伤，市劳动能力鉴定委员会鉴定周某伤残等级为 6 级并确定停工留薪期。之后，虽然区社保基金管理中心核发了周某的工伤保险待遇，但不足以抵偿周某的全部医疗费，于是周某起诉要求公司赔偿不足部分的医疗费用。

　　【分析】劳动保护是指根据国家法律法规，依靠科学管理和技术进步，采取组织措施和技术措施，消除危及人身安全健康的不良条件和行为，防止事故和职业病，保护劳动者在劳动过程中安全与健康的制度。本案涉及劳动保护制度中的职业病防治制度。

　　职业病防治法规定，对从事接触职业病危害的作业的劳动者，用人单位应当按照国务院卫生行政部门的规定组织上岗前、在岗期间和离岗时的职业健康检查，对未进行离岗前职业健康检查的劳动者不得解除或者终止与其订立的劳动合同。对于疑似职业病病人，用人单位应当及时安排进行诊断，在诊断或者医学观察期间，不得解除或者终止与其订立的劳动合同，诊断、医学观察期间的费用由用人单位承担。

　　本案中，公司的工作环境和工作内容存在职业危害因素，在周某出现疑似职业病症状时，公司本应及时安排周某进行职业病诊断并负担周某在职业病诊断、医学观察期间的费用，但是却在周某于省职业病防治院检查期间，在未安排周某进行离职体检的情况下，终止了和周某的劳动关系。法院认定，公司的上述行为违反了职业病防治法的强制性规定。

　　根据职业病防治法的规定，职业病病人除依法享有工伤保险外，依照有关民事法律，尚有获得赔偿的权利的，有权向用人单位提出赔偿要求。最终，法院认定，因周某被认定为职业病，除工伤保险待遇外，她还有权向公司请求赔偿工伤保险基金不予赔付或者不足额赔付的医疗费部分。

【提示】劳动者被诊断患有职业病，但用人单位没有依法参加工伤保险的，其医疗和生活保障由该用人单位承担。

依据 附录扫码看全文

《中华人民共和国职业病防治法》第 35 条、第 55 条、第 58 条、第 59 条，《中华人民共和国劳动法》第 54 条

179 实行不定时工作制的职工有带薪年休假吗？

孙某找了份送快递的工作，按照劳动合同他执行的是不定时工作制。4 年后，快递公司以孙某工作进程违规为由，与其解除了劳动合同。孙某不服，申请了法律援助。法律援助律师在调查中发现，快递公司 4 年来从未安排过孙某休年休假，也没给他发过未休假工资。于是，在法律援助律师的帮助下，孙某提起仲裁，要求快递公司支付入职以来的未休年休假工资。

【分析】对于实行不定时工作制和综合计算工时工作制等其他工作和休息办法的职工，企业应根据劳动法有关规定，在保障职工身体健康并充分听取职工意见的基础上，采用集中工作、集中休息、轮休调休、弹性工作时间等适当方式，确保职工的休息休假权利和生产、工作任务的完成。实行不定时工作时间制度的劳动者在符合享受年休假的条件时均有享受的权利。

根据劳动法和《职工带薪年休假条例》的规定，机关、团体、企业、事业单位、民办非企业单位、有雇工的个体工商户等单位的职工连续工作 1 年以上的，享受带薪年休假。单位应当保证职工享受年休假。职工在年休假期间享受与正常工作期间相同的工资收入。单位确因工作需要不能安排职工休年假的，经职工本人同意，可以不安排休年假，但对应休未休假天数，则应当按照职工日工资收入的 3 倍支付年休假工资报酬。

本案中，孙某的工作岗位虽然实行不定时工作制，但根据规定，其符合年休假享受条件，快递公司应对其进行年休假安排，未对其进行年休假安排

应支付应休未休年休假工资。经审理，仲裁委员会支持了孙某的主张。

【提示】法律规定的"连续工作1年以上"，既包括职工在同一单位连续工作满12个月以上的情形，也包括职工在不同单位连续工作满12个月以上的情形。而且，带薪年休假的天数，会随着职工累计工作时间的增加而增加。职工累计工作已满1年不满10年的，年休假5天；已满10年不满20年的，年休假10天；已满20年的，年休假15天。

依据 ≫ 附录扫码看全文

《中华人民共和国劳动法》第45条，《职工带薪年休假条例》第2条、第3条、第5条，《企业职工带薪年休假实施办法》第3条、第4条，《劳动部关于企业实行不定时工作制和综合计算工时工作制的审批办法》第6条

180 拒绝违法超时加班，用人单位能否解除劳动合同？

张某于2021年3月入职某公司，双方签订的劳动合同约定试用期为3个月，工作时间执行公司相关规章制度。而公司规章规定的工作时间为早9时至晚9时，每周工作6天。2个月后，张某以工作时间严重超过法律规定上限为由拒绝超时加班安排，某公司即以张某在试用期间被证明不符合录用条件为由与其解除劳动合同。张某向劳动争议仲裁委员会申请仲裁，请求裁决该公司支付违法解除劳动合同赔偿金。

【分析】当劳动合同的约定和法律的强制性规定不一致时，劳动者应当遵守哪一个？劳动合同是劳动者与用人单位确立劳动关系、明确双方权利和义务的协议。劳动合同的订立、履行、变更、终止和解除不仅要遵守劳动法、劳动合同法等特别法律规范的规定，还要受到劳动行政部门的监督检查。因此，与普通合同相比，劳动合同内容的任意性比较低；而且，劳动合同违法不仅要承担民事责任，还要承担行政责任。

劳动法规定，用人单位由于生产经营需要，经与工会和劳动者协商后可以延

长工作时间，一般每日不得超过 1 小时；因特殊原因需要延长工作时间的，在保障劳动者身体健康的条件下延长工作时间每日不得超过 3 小时，但是每月不得超过 36 小时。违反法律、行政法规强制性规定的劳动合同无效或者部分无效。

用人单位不得违反规定延长劳动者的工作时间。本案中，某公司规章中规定的工作时间严重超过了劳动法规定的工作时间上限。也就是说，作为劳动合同组成部分的公司规章违反了劳动法的强制性规定。仲裁委员会据此认定劳动合同中该部分内容无效，张某拒绝加班属于正当维权，裁定某公司解除劳动合同于法无据，应按法定标准向张某支付违法解除劳动合同赔偿金。不仅如此，仲裁委员会还将案件情况通报劳动保障监察机构，劳动保障监察机构对某公司规章违反法律法规规定的情形责令改正，给予警告。

依据》 附录扫码看全文

《中华人民共和国劳动法》第 4 条、第 16 条、第 41 条、第 43 条，《中华人民共和国劳动合同法》第 26 条、第 48 条、第 87 条

181 工资被拖欠，应该怎么办？

甲公司承建一个房地产项目，乙公司承包了部分工程。甲公司按约定向乙公司支付了工程进度款，但乙公司却把钱挪作他用，未足额发放农民工工资。工友们向乙公司追讨欠薪无果，县住建局协助他们申请了法律援助。

【分析】根据劳动法和劳动争议调解仲裁法的规定，劳动争议发生后，当事人调解不成可向劳动争议仲裁委员会申请仲裁，也可直接申请仲裁；对仲裁裁决不服的，可以向人民法院提起诉讼。可见，调解、劳动仲裁和诉讼都是解决劳动争议的途径，其中劳动仲裁是诉讼的前置程序，未经仲裁不得直接提起诉讼。一般来说，本案中的工友们应当先申请劳动仲裁，向乙公司追讨欠薪。而事实上，乙公司无力支付欠薪，仲裁赢了也难要到钱，于是法律援助律师另辟蹊径。

劳动合同法规定，县级以上地方人民政府劳动行政部门有权依法对用人单位与劳动者订立和解除劳动合同的情况、支付劳动合同约定的劳动报酬的情况进行监督检查。据此，用人单位不依法支付工资，劳动者可选择提起劳动仲裁，也可选择向相关劳动行政部门投诉，请求查处违法行为。同为法定救济途径，劳动仲裁通过解决争议来保护劳动者，而投诉则借助劳动行政部门查处违法行为来保护劳动者。考虑到本案事实清楚，结合投诉对举证要求不高、灵活高效等优势，法律援助律师协助工友们向县劳动保障监察大队投诉。

县劳动保障监察大队受理投诉后，不仅很快查实了乙公司欠薪的违法事实，更积极协调甲公司，在准确核算每位工友实际务工情况的基础上，用其后续应付乙公司的工程进度款直接偿还乙公司对工友们的欠薪，取得了比申请仲裁更好的效果。

此外，《保障农民工工资支付条例》明确规定，农民工有按时足额获得工资的权利，任何单位和个人不得拖欠农民工工资，分包单位拖欠农民工工资的，由施工总承包单位先行清偿，再依法进行追偿。本案中，乙公司拖欠农民工工资的行为违法，因此，工友们也可以依法向施工总承包单位甲公司索要被拖欠的工资。甲公司清偿后可依法向乙公司追偿。

依据》 附录扫码看全文

《中华人民共和国劳动法》第 79 条，《中华人民共和国劳动合同法》第 30 条、第 74 条，《中华人民共和国劳动争议调解仲裁法》第 4 条、第 5 条，《保障农民工工资支付条例》第 3 条、第 30 条

第六章 **乡村常见违法犯罪预防**

一、治安管理处罚

　　农村地区治安管理状况的好坏，不仅关系到农村居民能否安居乐业，也直接影响乡村经济社会的发展与稳定。党的二十大报告提出，要强化社会治安整体防控。目前，偷盗、赌博、打架斗殴、寻衅滋事等现象在我国农村地区仍时有发生；因生活、生产中遇到的矛盾纠纷处理不当，导致"小矛盾演化成大祸端"的现象也屡见不鲜。对于这些危害社会秩序、公共安全和公民人身财产权利的违法行为，公安机关具有治安管理处罚权，可以依照法定权限和程序制止并惩治违法行为人，维护社会秩序，保障公共安全。

182 干扰村委会选举秩序，会受到什么处罚？

　　某村村委会举行换届选举，村民徐某提前向部分村民拉票。选举当天，为了监视选举情况，徐某私自在选举会场内架设了3台摄像机录像，在现场还拿着一台手机流动拍照，致使很多村民害怕如果没有将票投给徐某，日后会受到打击报复。现场工作人员发现后，多次劝阻徐某。徐某非但不听，还与之争吵，甚至想要砸毁投票箱，导致选举现场秩序大乱，工作人员遂报警。

【分析】村民委员会是村民实现自我管理、自我教育和自我服务的基层群众性自治组织，也是农村各项工作开展与实施的组织者、推动者。村民委员会选举作为村民自治制度的重要组成部分，不仅关系到村民民主政治权利的实现，还关系到党和国家的方针、政策在乡村基层的落地生根，以及农村的改革、发展与稳定。

党的二十大报告指出，要"积极发展基层民主"，"加强基层组织建设，完善基层直接民主制度体系和工作体系"。村民委员会选举正是全过程人民民主在农村基层最直接、最广泛、最生动的实践。为了保证选举的严肃性、有效性，维护基层群众的切身利益，村民委员会组织法等法律明确规定，禁止任何人以暴力、威胁、欺骗、贿赂、伪造选票、虚报选举票数等不正当手段妨害村民行使选举权、被选举权，破坏村民委员会选举。

本案中，徐某不仅私下拉票，通过私自拍照、录像等方式对村民行使选举权实施干扰，还与选举现场的工作人员发生冲突，严重扰乱了选举秩序，破坏了村民委员会选举的正常、有序进行，其行为已经构成违法。最终，县公安局根据治安管理处罚法第 23 条的规定，对徐某作出行政拘留 7 日并处罚款 300 元的行政处罚。

依据 》 附录扫码看全文

《中华人民共和国村民委员会组织法》第 17 条，《中华人民共和国治安管理处罚法》第 23 条

183　在网上散布不实信息，会有什么后果？

王某投资几十万元在村里开了家生鲜超市。刚开业时生意还不错，可很快营业额就开始走"下坡路"。为了保持生意"红火"，达到促销的目的，王某

冒用县商务局的名义捏造、散布猪肉即将涨价的信息，在微信群、朋友圈里发布，并配上超市的打折信息和联系方式，吸引了不少村民前来抢购。王某的信息也在网上快速传播，引发大量网民的关注。

【分析】当前，网络已成为人们发布和获取信息的重要平台。但网络在提升人们交流便利性的同时，也增加了信息传播的隐匿性和低成本性。一些网络用户针对公众感兴趣的事物、事件或话题，利用微博、微信、电子邮件等互联网技术发布未经证实或没有事实根据的言论、信息，甚至故意制造、传播谣言，不仅可能会损害他人的合法权益，还可能影响、扭曲公众的认知和判断，严重扰乱社会秩序和经济稳定。因此，公安机关、网信部门严厉打击在网络上发布、传播虚假不实信息的行为，依法追究网络谣言发布人和转发人的法律责任。

根据网络安全法、治安管理处罚法等法律的规定，任何个人和组织使用网络都应当遵守公共秩序，尊重社会公德，不得利用网络编造、传播虚假信息扰乱经济秩序和社会秩序。散布谣言，谎报险情、疫情、警情等扰乱公共秩序的，公安机关将根据情节轻重依法给予罚款、拘留等行政处罚。对于严重扰乱社会秩序或造成严重后果的行为人，还可能依法追究其刑事责任。

本案中，王某为了个人的经济利益，故意编造、散布猪肉价格上涨的虚假信息，扰乱公众视听，并导致舆情迅速发酵，造成了较为恶劣的社会影响。最终，县公安局依据治安管理处罚法第 25 条的规定对王某给予行政拘留的处罚。

【提示】有人认为，在微信朋友圈或微博上转发他人发布的、未经核实的信息，不会构成违法。事实上，只要当事人在主观上明确知道或能够判断该消息属于虚假不实信息，不管是原创还是转发，都需要承担相应的法律责任。

依据 >> 附录扫码看全文

《中华人民共和国网络安全法》第 12 条，《中华人民共和国治安管理处罚法》第 25 条，《中华人民共和国刑法》第 291 条之一、第 293 条

184 "信访不信法"，会有什么后果?

　　村民顾老伯因土地租赁合同与村经济专业合作社产生纠纷，顾老伯将合作社诉至法院后，一审、二审法院均判决其败诉。顾老伯不仅拒不执行法院的生效判决，反而继续向有关部门反映村里的土地租赁问题。信访工作人员先后多次告知顾老伯，其反映的事项不属于信访部门的受案范围，应当通过其他合法途径解决；村经济专业合作社也反复与其沟通、协调，劝其履行法院的判决。但顾老伯仍旧固执己见，坚持通过进京越级上访的方式，希望"以访施压"，迫使有关部门满足他的诉求。

　　【分析】信访工作是党的群众工作的重要组成部分，是党和政府了解社情民意的重要窗口，也是各级机关、单位及其领导干部、工作人员接受群众监督、改进工作作风的重要途径。信访是宪法和法律赋予公民的正当权利，但是，公民必须遵守法律规定，依法向有权处理的机关提出信访事项，合理表达诉求。

　　根据《信访工作条例》的规定，公民可以采用信息网络、书信、电话、传真、走访等形式，向各级机关、单位反映情况，提出建议、意见或者投诉请求。其中，采用走访形式提出信访事项的，应当向有权处理的本级或上一级机关、单位提出；如果采用走访形式提出的信访事项涉及诉讼权利救济，应当按照法律法规规定的程序向有关政法部门提出。

　　信访人在信访过程中应当遵守法律、法规，不得损害国家、社会、集体的利益和其他公民的合法权利，自觉维护社会公共秩序和信访秩序，不得有下列行为：（1）在机关、单位办公场所周围、公共场所非法聚集，围堵、冲击机关、单位，拦截公务车辆，或者堵塞、阻断交通；（2）携带危险物品、管制器具；（3）侮辱、殴打、威胁机关、单位工作人员，非法限制他人人身自由，或者毁坏财物；（4）在信访接待场所滞留、滋事，或者将生活不能自理的人弃留在信访接待场所；（5）煽动、串联、胁迫、以财物诱使、幕后操纵他人信访，或者以信访为名借机敛财；（6）其他扰乱公共秩序、妨害国家和公共安全的行为。信访人滋事扰序、缠访闹访情节严重，构成违反治安管理行为的，或者违反集会游行示威相关法律法规的，由公安机关依法采取必要的现场处置措施、给予治安管理处罚；构成犯罪的，依法追究刑事责任。

本案中，顾老伯为实现自己的不合理诉求，在法院已经作出终审判决后仍多次进京越级信访，经相关工作人员多次劝阻无果，其行为已经构成寻衅滋事，严重扰乱了正常的国家信访秩序和社会秩序，违反了治安管理处罚法的规定。最终，县公安局依法对其处以行政拘留 10 日的处罚。

【提示】信访人对信访处理意见不服的，可以自收到书面答复之日起 30 日内请求原办理机关、单位的上一级机关、单位复查。信访人对复查意见不服的，可以自收到书面答复之日起 30 日内向复查机关、单位的上一级机关、单位请求复核。信访人对复核意见不服，如果仍然以同一事实和理由提出投诉请求，各级党委和政府信访部门和其他机关、单位将不再受理。

依据 >> 附录扫码看全文

《中华人民共和国治安管理处罚法》第 26 条，《信访工作条例》第 3 条、第 17 条、第 20 条、第 26 条、第 35 条、第 36 条、第 47 条

185 为防野猪，在玉米地旁私设电网违法吗？

某日，小张到自家玉米地干活时发现玉米有被野猪啃咬的痕迹。眼看玉米成熟在即，为了避免野猪继续祸害庄稼，小张安装了一个简易的电网，将玉米地围起来，通过白天断电、晚上通电的方式防止野猪侵害，没有设置任何警示牌或阻挡装置。村民发现后，认为可能存在危险，报了警。

【分析】电网是一种具有高度危险性的警戒防护工具，个人在使用电网保护自身财产安全的同时，也容易对他人的生命健康造成威胁，对公共安全的危害性极大。所以，我国法律对电网的安装、使用加以严格限制，禁止任何单位或个人私设电网，圈栏房舍、园地、谷仓、畜圈、禽舍等；确因特殊要求（如重要军事设施、重要厂矿的安全保卫工作等），需安装使用电网的，也必须经

公安机关审核批准后，方可安装。根据治安管理处罚法、刑法等法律的规定，未经批准擅自安装、使用电网的行为违法，会威胁不特定多数人的安全，轻则可处以罚款、拘留等行政处罚，重则（如致人重伤、死亡或使公私财产遭受重大损失）可能被依法追究刑事责任。

本案中，小张为保护自家的玉米地免受野猪侵害，不顾他人的生命安全私设电网，违反了国家有关电网安装、使用的规定，已经对不特定多数人的生命安全造成威胁，严重危害公共安全。最终，乡派出所民警将电网设备全部拆除并予以收缴，同时对小张处以行政拘留 3 日的处罚。

【提示】对于已经获得批准安装、使用电网的单位，如果安装、使用电网违反国家有关电网安装、使用的安全规定，同样应当受到治安管理处罚。

【依据》 附录扫码看全文

《中华人民共和国治安管理处罚法》第 37 条，《中华人民共和国刑法》第 115 条

186 在村民微信群里辱骂他人，违法吗？

某日，外出务工的沈某酒后向同村村干部李某询问关于征地补偿、安置的事，双方在电话中发生争吵。因沈某无理取闹，李某遂将其电话设为拒接。于是，越想越气的沈某在村民微信群中对李某恶语相向，用污言秽语辱骂李某长达半小时。李某愤而报警。

【分析】人格尊严是宪法规定的公民基本权利，侮辱、诽谤等贬低他人人格、毁损他人名誉的行为，是严重的侵权违法行为。近年来，一些人为了发泄个人情绪，通过网络在"键盘"上对他人进行侮辱、诽谤、抨击和谩骂，导致网络暴力、网络诽谤等现象频发，不仅使他人的人格和名誉受损，也严重扰乱了公共秩序。根据民法典、治安管理处罚法、网络安全法等规定，无论是在现实中还是在网络上，任何组织或个人都不得公然诋毁他人人格，不得以侮辱、诽谤

等方式破坏他人名誉；公然侮辱他人或捏造事实诽谤他人的，公安机关可以依法给予罚款、拘留等行政处罚。

本案中，沈某故意以损害他人的人格和名誉为目的，在拥有多名成员的村民微信群中对李某公然实施辱骂，其侵犯李某名誉权的违法行为，不仅对李某的身心及名誉造成损害，也产生了较为恶劣的社会影响。最终，乡派出所根据治安管理处罚法的规定对沈某处以 300 元罚款。

依据 >> 附录扫码看全文

《中华人民共和国民法典》第 1024 条，《中华人民共和国治安管理处罚法》第 42 条，《中华人民共和国网络安全法》第 12 条

187 为储存饲料，可以私自挖掘铁路旁的空地吗？

秦某是村里的养殖大户，养了 30 多头牛，但一直没有储存饲料的地窖。看到铁路旁边有块空地，秦某便向朋友借来铲车，在距离铁路约 4 米的地方挖了一个大坑，用来存放饲料。秦某的行为是否违法？

【分析】铁路是国家的重要基础设施，铁路设施的安全、畅通与否，直接关系到列车的正常运行以及铁路沿线社会公众的生命财产安全。近年来，高铁的快速发展对铁路沿线安全环境提出了更高要求。为了保护铁路设施，确保列车运营安全，铁路法、治安管理处罚法、《铁路安全管理条例》等法律、法规明确规定，铁路线路两侧应当设立铁路线路安全保护区。任何单位或个人要想在安全保护区内建造建筑物、构筑物，取土、挖砂、挖沟、采空作业或者堆放、悬挂物品等，都应征得铁路运输企业同意并签订安全协议，遵守相关国家标准、行业标准和施工安全规范，采取措施防止影响铁路运输安全。对于盗窃、损毁或擅自移动铁路设施、设备或安全标志，在铁路线路上放置障碍物或故意向列车投掷物品，在铁路线路、桥梁、涵洞处挖掘坑穴、采石取沙等妨害铁路安全的行为，公安机关可以根据情节轻重对行为人处以罚款或拘留的行政

处罚。因违法建设、采挖、打井等活动给铁路运输企业造成损失的单位或个人，还应当赔偿损失。

铁路线路安全保护区，是指为防止外来因素干扰列车运行，减少铁路运输安全隐患，保护铁路设施，在铁路沿线两侧一定范围内对影响铁路运输安全的行为进行限制而设置的特定区域。铁路线路安全保护区的范围，从铁路线路路堤坡脚、路堑坡顶或者铁路桥梁（含铁路、道路两用桥）外侧起向外的距离分别为：（1）城市市区高速铁路为 10 米，其他铁路为 8 米；（2）城市郊区居民居住区高速铁路为 12 米，其他铁路为 10 米；（3）村镇居民居住区高速铁路为 15 米，其他铁路为 12 米；（4）其他地区高速铁路为 20 米，其他铁路为 15 米。

本案中，秦某挖掘的坑穴距离铁路线路只有 4 米，位于铁路线路安全保护区内。秦某未经批准在安全保护区内私自挖掘坑穴的行为，直接影响铁路线路的稳固，对列车的安全行驶造成极大隐患，已经构成妨害铁路运行安全的违法行为。最终，铁路公安机关依法对秦某处以行政拘留 5 日的处罚，并责令其限期恢复所挖坑穴。

依据》 附录扫码看全文

《中华人民共和国铁路法》第 46 条，《中华人民共和国治安管理处罚法》第 35 条，《铁路安全管理条例》第 27 条、第 30 条、第 89 条

188 一言不合就开打，会有什么后果？

某日，村民王某与邻居熊某因修路问题发生纠纷。王某认为熊某家新修的路面占用了自家的宅基地，于是将熊某已经改建好的简易公路护坡基石掀掉 3 块。熊某得知后，手持钢筋前往现场理论，王某则拿出手机对着熊某拍摄。两人随即发生争吵，随后又"升级"为相互扭打和谩骂，导致双方的身体均轻微受伤。派出所民警到场后，认定两人系互殴。但在县公安局向王某送达《行政处罚告知笔录》时，王某明确表示要提出陈述和申辩，主张其行为系正当防

卫。王某的行为是否合法？对于他的陈述申辩，公安机关该如何处理？

【分析】殴打、伤害他人是侵犯他人身体健康权的违法行为。根据治安管理处罚法的规定，殴打或故意伤害他人身体的（如对他人拳打脚踢、驱使动物伤人、使用开水烫人等），公安机关可以依法对行为人处以罚款或拘留的行政处罚；若存在结伙斗殴（纠集多人实施殴打），殴打、伤害残疾人、孕妇、不满 14 周岁的人或 60 周岁以上的人，以及多次殴打、伤害他人或一次殴打、伤害多人等情形，公安机关还会加重处罚。若上述行为对他人身体造成轻伤以上损害，则可能构成故意伤害罪、寻衅滋事罪，应依法追究刑事责任。

本案中，王某与熊某因邻里纠纷大打出手，并殴打对方致伤，已构成非法损害他人身体健康的行为。两人均是出于侵害对方的目的而相互攻击，任何一方的殴打或反击行为都具有积极加害的意图，而非被动地制止不法侵害。因而，该行为的性质属于相互斗殴，不属于正当防卫，公安机关应当依法对两人实施行政处罚。

此外，为了防止行政机关滥用行政处罚权，行政处罚法和治安管理处罚法等法律还明确规定，违反治安管理的行为人享有陈述权和申辩权，行政机关必须充分听取当事人的意见，对当事人提出的事实、理由和证据，应当进行复核；当事人提出的事实、理由或者证据成立的，行政机关应当采纳。在作出行政处罚决定之前，行政机关拒绝听取当事人陈述、申辩的，不得作出行政处罚决定。因此，本案中，公安机关在作出行政处罚决定前，应对王某提出的陈述、申辩进行复核，确保处罚程序正当，切实保障当事人的陈述权、申辩权。

【提示】对于因民间纠纷引起的打架斗殴或损毁他人财物等行为，情节较轻的，公安机关可以调解处理。经公安机关调解，当事人达成协议的，不予处罚。经调解未达成协议或达成协议后不履行的，公安机关应当对违法行为人给予处罚，并告知当事人可以就民事争议依法向法院提起民事诉讼。

依据 >> 附录扫码看全文

《中华人民共和国行政处罚法》第 45 条、第 62 条，《中华人民共和国治安管理处罚法》第 9 条、第 43 条、第 94 条

长期辱骂、虐待老人，要承担什么法律责任？

　　82 岁高龄的陈老伯多年前就与儿子分家，儿子一家住着宽敞、明亮的二层小楼，陈老伯则独自住在一间简陋的砖瓦房里。虽然分家多年，但儿子却总是看陈老伯不顺眼，不仅对老人不管不顾，还经常因琐事与他起争执，并常常因为怀疑陈老伯用了他的东西而闯入老人屋内，对其大肆辱骂，甚至踢翻老人煮好的饭菜、打砸屋内的物品。忍无可忍的陈老伯最终选择了报警。

　　【分析】赡养父母、孝顺老人是中华民族的优良传统，也是成年子女应尽的法定义务。近年来，随着老龄化、"空巢化"现象加剧，农村老年人"老有所养"的问题愈发引人关注。其中，一些人无视道德与法律，嫌弃或不愿意赡养父母，甚至遗弃、虐待老人，其行为严重损害了公序良俗，不仅应受到社会谴责，还会受到法律的严惩。

　　根据老年人权益保障法、治安管理处罚法、刑法等法律的规定，禁止歧视、侮辱、虐待或者遗弃老年人。赡养人（老年人的子女以及其他依法负有赡养义务的人）应当履行对老年人经济上供养、生活上照料和精神上慰藉的义务，赡养人的配偶应当协助赡养人履行赡养义务。赡养人经常采用打骂、饿冻、限制自由、侮辱人格、有病不给治疗等手段，对老年人施以肉体和精神上摧残、折磨、迫害的，属于虐待他人的违法行为。尚未达到情节恶劣程度的，由公安机关依法给予拘留或警告的治安管理处罚；因虐待行为致使老年人重伤、死亡的，或情节恶劣构成犯罪的，应当依法追究刑事责任。

　　本案中，陈老伯的儿子不仅没有孝敬他，履行应尽的赡养义务，还经常辱骂、非法侵入陈老伯的住宅，对老人的身心进行折磨，产生了比较恶劣的社会影响，已构成虐待家庭成员的违法行为。最终，经过调查取证，县公安局决定对陈老伯的儿子处以行政拘留 5 日的治安管理处罚。

　　依据 附录扫码看全文

　　《中华人民共和国老年人权益保障法》第 3 条、第 14 条，《中华人民共和国治安管理处罚法》第 45 条，《中华人民共和国刑法》第 260 条

190 故意毁坏他人财物，会受到什么处罚？

某日，因自家的自来水停水，田某前往水源地查看情况。在村口的洞岩水井处，田某发现自家水管被人拔掉，因而导致停水。心生不满的田某返回家中找来一把弯刀，到洞岩水井处将其他3个村民小组的自来水管全部砍断，造成村里几百人的饮水无法正常供应，水管损失价值1000余元。田某的行为会受到怎样的处罚呢？

【分析】财产是社会、经济发展的重要物质基础，保护不同主体的财产权是法治的必然要求。故意毁坏公私财物是常见的侵犯财产权的违法行为，这类行为不仅会使社会财富减少，给国家、集体或个人造成损失，还会破坏正常的生产生活秩序，给社会带来不安定因素，因此，必须严厉打击此类违法行为。

根据治安管理处罚法、刑法等法律的规定，对于实施故意毁损公私财物的行为人，公安机关可以依法对其处以罚款或拘留的行政处罚；故意毁坏公私财物数额较大或有其他严重情节的，还可能构成故意毁坏财物罪，依法应当追究刑事责任。

本案中，田某私自破坏他人水管的行为属于故意毁坏他人财物的行为，但因数额较小尚不构成犯罪，应受治安管理处罚。最终，县公安局依法对田某处以行政拘留10日的处罚。

【提示】根据民法典的规定，民事主体因同一行为应当承担民事责任、行政责任和刑事责任的，承担行政责任或刑事责任不影响承担民事责任；民事主体的财产不足以支付的，优先用于承担民事责任。因而，对于故意毁坏他人财物的行为人，即使公安机关已经处以罚款等行政处罚，其仍须承担相应的民事赔偿责任。

依据 》 附录扫码看全文

《中华人民共和国民法典》第179条、第187条，《中华人民共和国治安管理处罚法》第49条，《中华人民共和国刑法》第275条

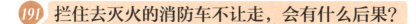

191 拦住去灭火的消防车不让走，会有什么后果？

刘某在村子里经营一家饭店。某日，消防车经过刘某的饭店停车场倒车掉头时，由于车重压坏了停车场的部分地砖。刘某气愤不已，要求马上赔偿，否则不让消防车通行，消防员表明，去救完火后再处理压坏砖块事宜，但刘某坚持认为消防员想要逃避责任，仍阻止消防车行进，甚至拖拽、阻拦消防员。最终，消防车没能及时到达火灾现场进行救援，报案人的 2 亩麦茬被烧毁。

【分析】消防员执行紧急任务的最终目的是保障人民群众的生命财产安全。消防车、救护车、工程抢险车、警车等车辆是担负特殊使命的特种车辆，其负担着紧急救助义务，时刻为国家财产与安全、集体财产和公民人身财产安全保驾护航。因此，这类车辆在执行公务时享有优先通行权，以确保能够及时有效地参与到抢险救灾活动中，最大限度地挽回损失、避免悲剧。根据消防法、治安管理处罚法、刑法等法律法规的规定，阻碍消防车、消防艇执行公务或者阻碍消防救援机构的工作人员依法执行职务的，可以实施警告、罚款或拘留等处罚。若行为人以暴力、威胁等方式妨碍消防车、消防艇执行公务，则可能构成妨害公务罪，应当依法追究刑事责任。

本案中，刘某明知消防车正在执行救援任务、时间紧迫，还阻碍消防车行进，故意拖拽、阻拦消防人员。其行为不仅构成妨害公务，也严重扰乱了正常的社会管理秩序，延误了最佳救火时机，造成了比较严重的后果。最终，刘某因违反治安管理处罚法被县公安局处以行政拘留 10 日的处罚。

【提示】我国法律明确规定，消防车、消防艇前往执行火灾扑救或者应急救援任务，在确保安全的前提下，不受行驶速度、行驶路线、行驶方向和指挥信号的限制，其他车辆、船舶以及行人应当让行，不得穿插超越。

依据 >> 附录扫码看全文

《中华人民共和国消防法》第 47 条、第 62 条，《中华人民共和国治安管理处罚法》第 50 条，《中华人民共和国刑法》第 277 条

192 出租农村闲置房屋未登记备案，违法吗？

村民钱某有一套空闲已久的自建房无人居住，于是将房屋租给远房亲戚家的儿子许某。由于是亲戚关系且双方互相信任，钱某只收了少量定金后许某即入住，双方没有签订合同，也没有办理任何登记手续。某日，乡派出所民警在例行入户访查时，发现钱某将房屋出租给许某，未按规定登记备案承租人信息，对其处以300元罚款。钱某感到不理解。

【分析】房屋属于公民的私有财产。农民作为农房的所有权人，对自家宅基地上的房屋享有占有、使用、收益、处分等权能，可依法进行出租。近年来，农民通过出租宅基地上的闲置农房等多种方式实现宅基地的盘活利用，收入水平和生活水平都得到较大提升，生活幸福感明显增加，但也出现了诸多不符合法律规范的情形。

出租房屋的，房东必须要承担相应的治安责任。我国治安管理处罚法、《租赁房屋治安管理规定》等法律、法规、规章明确规定，房屋出租人出租房屋，必须对承租人的姓名、性别、年龄、常住户口所在地、职业或者主要经济来源、服务处所等基本情况进行登记并向公安派出所备案。如果房屋出租人违反上述义务，不按照规定登记承租人姓名、身份证件种类和号码，公安机关可以对其处以一定数额的罚款。本案中，钱某将自家农房出租给许某居住，双方之间一直未签订租房合同，也未到派出所如实登记备案承租人身份信息，未履行出租人应尽的法定义务，乡派出所的处罚合法。

【提示】私有房屋出租的，出租人还须持房屋所有权证或者其他合法证明、居民身份证、户口簿，向房屋所在地公安派出所申请登记，经审核符合出租条件的，由出租人向公安派出所签订治安责任保证书。

依据 》》 附录扫码看全文

《中华人民共和国民法典》第240条，《中华人民共和国治安管理处罚法》第57条，《租赁房屋治安管理规定》第6条、第7条

193 **乡村养生馆暗地里进行卖淫嫖娼活动，会受到什么处罚？**

石某在外创业失败后，回到村子里经营一家养生馆，但实际上是打着养生馆的幌子，利用自己的熟人网络暗地里经营卖淫嫖娼的"皮肉"生意，来这里的也大多是知晓实情的"熟客"。某日，"熟客"龙某被进行扫黄工作的警方当场抓获，石某也被警方依法逮捕。龙某和石某会受到怎样的处罚？

【分析】卖淫、嫖娼是不特定人之间以金钱、财物为媒介，发生不正当性关系的行为。卖淫、嫖娼是互为存在的关系，具有金钱交易、与不特定人发生关系等特点。这类行为不仅严重违背公序良俗，还可能侵犯女性的性自主权，甚至会对婚姻家庭造成毁灭性打击。因此，无论是在道德上还是在法律上，这类行为都应当受到谴责和禁止。

根据治安管理处罚法、刑法等法律规定，单纯的卖淫、嫖娼行为本身虽不构成犯罪，但仍属于妨害社会管理秩序的违法行为，公安机关对于卖淫、嫖娼人员可给予罚款或拘留的行政处罚；对于涉及组织、强迫、引诱、容留、介绍卖淫等行为的，则可能触犯刑律，应当视情节轻重给予相应刑罚。

本案中，龙某的行为属于嫖娼，违反了治安管理处罚法的规定，需要承担行政责任；石某则同时触犯了刑法的组织卖淫罪与容留他人卖淫罪，根据相关司法解释的规定，应当依照处罚较重的规定定罪处罚。由于龙某曾"光顾"该养生馆多次，最终被县公安局处以 15 日拘留，并处 2000 元罚款；石某则被检察院起诉，法院判决其犯组织卖淫罪，判处有期徒刑 8 年，并处 2 万元罚金。

依据 》 附录扫码看全文

《中华人民共和国治安管理处罚法》第 66 条，《中华人民共和国刑法》第358 条、第 359 条，《最高人民法院、最高人民检察院关于办理组织、强迫、引诱、容留、介绍卖淫刑事案件适用法律若干问题的解释》第 1 条、第 2 条、第3 条、第 8 条、第 9 条、第 13 条

194 亲友之间一起打麻将，算赌博吗？

春节期间，村民赵某与亲朋好友共四人在自家的茶叶店里打麻将并带了点小"彩头"。四人在茶叶店里公然"带彩"打麻将的行为引来数人围观。后四人遭到了群众举报。警方在经过现场查证以及清点后，总计查获了赌资600余元。随后，四人被警方带回派出所作进一步调查。

【分析】赌博是指为了获得金钱或者其他物质利益，用有价值的东西（赌资）作注码来赌输赢的行为，主要形式有斗牌、掷骰子、使用带有赌博性质的游戏机以及新型网络赌博等。赌博行为是我国法律法规禁止的行为。

节日等闲暇期间，与亲朋好友相约"小赌"是我国民间常见的现象。但很多人并不清楚一般娱乐与赌博的界限，因此，"小赌"极易超越法律的边界而发展为违法行为。我国治安管理处罚法和刑法对赌博作了相关规定：以营利为目的，为赌博提供条件的，以及参与赌博赌资较大尚不够刑事处罚的，予以拘留、一定数额的罚款等处罚。其中，是否属于"赌资较大"由公安机关按照各地具体情况认定。以营利为目的，聚众赌博或者以赌博为业的，会构成赌博罪，将被依法追究刑事责任。

为了界定一般娱乐与赌博的界限，《公安部关于办理赌博违法案件适用法律若干问题的通知》指出，不以营利为目的，亲属之间进行带有财物输赢的打麻将、玩扑克等娱乐活动，不予处罚；亲属之外的其他人之间进行带有少量财物输赢的打麻将、玩扑克等娱乐活动，通常也不宜认定为赌博行为，不予处罚。

本案中，赵某与参与打麻将的其他三人属于亲友关系，该活动更多只是为了打发时间，并非以营利为目的；同时，四人的财物输赢合计仅600余元，每个人平均投入不足200元，没有达到当地"赌资较大"的认定标准，本质上应当属于娱乐活动，不应认定为法律上的赌博行为。但鉴于赵某等四人的行为引来不少人围观，产生了一定的不良影响，最终，派出所民警对该四人进行了批评教育，但并未给予行政处罚。

依据 ≫ 附录扫码看全文

《中华人民共和国治安管理处罚法》第 70 条，《中华人民共和国刑法》第 303 条，《公安部关于办理赌博违法案件适用法律若干问题的通知》第 9 条

二、刑事犯罪

> 打击和防范刑事犯罪是平安乡村建设的重点内容和重要目标。近年来，在我国犯罪治理体系和治理能力不断完善和提升的同时，犯罪的基本结构和态势也在不断转变。除传统犯罪之外，电信网络诈骗、非法集资等手段新、波及面广的新型犯罪在信息相对不通畅、识别和防范能力较弱的农村地区迅速滋生蔓延，不仅给农民群众造成重大损失，还使许多农村人员走上歧途。农民群众一定要提高自我安全防范意识，预防和远离各类违法犯罪行为，保障自身和家人的生命财产安全，为农村社会治安的和谐稳定贡献力量。

195 与精神病人发生性关系后将其拐卖，构成何罪？

农村妇女郭某是精神病人，牛某知道后多次以棒棒糖、橘子等零食为诱饵，与其发生性关系，而郭某完全没有性同意能力。几个月后，牛某手头紧，便以请吃饭为由将郭某诱至邻村，以 500 元的价格卖给了邻村老汉钱某做老婆。牛某的行为构成什么罪？

【分析】我国刑法规定，以暴力、胁迫或者其他手段强奸妇女的，构成强奸罪。患有精神病的妇女在发病期间或者程度严重的痴呆妇女，性自我防卫能

力缺乏或削弱。如果行为人明知妇女属于该类情形，没有性同意能力，无论其采取什么手段，妇女是否同意，均视为违背妇女意志，以强奸罪定罪处罚。本案中，牛某明知郭某无性自我防卫能力，仍与之多次发生性关系，其行为已构成强奸罪。

此外，我国刑法规定，以出卖为目的，拐骗、绑架、收买、贩卖、接送、中转妇女、儿童的，构成拐卖妇女、儿童罪，最高可处死刑，并处没收财产。行为人只要实施了前述行为之一就构成本罪。本案中，牛某以出卖为目的，贩卖患有精神疾病的妇女郭某，应以拐卖妇女罪处罚。

由上可知，牛某构成犯罪，应当以强奸罪、拐卖妇女罪数罪并罚。

【提示】买卖妇女、儿童是严重的刑事犯罪，无论是拐卖妇女、儿童的行为还是收买被拐卖的妇女、儿童的行为，均是犯罪。村民如果遇到拐卖妇女、儿童的情形，应立即拨打110报警，维护自身和他人的权益。收买被拐卖的妇女、儿童，对被买儿童没有虐待行为，不阻碍对其进行解救的，可以从轻处罚；按照被买妇女的意愿，不阻碍其返回原居住地的，可以从轻或者减轻处罚。

依据 》 附录扫码看全文

《中华人民共和国刑法》第236条、第240条、第241条

196 农村闹婚，可以没有尺度吗？

某日，何女士到农村参加闺蜜婚礼担任伴娘时，遭遇多名男性村民动手动脚。有的人甚至不顾何女士的反抗，当众强行亲吻她，对她作出摸胸等举动，前后长达10分钟。何女士脱困后当即报警，警察将多名涉案男子带回派出所。然而，这些人却辩称闹婚是村里习俗，村里人都希望婚礼热热闹闹。为了婚礼热闹，就能作出这些行为吗？

【分析】闹婚是一些地方办婚礼的传统习俗，可以活跃婚礼气氛，但应该把握好尺度，抵制低俗、恶性婚闹，倡导文明结婚。如果借闹婚之机对婚礼的

新郎新娘或伴郎伴娘等实施猥亵或侮辱行为，会侵害他人人格权，不仅要承担停止侵害、消除影响、恢复名誉、赔礼道歉、赔偿损失等民事责任，还要承担行政责任甚至刑事责任。

本案中，多名男性村民以闹婚为名，在公共场所聚众以暴力、胁迫等方法强制猥亵何女士，侵犯了何女士的人身权利，其行为符合刑法关于强制猥亵罪的规定，会被处以 5 年以上有期徒刑。

【提示】刑法规定了强制猥亵罪，本罪保护的法益是他人的性行为自己决定权。本罪的犯罪主体为一般主体，犯罪对象是年满 14 周岁的人。达到刑事责任年龄且具备刑事责任能力的男性或女性，只要实施了强制猥亵他人（可以是同性，也可以是异性）的行为就构成本罪。猥亵儿童的，构成猥亵儿童罪。

依据 》 附录扫码看全文

《中华人民共和国刑法》第 237 条

197 如何防范和应对电信网络诈骗？

村民小夏在上网时看到一则刷单广告，被高额返利吸引，添加了对方微信，在其指导下，下载了某款 App。对方让小夏在该 App 上购买虚拟物品，同时承诺购买后可全额提现并获得部分返利。随后，小夏共进行了 5 笔刷单购物，除前两单收到了部分返利外，其余几单对方均以操作失误、无法提现为由让其继续刷单。小夏察觉被骗后立即报警，但已经被骗 3 万元。

【分析】根据反电信网络诈骗法的规定，电信网络诈骗是指以非法占有为目的，利用电信网络技术手段，通过远程、非接触等方式，诈骗公私财物的行为。组织、策划、实施、参与电信网络诈骗活动或者为电信网络诈骗活动提供帮助，构成犯罪的，依法追究刑事责任。根据相关司法解释的规定，实施电信网络诈骗行为，骗取公私财物达到 3000 元以上，即可依诈骗罪判刑，诈骗数额超过 50 万元的，最高可判处无期徒刑。

本案系典型的刷单返利类诈骗，诈骗分子以高额返利引诱小夏下载虚假刷单 App，进行部分返利后取得小夏的信任，骗取小夏 3 万元，其行为已经构成诈骗罪，应当依法追究刑事责任。

电信网络诈骗手段层出不穷、千变万化。以下是一些常见、高发电信网络诈骗类型，应保持警惕：（1）刷单返利类诈骗。网络刷单行为本身违法，凡是需要先充值或垫付资金的刷单行为都是诈骗。（2）虚假投资理财类诈骗。投资理财需谨慎，要警惕所谓"高收益""有漏洞""有内幕"的投资理财网站、App。（3）虚假网络贷款类诈骗。任何声称"无抵押、无资质要求、低利率、放款快"的网贷平台都有极大风险。（4）冒充客服类诈骗。接到电商、物流客服主动来电退款，务必到官方平台核实，正规平台退款均直接退回原支付账户。（5）冒充公检法类诈骗。公检法机关不会通过电话、网络直接办案，要求把钱款转到"安全账户"的一定是诈骗。

【提示】对电信网络诈骗，要加强防范意识，切勿轻信，做到：未知链接不点击，陌生来电不轻信，个人信息不透露，转账汇款多核实。还可下载安装"国家反诈中心"App，准确填写信息，启动诈骗预警功能。收到可疑信息时，应积极联系村委会、派出所、银行等组织机构的工作人员进行咨询或核实。遭遇电信网络诈骗应第一时间报警，向警方提供详细的收款方账户信息，寻求帮助，通过紧急止付、快速冻结、资金返还等措施，挽回损失。

依据》 附录扫码看全文

《中华人民共和国刑法》第 266 条，《中华人民共和国反电信网络诈骗法》第 2 条、第 20 条、第 38 条，《最高人民法院、最高人民检察院、公安部关于办理电信网络诈骗等刑事案件适用法律若干问题的意见》第 2 条

198 村霸如何治罪？

自 2004 年以来，村民陈某通过找黑社会性质组织摆场威胁、拉帮结派、买票贿选等方式，扶持相关代言人，控制村里一经济联合社相关的土地、工程

流转。通过暴力威胁、贿选担任村干部后，陈某又利用手中权力，组织代言人通过围标、串标，控制村内建设工程等方式侵占集体利益，逐渐形成了有组织、有经济来源、把持基层政权的黑社会性质组织。该组织利用组织影响和势力，霸占村委会要职，通过聚众斗殴、故意伤害、放火等手段打压异己，逐步蚕食并把控村里的经济命脉，控制村内的水费、电费收支和社里的土地、厂房建设工程流转，造成村民集体财产千万余元被侵吞的恶劣后果。

【分析】黑社会性质组织犯罪严重危害社会治安，是我国刑事司法打击的重点。根据刑法规定，黑社会性质的组织应当同时具备以下特征：（1）组织特征：形成较稳定的犯罪组织，人数较多，有明确的组织者、领导者，骨干成员基本固定。（2）经济特征：有组织地通过违法犯罪活动或者其他手段获取经济利益，具有一定的经济实力，以支持该组织的活动。（3）行为特征：以暴力、威胁或者其他手段，有组织地多次进行违法犯罪活动，为非作恶，欺压、残害群众。（4）危害性特征：通过实施违法犯罪活动，或者利用国家工作人员的包庇或者纵容，称霸一方，在一定区域或者行业内，形成非法控制或者重大影响，严重破坏经济、社会生活秩序。对于黑社会性质组织的组织者、领导者，应当按照其所组织、领导的黑社会性质组织所犯的全部罪行处罚；对于黑社会性质组织的参加者，应当按照其所参与的犯罪处罚。

本案中，陈某组织、领导成立的犯罪组织具备了以上黑社会性质组织的四个基本特征，属于黑社会性质组织。该组织长期欺压残害群众，侵吞、掠夺集体财产，横行乡里，严重危害人民群众生命财产安全。陈某涉嫌组织、领导、参加黑社会性质组织罪以及故意伤害罪、放火罪、聚众斗殴罪等罪名，理应受到刑法的制裁。

【提示】近年来，部分黑恶势力在村一级组织滋生发展，为非作恶，欺压群众，严重扰乱社会秩序、经济秩序。为防止黑恶势力向基层组织渗透，2022年5月1日起实施的反有组织犯罪法对基层群众性自治组织换届选举中的联审机制作出了规定，明确民政部门应当会同监察机关、公安机关等有关部门，对村民委员会、居民委员会成员候选人资格进行审查，发现因实施有组织犯罪受过刑事处罚的,应当按照有关规定及时作出处理;发现有组织犯罪线索的,应当及时向公安机关报告。

依据》 附录扫码看全文

《中华人民共和国刑法》第 294 条,《中华人民共和国反有组织犯罪法》第 12 条,《最高人民法院关于审理黑社会性质组织犯罪的案件具体应用法律若干问题的解释》第 3 条

199 组织、宣传邪教构成何罪?

村民姜某是"全能神"邪教组织当地"教会"的负责人,主要负责组织"全能神"邪教当地"教会"信徒聚会,煽动他人入会,并向"教会"信徒发放宣扬"全能神"邪教组织的有关书籍和刊物等。某日,他在村里召集当地"教会"的信徒聚会时被警方抓获。经查,姜某多次累计共向信徒发放宣扬"全能神"邪教教义的书籍和刊物达上千册,还复制传播了若干个含有"全能神"教义资料的内存卡。

【分析】宗教信仰自由是我国公民的基本权利,受国家保护。但邪教不是宗教,二者有着本质的区别。邪教组织是指冒用宗教、气功或者以其他名义建立,神化、鼓吹首要分子,利用制造、散布迷信邪说等手段蛊惑、蒙骗他人,发展、控制成员,危害社会的非法组织,其本质是反人类、反科学、反社会、反政府,具有极大的社会危害性。我国严厉打击各类邪教犯罪活动,维护人民群众生命财产安全与社会稳定。

本案中,姜某在明知国家将"全能神"组织定性为邪教组织并依法取缔后,仍然组织、召集"全能神"邪教活动,纠合教徒聚会,煽动他人加入"教会",并长期大量持有、传播"全能神"邪教组织的有关书籍、刊物、教义资料等宣传品,破坏国家法律、行政法规实施,严重扰乱了社会秩序,其行为已构成组织、利用邪教组织破坏法律实施罪,应当依法追究刑事责任。

【提示】邪教组织往往具有伪装性,村民们要提高科学素养,增强抵制迷

信邪说和辨别邪教的能力，避免误入歧途。为传播而持有、携带邪教宣传品属于违法行为，利用电信网络复制、传播宣扬邪教的信息和利用网吧等上网服务营业场所制作、下载、复制、查阅、发布、传播或者以其他方式使用含有宣扬邪教内容的信息也属于违法行为。

依据》 附录扫码看全文

《中华人民共和国刑法》第 300 条，《互联网上网服务营业场所管理条例》第 14 条，《最高人民法院、最高人民检察院关于办理组织、利用邪教组织破坏法律实施等刑事案件适用法律若干问题的解释》第 1 条、第 2 条、第 5 条

200 生产、销售含甲硝唑的"毒鸡蛋"，有何后果？

村里养鸡场老板冯某为了缩短鸡的生长时间，将其在药店购买的甲硝唑片粉碎后添加到玉米饲料中。随后，冯某将吃该饲料的鸡所孵的蛋以 3000 元左右的价格卖给到村里收鸡蛋的包某，包某又将该批鸡蛋卖给镇上超市。市场监督管理部门对超市售卖的该批鸡蛋进行抽样检测，甲硝唑含量为 5.08ug/kg。

【分析】甲硝唑属于抗生素类药物，在人用药品中应用广泛。作为兽药作治疗用，甲硝唑具有较好的抗菌效果，但一旦残留，含甲硝唑的鸡蛋被人长期食用，会极大影响食用者的身体健康。2002 年农业部制定的《食品动物禁用的兽药及其它化合物清单》明确将甲硝唑列为禁止用于所有食品动物促生长的药物。根据食品安全国家标准《食品中兽药最大残留限量》（GB 31650—2019）的规定，甲硝唑不得在动物性食品中检出。

本案中，冯某为了缩短鸡的生长时间，节约养殖成本，给产蛋鸡喂食甲硝唑，并将所产的含甲硝唑的"毒鸡蛋"用于销售，其行为已构成生产、销售有毒、有害食品罪。

依据》 附录扫码看全文

《中华人民共和国刑法》第 144 条，《中华人民共和国食品安全法》第 124

条、第 149 条

201 遗弃老人是犯罪吗?

吕大爷的儿子吕某见农村的家里实在穷得揭不开锅,便到城里务工。后来吕某把媳妇和儿子带到了城里,却把吕大爷留在村里,不管不顾。吕大爷已逾七十高龄,没有劳动能力,只能沿街乞讨,朝不保夕。吕某是否构成犯罪?

【分析】对于年老、年幼、患病或者其他没有独立生活能力的人,负有扶养义务而拒绝扶养,情节恶劣的,构成遗弃罪。其中,"情节恶劣"主要是指对被害人长期不予照顾、不提供生活来源;驱赶、逼迫被害人离家,致使被害人流离失所或者生存困难;遗弃患严重疾病或者生活不能自理的被害人;遗弃致使被害人身体严重损害或者造成其他严重后果等情形。

本案中,吕大爷的儿子吕某把吕大爷独自留在村里,不管不顾,导致年逾七旬、没有劳动能力的吕大爷只能沿街乞讨,朝不保夕。吕某逃避赡养义务,使吕大爷处于危险境地,情节恶劣,构成遗弃罪。

【提示】扶养实际上就是扶助年老、年幼、患病或者其他没有独立生活能力的人,让其能够像人一样生存。除了提供生存所必需的条件外,在其生命、身体处于危险状态之时,必须提供救助,不能将其置于危险境地。

依据 >> 附录扫码看全文

《中华人民共和国刑法》第 261 条,《最高人民法院、最高人民检察院、公安部、司法部关于依法办理家庭暴力犯罪案件的意见》第 17 条

202 砍伐自家自留山的林木会构成犯罪吗?

最近几年,村里不少人靠种核桃发家致富。看到别家日子过得越来越好,村民毛某也打算在自家自留山上种核桃。于是,在没有办理采伐许可证的情况

下，毛某砍伐了自家在自留山上种植的大片杨树并种上了核桃树。经勘验，被砍伐林木的立木蓄积达 31.5 立方米。

【分析】森林资源是我国的重要资源，生态环境是社会的宝贵财富。我国森林法明确规定：森林资源属于国家、集体所有。森林、林木、林地的所有者和使用者应当依法保护和合理利用森林、林木、林地，不得非法毁坏森林、林木、林地。采伐自留地和房前屋后个人所有的零星林木以及自然保护区以外的竹林，不需要申请采伐许可证。采伐林地上的林木应当申请采伐许可证，并按照采伐许可证的规定进行采伐。农民若想采伐自留山和个人承包集体林地上的林木，必须要有县级林业主管部门或者其委托的乡镇人民政府依照有关规定审核发放的采伐许可证。

违反森林法的规定，具有下列情形之一，且滥伐林木数量较大的，应当以滥伐林木罪定罪处罚：（1）未取得采伐许可证，或者违反采伐许可证规定的时间、地点、数量、树种、方式，任意采伐本单位或者本人所有的林木的；（2）违反森林法第 56 条第 3 款的规定（非林地上的农田防护林、防风固沙林、护路林、护岸护堤林和城镇林木等的更新采伐，由有关主管部门按照有关规定管理），任意采伐本单位或者本人所有的林木的；（3）在采伐许可证规定的地点，超过规定的数量采伐国家、集体或者他人所有的林木的。涉案林木具有下列情形之一的，应当认定为"数量较大"：（1）立木蓄积 20 立方米以上的；（2）幼树 1000 株以上的；（3）数量虽未分别达到（1）（2）两项规定标准，但按相应比例折算合计达到有关标准的；（4）价值 5 万元以上的。如果数量达到上述（1）至（4）项规定标准 5 倍以上，应当认定为"数量巨大"。

本案中，虽然毛某在其自留山种植的林木归其所有，但毛某若想砍伐该林木，应当依法申请办理采伐许可证。毛某未经相关部门批准并核发林木采伐许可证，擅自砍伐其自留山的林木（立木蓄积为 31.5 立方米，达到"数量较大"标准），破坏了国家对林木资源的管理制度，导致林木资源严重受损，应当以滥伐林木罪追究其刑事责任，并令其承担生态环境修复责任。

【提示】村民在采伐林木前，应当判断是否需要办理采伐手续，如果无法判断，应向当地林业主管部门咨询。在申请采伐许可证时，应当提交有关采伐的范围、树种、面积、方式等内容的材料，并严格按照许可内容采伐。

依据 >> 附录扫码看全文

《中华人民共和国刑法》第 345 条，《中华人民共和国森林法》第 14 条、第 15 条、第 20 条、第 56 条、第 57 条，《中华人民共和国民法典》第 1234 条，《最高人民法院关于审理破坏森林资源刑事案件适用法律若干问题的解释》第 5 条、第 6 条

203 私自开垦承包的林地会构成犯罪吗？

2020 年，村民小周承包了村里的一片林地。2021 年，未经有关部门审批，他使用自家的四轮车、重耙等工具，私自将一部分林地开垦后用于种植黄豆，另一部分改为水田用于种植水稻。经勘验，小周开垦林地致林地毁坏的面积为 12.123 亩，森林类别为一般商品林地，林地原有植被的毁坏程度为严重毁坏。

【分析】农用地是指直接用于农业生产的土地，包括耕地、林地、草地、农田水利用地、养殖水面等。农用地未经批准任何人不得擅自改变其用途。非法改变农用地用途，既包括非法将农用地转为建设用地的行为，也包括耕地、林地、草地等农业用地之间的非法转换。国家严格控制农用地转为建设用地，重点保护农地资源，同时严格限制农用地农业用途之间的非法转换。

森林法明确规定，森林、林木、林地的所有者和使用者应当依法保护和合理利用森林、林木、林地，不得非法改变林地用途和毁坏森林、林木、林地。根据刑法规定，违反土地管理法规，非法占用林地，改变被占用林地用途，数量较大，造成林地大量毁坏的，构成非法占用农用地罪。根据相关司法解释的规定，非法占用并毁坏公益林地 5 亩以上或者商品林地 10 亩以上的（非法占用并毁坏的公益林地、商品林地数量虽未分别达到该标准，但按相应比例折算合计达到有关标准的），即构成犯罪；针对屡教不改的情形，即 2 年内曾因非

法占用农用地受过 2 次以上行政处罚又非法占用的，入罪标准减半计算。

本案中，小周违反土地管理法规，未经林业主管部门批准，非法开垦所承包的商品林地进行非林业生产，违背土地利用总体规划，擅自改变林地用途，进行非林业生产，其非法占用并毁坏的商品林地达到了 10 亩以上，显然已构成非法占用农地罪，应追究其刑事责任，并令其承担生态环境修复责任。

依据》 附录扫码看全文

《中华人民共和国刑法》第 342 条，《中华人民共和国森林法》第 15 条，《中华人民共和国土地管理法》第 4 条，《中华人民共和国民法典》第 1234 条，《最高人民法院关于审理破坏森林资源刑事案件适用法律若干问题的解释》第 1 条

204 在自家菜地种植罂粟会构成犯罪吗？

村民小杨虽然知道种罂粟违法，但是听闻罂粟苗味道鲜美适合涮火锅吃，觉得偷偷种不会被发现，于是怀着侥幸心理在自家的菜地里种植了罂粟。经过他的细心浇灌，不久后菜地里就长出了成片的罂粟。巡查民警发现了小杨菜地里的罂粟，经鉴定为毒品原植物，遂全部铲除。

【分析】罂粟是毒品原植物，可提炼加工成海洛因等毒品，严重危害社会。我国对罂粟种植严加控制，未经国家有关部门批准一律禁止种植。村民种植罂粟，无论出于什么目的、数量多少，都会涉嫌违法甚至犯罪。

非法种植罂粟、大麻等毒品原植物的，一律强制铲除。行为人非法种植罂粟不满 500 株的，公安机关可以根据情节对其作出罚款、拘留等行政处罚。有下列情形之一的，构成非法种植毒品原植物罪，处 5 年以下有期徒刑、拘役或者管制，并处罚金：（1）种植罂粟 500 株以上不满 3000 株的；（2）经公安机关处理后又种植的；（3）抗拒铲除的。非法种植罂粟 3000 株以上的，处 5 年以上有期徒刑，并处罚金或者没收财产。非法种植罂粟，在收获前自动铲除的，可以免除处罚。如果行为人不知道种植的是毒品原植物，不构成犯罪。

本案中，小杨违反毒品原植物种植管制法规，在明知罂粟为毒品原植物且种植违法的情况下擅自种植，已属违法。如果小杨种植的罂粟数量达到 500 株，则应当以非法种植毒品原植物罪依法惩处。

【提示】国家严厉打击毒品违法犯罪行为，严禁种植毒品原植物，并启用卫星遥感监测、无人机航测罂粟等毒品原植物的非法种植，即使是在地里或屋顶种上几株作为观赏，都能被发现。村民要坚决杜绝种植、购买、食用罂粟及其幼苗，发现相关违法行为，应及时向公安机关举报。

依据 》 附录扫码看全文

《中华人民共和国刑法》第 351 条，《中华人民共和国治安管理处罚法》第 71 条

205 挪用扶贫资金该当何罪？

汪某是某村的党支部书记兼村委会主任，他以发展东北松基地项目为由向县扶贫办申报了扶贫资金 20 万元。该笔资金拨付到镇财政所后，其中的 10 万元用于补偿东北松基地的实际承包人，剩余 10 万元在汪某的安排下被用于支付偿还村委会新建办公楼的欠款、村委会以往不能报销的招待费以及其他日常开支等。这种行为构成犯罪吗？

【分析】扶贫资金是国家为改善贫困地区生产和生活条件，提高贫困人口生活质量和综合素质，支持贫困地区发展经济和社会事业而设立的专项资金。这类特定资金必须专款专用，不得挪作他用。

我国刑法明确规定，挪用用于救灾、抢险、防汛、优抚、扶贫、移民、救济款物，情节严重，致使国家和人民群众利益遭受重大损害的，对直接责任人员应以挪用特定款物罪定罪处罚。

本案中，汪某作为村党支部书记和村委会主任，属于经手、保管特定款物的直接责任人员。其违反国家关于特定款物专用的财经管理制度，擅自挪用扶

贫资金 10 万元用于村委会其他事项，表面上看是"为公"，实质上侵害了村干部的职务廉洁性以及特定款物的专属性质，其行为致使国家和人民群众利益遭受重大损害，已构成挪用特定款物罪，应承担相应刑事责任。

依据》 附录扫码看全文

《中华人民共和国刑法》第 273 条

206 农民专业合作社可以向公众吸收资金吗？

耿某注册成立了某种植专业合作社，担任法定代表人，负责合作社的日常工作。合作社成立后，通过设置广告牌以及向公众发放宣传资料等方式，以高额利息为诱饵，许诺在一定期限内还本付息，以入社的名义，共吸收宋某等 55 人的存款 112.7 万元。耿某将所吸收的存款用于其某厂房工程的建设。至案发，因建设资金无法回笼，共 107.95 万元存款无法归还。

【分析】非法集资，是指未经国务院金融管理部门依法许可或者违反国家金融管理规定，以许诺还本付息或者给予其他投资回报等方式，向不特定对象吸收资金的行为。根据主观态度、行为方式、危害结果等具体情况的不同，非法集资构成相应的罪名，其中最主要的是非法吸收公众存款罪和集资诈骗罪，两罪核心的区别在于是否具有非法占有的目的，即是否有诈骗的故意。

农民专业合作社是农户自愿组成的互助性经济组织，本身并不具备吸收公众存款和发放贷款的资格。党的十八届三中全会提出，允许合作社开展信用合作。农民加入合作社开展信用合作业务，必须以农业生产经营为纽带，由全部或部分成员自愿入股筹集信用合作资金，不以盈利为目的，并且仅为成员内部从事农业生产经营活动提供贷款服务和担保服务。合作社必须坚持"吸股不吸存""分红不分息"的原则，不能像银行一样吸收存款，发放利息。

本案中，耿某成立的某种植专业合作社，向社会公开宣传，以高额利息为诱饵、以入社的名义向宋某等 55 人变相吸收存款共计 112.7 万元，扰乱了金融秩序，且造成 107.95 万元无法归还的严重后果，构成非法吸收公众存款罪，应判处罚金。耿某作为合作社的直接责任人，其行为也构成非法吸收公众存款罪，应承担相应的刑事责任，由于合作社非法吸收公众存款的行为造成较大损失无法归还，对其可酌情从重处罚。

【提示】非法集资行为有非法性、公开性、利诱性、社会性四个特征，其常见的犯罪手法有承诺高额回报、编造虚假项目、以虚假宣传造势、利用亲情诱骗等。《防范和处置非法集资条例》中明文规定，因参与非法集资受到的损失，由集资参与人自行承担。为此，村民一定要擦亮双眼，增强风险防范意识和识别能力，拒绝高利诱惑，远离非法集资。

关于涉案财物的追缴和处置，需要注意以下问题。向社会公众非法吸收的资金属于违法所得。犯罪分子以吸收的资金向集资参与人支付的利息、分红等回报，以及向帮助吸收资金人员支付的代理费、好处费、返点费、佣金、提成等费用，会被依法追缴。集资参与人的本金如果尚未归还，之前所支付的回报可折抵本金。查封、扣押、冻结的涉案财物及变卖、拍卖所得价款，一般会在诉讼终结后返还集资参与人。涉案财物不足全部返还的，会按照集资参与人的集资额比例返还。

依据》 附录扫码看全文

《中华人民共和国刑法》第 176 条、第 192 条，《防范和处置非法集资条例》第 2 条、第 25 条，《最高人民法院关于审理非法集资刑事案件具体应用法律若干问题的解释》第 1 条、第 3 条、第 7 条，《最高人民法院、最高人民检察院、公安部关于办理非法集资刑事案件适用法律若干问题的意见》第 5 条

207 拖欠工资是否会构成犯罪？

村民老郁在外地某公司打工，工作期间该公司拖欠了包括老郁在内的 30 名农民工工资共计 13.7 万元。劳动保障监察大队先后下达 4 次行政指令，责令该公司支付所欠工资，均逾期未执行。公司的法定代表人以在外地出差为由拒

不接受行政指令，并频繁变更联系电话，逃匿支付工资。

【分析】我国刑法明确规定，以转移财产、逃匿等方法逃避支付劳动者的劳动报酬或者有能力支付而不支付劳动者的劳动报酬，数额较大，经政府有关部门责令支付仍不支付的，构成拒不支付劳动报酬罪。"数额较大"的情形包括：（1）拒不支付 1 名劳动者 3 个月以上的劳动报酬且数额在 5000 元至 2 万元以上的；（2）拒不支付 10 名以上劳动者的劳动报酬且数额累计在 3 万元至 10 万元以上的。

本案中，某公司未依法履行支付劳动报酬的义务，拖欠劳动者较大数额的工资，经劳动行政部门多次书面责令支付后，在指定的期限内仍不支付，公司的法定代表人也始终推诿、逃匿支付劳动者工资，该公司及其法定代表人的行为已构成拒不支付劳动报酬罪。

依据》 附录扫码看全文

《中华人民共和国刑法》第 276 条之一，《最高人民法院关于审理拒不支付劳动报酬刑事案件适用法律若干问题的解释》第 3 条

208　在道路上醉酒驾驶拖拉机是否会构成犯罪？

某日中午，村民马某在家招待客人，席间喝了点小酒。吃完饭后，他便驾驶拖拉机打算去县里办点事。就在他行驶至县道时，与同方向行驶的小型轿车发生追尾碰撞，事故造成两车不同程度损坏。经检测，马某血液中的酒精含量达到 160mg/100ml。马某认为拖拉机不属于机动车，不在查酒驾范围内。

【分析】在道路上酒驾、醉驾都是极其危险的违法行为。酒驾，即饮酒后驾驶机动车，认定标准为：20mg/100ml≤血液酒精含量＜ 80mg/100ml，通常属于一般违法行为，依据道路交通安全法的规定处罚。醉驾，即醉酒状态下驾驶机动车，认定标准为：血液酒精含量≥ 80mg/100ml，除情节显著轻微、危害不大，不认为是犯罪的，一般会构成危险驾驶罪。

依据道路交通安全法的规定，机动车是指以动力装置驱动或者牵引，上道路行驶的供人员乘用或者用于运送物品以及进行工程专项作业的轮式车辆，包括汽车及汽车列车、摩托车、轮式专用机械车、挂车、有轨电车、特型机动车和上道路行驶的拖拉机，不包括虽有动力装置但最大设计车速、整备质量、外廓尺寸等指标符合有关国家标准的残疾人机动轮椅车和电动自行车。可见，上道路行驶的拖拉机也属于机动车。醉酒后在道路上驾驶拖拉机构成犯罪。

本案中，马某血液的酒精含量远超 80mg/100ml，其在醉酒状态下在道路上驾驶拖拉机，造成交通事故，严重违反了交通运输管理法规中有关安全驾驶的规定。马某的行为构成危险驾驶罪，应依法追究刑事责任。

依据》 附录扫码看全文

《中华人民共和国刑法》第 133 条之一,《中华人民共和国道路交通安全法》第 91 条、第 119 条,《最高人民法院、最高人民检察院、公安部、司法部关于办理醉酒危险驾驶刑事案件的意见》第 4 条、第 10 条、第 12 条

第七章　纠纷解决

一、人民调解

　　人民调解，是指人民调解委员会通过说服、疏导等方法，促使当事人在平等协商基础上自愿达成调解协议，解决民间纠纷的活动，是我国人民独创的非诉讼纠纷解决方式，被誉为"东方一枝花"。作为一项具有中国特色的法律制度，人民调解有着其独特优势。一是便民、灵活。人民调解扎根基层、贴近群众，人民调解组织很容易找得到，且调解方式灵活、程序简单，非常便民。二是经济、快捷。人民调解不收当事人一分钱，且不受诉讼等程序的约束，大大降低了纠纷解决的经济和时间成本。三是平和。通过人民调解解决纠纷后，纠纷双方往往还能继续相处，有利于社会和谐稳定。

　　需要注意的是，人民调解和人民法院在诉讼中的调解有诸多不同，其中最大的区别在于二者的法律效力。人民法院在调解成功后通常会制作调解书，该调解书一经送达双方当事人即发生法律效力，可以作为强制执行的依据。人民调解委员会在调解成功后也可能会制作调解协议书，但是该调解协议书不能直接作为强制执行的依据。如果当事人希望调解协议的内容能够被人民法院强制执行，需要自调解协议生效之日起30日内共同到人民法院申请司法确认。

209 想调解，该找谁？

甲村村民郑某和王某是邻居。每逢节庆，郑某都会在自家门前燃放大量鞭炮。然而，王某刚出生的儿子一听到鞭炮声便大哭不止。王某找郑某协商，郑某表示一定注意。不久，郑某的父亲七十大寿，郑某大摆宴席，燃放了多挂1000响的鞭炮。王某的儿子再次因鞭炮声啼哭不止，并出现了惊厥状态。王某的妻子认为协商没用，想找娘家兄弟"教训"郑某一顿。王某觉得邻里之间要和睦相处，希望找一个权威的第三方给调解一下。王某可以找谁调解？

【分析】本案中，王某如果已经无法通过和郑某自行和解的方式化解纠纷，为避免矛盾激化，可以尝试通过人民调解的方式解决纠纷。人民调解委员会是依法设立的调解民间纠纷的群众性组织，我国在村民委员会设置了人民调解委员会，其委员由村民会议或者村民代表会议推选产生。因此，王某可以找甲村村民委员会的人民调解委员会调解纠纷，甲村人民调解委员会委员或者人民调解委员会聘任的人员将担任人民调解员对两家之间的纠纷进行调解。

【提示】除村民委员会之外，我国在居民委员会以及某些企业事业单位也设立了人民调解委员会。如果在外出务工期间发生了纠纷，也可以找当地的居民委员会或者企业事业单位的人民调解委员会调解纠纷。

依据》 附录扫码看全文

《中华人民共和国人民调解法》第7条、第8条、第9条、第13条

210 可以让亲戚参与调解吗？

村民冯某为丧偶老人，有一子（冯大）一女（冯二）。子女均在外地打工，很少回家看他，也很少寄钱给他。后冯某逐渐丧失劳动能力，生活非常困难。某日，冯某摔倒骨折，村委会将其送往医院后联系了他的子女。然而，在商讨给付医疗费和照顾老人的问题时发生了分歧：冯大认为自己经济条件太差，没有能力，应由经济条件较好的冯二管；冯二则认为冯某一直重男轻女，家里的

钱都花在了冯大身上，导致自己初中就辍学打工，理应由冯大管才对。经多次调解，均未达成协议。冯某提出，自己的姐姐曾长期照顾子女，与二人的关系非常好，在他们心目中也比较有威望，想请姐姐参与调解，不知是否可以？

【分析】人民调解具有灵活、便民的特点，对参与调解的主体、调解的程序等并无过多强制性要求。人民调解法规定，人民调解员根据调解纠纷的需要，在征得当事人的同意后，可以邀请当事人的亲属、邻里、同事等参与调解，也可以邀请具有专门知识、特定经验的人员或者有关社会组织的人员参与调解。

本案中，冯某与子女经人民调解员多次调解仍未能达成协议，调解陷入僵局，纠纷无法解决。冯某的姐姐与其子女关系亲密，具有较高威望，参与调解有利于达成协议，化解纠纷，在征得各方当事人同意后，可以邀请冯某姐姐参与调解。

依据 >> 附录扫码看全文

《中华人民共和国人民调解法》第 20 条

⑪ 不想让别人知道调解的事，可以吗？

村民魏某和陶某系夫妻。魏某外出打工期间，陶某与外村村民姜某发生了不正当关系。某日，魏某翻看陶某手机时得知此事，欲与陶某离婚。陶某认为，魏某长期在外，自己感到孤独才会与姜某逢场作戏，并无真感情，故死活不同意离婚。后双方到本村人民调解委员会请求调解。调解过程中，陶某认为此事并不光彩，可能影响到自己的声誉，希望调解不公开进行。

【分析】根据人民调解法的规定，当事人在人民调解活动中享有一系列重要权利，例如，选择或者接受人民调解员；接受调解、拒绝调解或者要求终止调解；要求调解公开进行或者不公开进行；自主表达意愿、自愿达成调解协议。

本案涉及当事人的隐私，如果调解公开进行将对其名誉造成严重影响，陶某有权要求调解不公开进行，人民调解员应当根据陶某的要求不公开调解该案。

【提示】在调解的过程中，当事人除享有一系列权利之外，还应当履行一定的义务，例如，如实陈述纠纷事实；遵守调解现场秩序，尊重人民调解员；尊重对方当事人行使权利。

依据》 附录扫码看全文

《中华人民共和国人民调解法》第 23 条、第 24 条

212 人民调解协议有法律约束力吗？

村民杨某承包了一个鱼塘。近来，杨某发现鱼塘水质变得浑浊、恶臭，甚至开始出现死鱼死虾。经调查发现，村里开摩托车修理店的蒋某经常往流经鱼塘的河里排放污水，污染了鱼塘。杨某找蒋某协商，蒋某认为死些小鱼小虾不算什么，仍然我行我素。杨某向村人民调解委员会申请调解。经多次调解，双方达成调解协议书，蒋某赔偿杨某 2000 元，并改良修理店的排水系统，不再往河里排污。这份调解协议书有法律约束力吗？何时生效？

【分析】根据人民调解法的规定，经人民调解委员会调解达成的调解协议，具有法律约束力，当事人应当按照协议的约定履行义务。调解协议达成的形式不同，生效的时间也不同：如果制作了调解协议书，该协议书自各方当事人签名、盖章或者按指印，人民调解员签名并加盖人民调解委员会印章之日起生效；如果达成了口头调解协议，该协议自各方当事人达成协议之日起生效。

本案中，双方之间达成的调解协议书具有法律约束力，自双方签名、盖章或者按指印，人民调解员签名并加盖人民调解委员会印章之日起生效。杨某有权要求蒋某按照协议的内容履行赔偿损失和停止侵害的义务。此外，根据法律规定，村人民调解委员会还应当对调解协议的履行情况进行监督，督促蒋某履行义务。

【提示】需要指出的是，本案中的调解协议虽然已经生效，但由于没有经

过司法确认，因而不具有强制执行力，如果蒋某经杨某催促和人民调解委员会督促后，仍拒绝履行调解协议约定的义务，杨某只能向法院起诉，要求蒋某履行义务，不能直接申请人民法院强制执行调解协议的内容。

依据》 附录扫码看全文

《中华人民共和国人民调解法》第 29 条、第 30 条、第 31 条、第 32 条、第 33 条

213 达成调解协议后，怕对方反悔怎么办？

孔某和韩某均为甲县乙村村民。因投资蔬菜大棚，孔某向韩某借款 8 万元，约定借期 2 年，孔某每年支付给韩某 2 万元利息。第一年孔某如期支付利息。到了第二年，由于亏损，孔某不仅没支付利息，还表示无力偿还本金。韩某遂向乙村人民调解委员会申请调解。人民调解员指出，由于他们约定的利率过高，违反了国家规定，因而其有关利息的约定无效。经调解，双方达成协议：孔某自调解协议生效之日起 1 年内分 4 次偿还 8 万元本金；韩某已经取得了 2 万元的利息，放弃剩余的利息。二人对调解协议的内容都还算满意，但又担心对方反悔，不履行调解协议。他们该怎么办？

【分析】为了强化司法对人民调解的支持，我国立法确立了人民调解的司法确认制度。根据该制度，经人民调解委员会调解达成调解协议后，双方当事人认为有必要的，可以自调解协议生效之日起 30 日内共同向人民法院申请司法确认。本案中，孔某和韩某应当自调解协议生效之日起 30 日内共同到甲县人民法院申请司法确认，进而获得人民法院对该调解协议的支持。

孔某和韩某申请对调解协议进行司法确认，可以采用书面形式或者口头形式。申请时，应当向人民法院提交调解协议、调解组织主持调解的证明，以及与调解协议相关的财产权利证明等材料，并提供双方当事人的身份、住所、联系方式等基本信息。

【提示】人民法院受理司法确认申请，经审查认为调解协议符合法律规定，裁定有效后，一方当事人应按照调解协议的内容履行义务，否则，对方当事人可以直接申请人民法院强制执行。人民法院将依法采取强制执行措施。

依据 >> 附录扫码看全文

《中华人民共和国人民调解法》第33条，《中华人民共和国民事诉讼法》第205条、第206条，《最高人民法院关于适用〈中华人民共和国民事诉讼法〉的解释》第353条、第354条

214 调解协议都会被法院确认有效吗？

白某和金某系夫妻，白某在外地打工多年后衣锦还乡。某日，一黄姓女子找上门来，称自己是白某打工期间的"相好"，欲与白某结婚。金某非常愤怒，与黄某厮打起来，要将其赶出家门。但黄某坚决不走，白某也态度暧昧，表示谁都不想放弃。此事在村里成为笑话，村人民调解委员会来调处纠纷，并在征得他们同意后，请来村里很有声望的花老太参与调解。花老太认为，二女共事一夫也正常，因而提议两人都算白某的妻子，金某做妻，黄某做妾。三人如果根据花老太的提议达成调解协议，该协议会被法院确认有效吗？

【分析】并非所有的调解协议都会被人民法院确认有效。

调解协议存在以下情形的，人民法院将裁定不予受理：（1）不属于人民法院受理范围的；（2）不属于收到申请的人民法院管辖的；（3）申请确认婚姻关系、亲子关系、收养关系等身份关系无效、有效或者解除的；（4）涉及适用其他特别程序、公示催告程序、破产程序审理的；（5）调解协议内容涉及物权、知识产权确权的。

调解协议存在以下情形的，人民法院将裁定驳回申请：（1）违反法律强制性规定的；（2）损害国家利益、社会公共利益、他人合法权益的；（3）违背公序良俗的；（4）违反自愿原则的；（5）内容不明确的；（6）其他不能进

行司法确认的情形。

本案中，如果当事人根据花老太的提议达成调解协议，那么由于该协议的内容是确认婚姻关系的有无，法院将裁定不予受理；不仅如此，该调解协议的内容明显违背公序良俗且违反法律规定，即使法院受理了当事人的申请，最终也将作出驳回申请的裁定。

【提示】本案中，如果金某想解除与白某的婚姻关系，可以与其协议离婚，或者申请人民调解委员会调解，也可以直接向人民法院提起离婚诉讼。如果金某认为白某和黄某构成了重婚，可以向公安机关报案，或者向人民法院提起刑事自诉。

依据 》 附录扫码看全文

《中华人民共和国民事诉讼法》第 206 条，《中华人民共和国民法典》第 1076 条、第 1079 条，《中华人民共和国刑事诉讼法》第 210 条，《最高人民法院关于适用〈中华人民共和国民事诉讼法〉的解释》第 355 条、第 358 条

二、行政复议和诉讼

党的二十大报告明确提出，要扎实推进依法行政。行政复议与行政诉讼在监督行政机关依法行政，维护公民、法人和其他组织合法权益等方面具有重要作用。行政复议是行政系统内部的自我纠错制度，主要表现为上级行政机关对下级行政机关的监督，具有专业性强、程序相对便捷等特点。行政诉讼俗称"民告官"制度，是公民、法人或其他组织向法院起诉，以寻求司法救济和解决行政纠纷的方式。人民法院通过依法审理行政案件，纠正违法行政行为，并对权益受损的当事人给予补救，充分发挥实质性化解行政争议的作用。

215 养鸡场被强制拆除，可以申请行政复议或起诉吗？

某养鸡场使用的土地被县政府纳入征收范围。在征收过程中，因协商未果，县政府在未与某养鸡场签订拆迁补偿协议，也没有给予相应补偿的情况下，就以"环保"为名将养鸡场内的彩钢房和养鸡大棚强制拆除。养鸡场老板赵某认为县政府的行为违法，他能申请行政复议或提起行政诉讼吗？

【分析】国家进行土地征收必须遵循法定程序的要求。根据土地管理法及其实施条例的规定，政府进行土地征收，要根据征地补偿安置方案与拟征收土地的所有权人、使用权人签订征地补偿安置协议，遵循"先补偿、后搬迁"的原则，对土地所有权人、使用权人进行公平、合理的补偿，保证被征地农民原有生活水平不降低、长远生计有保障。根据行政强制法的规定，行政机关实施行政强制执行行为前，应当以书面形式催告当事人履行义务，并给予当事人陈述和申辩的权利；经催告当事人无正当理由逾期仍不履行的，行政机关应当作出书面强制执行决定并送达当事人。因此，县政府在没有签订征地补偿协议的情况下，没有作出强制拆除养鸡场相关设施的书面决定便实施强制拆除行为，侵犯了养鸡场老板赵某的陈述权、申辩权，明显违法。根据行政复议法和行政诉讼法的有关规定，对行政机关实施的行政强制措施和行政强制执行不服的，行政相对人有权依法申请行政复议或提起行政诉讼。

本案中，县政府实施的强制拆除行为是行政强制执行行为，属于行政复议和行政诉讼的受案范围。赵某认为该行为程序违法，侵犯其合法权益，可以自知道该行为之日起 60 日内向上级行政机关即市政府申请行政复议，或者自知道该行为之日起 6 个月内向法院提起行政诉讼。同时，对于强制拆除行为所造成的财产损失，赵某在申请行政复议或提起行政诉讼时，也可以一并提出行政赔偿请求。行政复议机关或法院在作出撤销、变更行政行为或者确认行政行为违法、无效的复议决定或判决时，应当同时要求被申请人或被告依法给予赔偿。

【提示】行政复议与行政诉讼都是解决行政争议的重要法律制度。但实践中，行政争议的表现形式多样，并非所有的行政争议都可以通过行政复议或行政诉讼加以解决。根据行政复议法和行政诉讼法的规定，当事人不能针对行政机关作出的不产生外部法律效力或实质影响、不构成终局性的行政行为申请行政复议或提起行政诉讼。例如，行政机关对其工作人员的奖惩、任免行为，行政机关对民事纠纷作出的调解等，均不属于行政复议和行政诉讼的受案范围。

依据 ≫ 附录扫码看全文

《中华人民共和国行政复议法》第 11 条、第 20 条、第 24 条、第 72 条，《中华人民共和国行政诉讼法》第 12 条、第 46 条、第 76 条，《中华人民共和国行政强制法》第 35 条、第 36 条、第 37 条、第 38 条，《中华人民共和国土地管理法》第 47 条、第 48 条，《中华人民共和国土地管理法实施条例》第 29 条

216 对土地确权行为不服，能直接向法院起诉吗？

某村林场始建于 1972 年，位于某村一、二组之间，主要占用一、二组荒山和土地。在林场经过建设形成一定规模之际，国家开始推行家庭联产承包责任制，原林场在改革浪潮中解散后逐渐陷入无人管理的状态。一、二组村民们觉得林场变成了没有人使用的无主地，于是开始就近在林场土地上种植作物，并保持着长期经营的状态，一直无人干涉。就在去年，村委会作出《关于恢复某村林场的决定》，长期使用该土地的一、二组村民对该决定提出异议。虽然县自然资源和规划局组织村、组双方进行了调解，但因双方分歧很大，未达成调解协议。今年年初，县政府依法裁决某村林场的土地所有权归某村所有。一、二组村民不服，他们能直接向法院起诉吗？

【分析】由于历史规划、经营体制改革等多重原因，部分农村的大量闲置林地、草地、未利用地等土地所有权、使用权长期模糊，由土地确权引发的土地纠纷成为实践中较为棘手的问题之一。根据行政复议法和行政诉讼法的规定，公民、法人或其他组织与行政机关之间因土地等自然资源的行政确权行为

发生纠纷的，其救济途径与普通行政纠纷不同。公民、法人或其他组织不服行政机关作出的决定，认为侵犯其已经依法取得的土地所有权或使用权的，应当先申请行政复议；如果对行政复议决定不服，才可以依法向人民法院提起行政诉讼。也就是说，复议是诉讼的前置条件。

另外，根据行政复议法和行政诉讼法关于管辖的规定，对省级以下地方各级人民政府作出的行政行为不服的，应当向上一级地方人民政府申请行政复议；对县级以上地方人民政府所作的行政行为提起诉讼的，应由中级人民法院管辖。同时，因行政行为直接导致不动产物权设立、变更、转让、消灭提起行政诉讼的，应当由不动产所在地的人民法院管辖。

因此，本案中，一、二组村民对县政府所作的行政裁决有异议，应当先向上一级人民政府即市政府申请行政复议；如果对复议决定不服，应当向案涉土地即某村林场所在地的中级人民法院起诉，以此来维护自身合法权益。

依据 》 附录扫码看全文

《中华人民共和国行政复议法》第 23 条、第 24 条，《中华人民共和国行政诉讼法》第 15 条、第 20 条、第 26 条

217 对涉及农村集体土地的征收行为不服，谁有权申请行政复议？

王某、商某、梅某、何某、李某五人均是某村村民，互相之间是亲属关系。年初，省政府作出用地批复，同意将该村 12.4509 公顷集体土地征为国家所有，王某、商某的房屋正位于征地范围内，但梅某、何某、李某三人使用的土地不在该范围内。王某、商某、梅某、何某、李某五人不服该用地批复，向省政府申请行政复议。这五人都有资格申请行政复议吗？

【分析】申请行政复议须符合行政复议法规定的主体资格。其中，是否与有争议的行政行为有利害关系是判断是否具有行政复议申请人资格的重要标

准。根据行政复议法的规定，"申请人与被申请行政复议的行政行为有利害关系"是行政复议机关受理行政复议申请的法定条件之一。同时，参照相关司法解释的规定，对涉及农村集体土地的行政行为不服，与其具有利害关系，能够申请行政复议的组织和个人主要有：一是代表行使集体土地所有权的村民委员会或者农村集体经济组织；二是在集体经济组织不申请行政复议的情形下，也可以是过半数的集体经济组织成员；三是土地使用权人。

本案中，王某等五人中，只有王某、商某使用的土地在征地范围内，属于被征收土地的使用权人，与省政府作出的行政行为有利害关系；梅某、何某、李某三人使用的土地都不在征地范围内，不是被征收土地的使用权人，也不是其他权利人，与省政府作出的行政行为没有利害关系。所以，五人中只有王某、商某能申请行政复议。

【提示】行政诉讼法也规定，行政行为的相对人以及其他与行政行为有利害关系的公民、法人或者其他组织，有权提起诉讼。

依据》 附录扫码看全文

《中华人民共和国行政复议法》第 14 条、第 30 条，《中华人民共和国行政诉讼法》第 25 条，《最高人民法院关于审理涉及农村集体土地行政案件若干问题的规定》第 3 条、第 4 条、第 6 条

218 申请行政复议或提起行政诉讼，需要提供哪些证据？

小陈开办的乡镇企业某食品厂，因违反法律规定，厂房部分设施被县税务局采取强制措施，但县税务局在执法过程中没有记录。小陈想要为自己说明一些现实难处和理由，但税务局的执法人员一直拒绝与小陈交流。事情发生后，小陈认为自己不应受到如此对待，想要采取相应的救济手段，但发现自己似乎没有证据能够证明税务局的行为违法。小陈想申请行政复议或提起行政诉讼，他需要提供哪些证据？

【分析】证据是认定案件事实的依据。法官审理案件，很大程度上依靠证据来还原案件的基本事实，核实当事人双方的主张是否合理。证据对于当事人进行诉讼活动、维护自己的合法权益，对于法院查明案件事实、依法正确裁判，都具有十分重要的意义。

根据行政复议法、行政诉讼法及相关司法解释等的规定，申请人在申请行政复议或原告在提起行政诉讼时，原则上虽然由被申请人或被告，也就是由行政机关或法律、法规、规章授权的组织承担主要举证责任，由其证明行政行为合法、合理，但并不意味着申请人或原告不需要承担任何举证责任。在申请行政复议时，申请人除了要提供证据证明申请符合法定条件外，在主张被申请人不作为和提出行政赔偿请求时还负有特定证明义务，须提供曾要求被申请人履行法定职责而被申请人不履行的证据（被申请人应当依职权主动履行法定职责或者申请人因正当理由不能提供的除外）和受行政行为侵害而造成损害的证据（因被申请人原因导致申请人无法举证的，由被申请人承担举证责任）等。在起诉时，原告除了要提供证据证明符合起诉条件外，也须对行政程序中曾向被告提出过申请和被诉行政行为造成损害的事实等进行举证；同时，为了增加获胜的可能性，最好就自己的主张提供尽可能多的证明材料，并主动提供证据证明行政行为违法，但最终能否证明不影响被告的举证责任。

本案中，县税务局的执法行为明显不符合法定程序要求，小陈可就县税务局的行为申请行政复议或提起行政诉讼，并提供相应证据。申请行政复议或提起行政诉讼时，小陈应当提供其符合申请行政复议条件或起诉条件的证据，如县税务局作出行政强制措施的相关文书复印件，以证明行政行为存在且与自己具有利害关系。就程序问题而言，小陈可在行政复议申请书或起诉状中写明县税务局在执法过程中未依法录像、不听取陈述申辩等情况，相关举证责任由被申请人或被告县税务局承担。

【提示】如果要申请行政复议的行为是税务机关作出的，复议机关应当是税务机关的上一级主管部门，即应向上一级税务机关提出行政复议申请。

依据 >> 附录扫码看全文

《中华人民共和国行政复议法》第 27 条、第 44 条，《中华人民共和国行政诉讼法》第 34 条、第 37 条、第 38 条，《最高人民法院关于适用〈中华人民共和国行政诉讼法〉的解释》第 54 条

219 **不服行政复议决定，能起诉吗？**

老张是某村的村民，在某村有合法承包的土地并且经营多年。某日，老张得知县政府决定要征收其所在村的土地，认为该征收决定侵犯了自己的合法权益，向市政府申请行政复议，市政府决定维持县政府的决定。老张对该行政复议决定不服，能起诉吗？起诉应以谁为被告，在多长时间内向哪个法院递交起诉状？

【分析】行政复议属于行政系统内部的层级监督，虽然它具有法律救济的性质，但更加强调专业性和效率，行政复议程序相对于司法程序更加简约。因此，为了充分保障行政相对人和其他利害关系人的合法权益，行政复议通常不具有终局性，行政复议的审查结果同样会受到法院司法裁判的约束。在行政救济模式的选择上遵循"司法最终"原则，即在多数情况下，公民、法人或者其他组织对行政复议决定不服的，还可以就复议决定提起行政诉讼，以维护自身的合法权益。

根据行政诉讼法的规定，针对复议机关决定维持原行政行为的案件，当事人应当以作出原行政行为的机关与复议机关为共同被告，并在收到复议决定书之日起 15 日内向人民法院提起诉讼。关于行政诉讼的管辖，行政诉讼法规定，对县级以上地方人民政府所作的行政行为提起诉讼的案件，一般由中级人民法院管辖。因不动产提起的行政诉讼，由不动产所在地人民法院管辖。

本案中，老张对市政府的复议决定不服，可以起诉，应当以县政府和市政府为共同被告，在收到市政府复议决定书之日起 15 日内向承包地所在地的中级人民法院提起行政诉讼。

【提示】不同于直接向法院起诉的案件，经复议的案件起诉期限较短。当事人直接向法院提起行政诉讼的，起诉期限通常为知道或应当知道作出行政行

为之日起 6 个月内；而当事人选择行政复议后诉讼的，通常应在收到复议决定书之日起 15 日内提出，复议机关逾期不作决定的，也应当在复议期满之日起 15 日内向人民法院起诉。

依据》 附录扫码看全文

《中华人民共和国行政诉讼法》第 15 条、第 20 条、第 26 条、第 45 条、第 46 条

220 提起行政诉讼，可以委托谁作为诉讼代理人？

李老伯是某村为数不多的仍在务农的村民之一。一次偶然的机会，李老伯听人说起，邻村发放了一次性的农业补贴资金，这才发现镇政府并没有如期给自己发放这笔钱。李老伯很生气，先找到村委会，村委会对此也没有好的办法。李老伯想起诉镇政府，但无奈自己的年纪有些大，从村子往返法院不太方便，而且也不懂法律知识，不知如何起诉。这种情况下，李老伯可以委托谁作为诉讼代理人，替他向法院起诉？

【分析】近年来，随着人口老龄化进程的加快，乡村老年人对法律维权的需求也不断增加。面对相对复杂的行政案件，许多村里的老年人常常因不熟悉法律规范、行动不便无法到庭等原因，不会或不能运用法律武器进行维权。事实上，当自身合法权益受侵犯时，包括老年人在内的村民都可以委托具有较为丰富法律知识和诉讼经验的人员代为提起诉讼，帮助自己打官司。

诉讼代理人以被代理人（即当事人）的名义，在一定权限范围内代其进行行政诉讼活动。根据行政诉讼法的规定，律师、基层法律服务工作者，当事人的近亲属或者工作人员，以及当事人所在社区、单位和有关社会团体推荐的公民可以被委托为诉讼代理人。当事人可以委托 1 至 2 人作为诉讼代理人。

本案中，李老伯可以找律师或向乡镇法律服务工作者求助，也可以找自己的近亲属（如子女、兄弟姐妹等）作为诉讼代理人，还可以请村委会推荐可靠

的人代为提起行政诉讼。

【提示】根据行政诉讼法的规定，只有代理律师享有向有关组织和公民调查、收集与本案有关证据的权利，当事人和其他诉讼代理人并无此项权利。此外，代理律师有权查阅、复制的案件材料范围比其他诉讼代理人要广（如不限于本案庭审材料）。因而，在行政诉讼中，律师往往比其他诉讼代理人能够更好地维护当事人的合法权益。

依据 》 附录扫码看全文

《中华人民共和国行政诉讼法》第 31 条、第 32 条

221 不执行行政诉讼的判决结果，会有怎样的法律后果？

某村村民老吕因不满县税务局的征税行为，向上级税务机关申请行政复议，上级税务机关作出《不予受理决定书》。随后，老吕向人民法院提起行政诉讼，法院判决老吕应当缴清税款。判决生效后，老吕仍拒不执行。

【分析】法院在行政诉讼中作出的生效判决和裁定，对当事人具有约束力。判决承担责任或义务的一方应当严格履行判决结果，否则将会损害司法权威。根据行政诉讼法的规定，如果公民、法人或者其他组织拒不履行人民法院生效的判决、裁定或调解书，行政机关或者第三人可以向第一审人民法院申请强制执行，或者由行政机关依法强制执行。

本案中，在法院判决结果作出后，老吕本应依照判决书，在法院确定的期限内主动履行缴清税款的义务，但他拒不履行判决结果，构成故意规避、抗拒执行法院生效判决的行为。因此，税务机关可以依照行政诉讼法和税收征收管理法的规定，对老吕未缴纳的税款及滞纳金采取强制执行措施（如通知银行或其他金融机构从其存款中扣缴），法院也可能视情节轻重对老吕采取一定的强制措施。

【提示】当事人拒不履行生效法律文书确定的义务，还可能被列入失信被执行人名单，被实施限制消费、限制在金融机构贷款等信用惩戒措施。

依据 >> 附录扫码看全文

《中华人民共和国行政诉讼法》第 94 条、第 95 条,《中华人民共和国税收征收管理法》第 40 条

三、农村土地承包经营纠纷仲裁

所谓农村土地承包经营纠纷仲裁,是指依法设立的农村土地承包仲裁委员会根据法律规定对土地承包经营纠纷予以裁决的纠纷解决方式。与诉讼相比,农村土地承包经营纠纷仲裁有许多优点。一是不收费。二是解决纠纷的速度快。发生土地承包经营纠纷,如果起诉到法院,法院适用普通程序审理一般要 6 个月,即便适用简易程序审理也往往要 3 个月;但如果申请农村土地承包经营纠纷仲裁,一般只需要 60 天,最多不超过 90 天。三是不误事。即使申请了土地承包经营纠纷仲裁,如果对裁决不服,仍可提起诉讼。

222 什么样的农村土地承包经营纠纷可以申请仲裁?

刘某承包了本村一块土地种植大棚蔬菜。承包期内,由于该村调整产业结构,欲在这块土地上建设公共设施,村委会要求刘某归还该块土地并调整承包地。刘某认为自己为了建设大棚投入了大量资金,并已通过蔬菜种植获取了稳定的经济收入,如果调整土地,会遭受巨额经济损失,遂拒绝。由此,双方发生纠纷。该纠纷是否可以申请农村土地承包经营纠纷仲裁?

【分析】农村土地承包经营纠纷调解仲裁法规定,农村土地承包经营纠纷

可以通过调解或者仲裁的方式解决。同时，该法明确规定，下列农村土地承包经营纠纷当事人可以向农村土地承包仲裁委员会申请仲裁：（1）因订立、履行、变更、解除和终止农村土地承包合同发生的纠纷；（2）因农村土地承包经营权转包、出租、互换、转让、入股等流转发生的纠纷；（3）因收回、调整承包地发生的纠纷；（4）因确认农村土地承包经营权发生的纠纷；（5）因侵害农村土地承包经营权发生的纠纷；（6）法律、法规规定的其他农村土地承包经营纠纷。

　　本案中，村民刘某和村委会之间的纠纷显然属于因收回、调整承包地发生的纠纷，属于农村土地承包仲裁委员会的受理范围，因而，该纠纷可以申请农村土地承包经营纠纷仲裁。

　　【提示】因征收集体所有的土地及其补偿发生的纠纷，不属于农村土地承包仲裁委员会的受理范围，可以通过行政复议或者诉讼等方式解决。

　　依据 》》 附录扫码看全文
《中华人民共和国农村土地承包经营纠纷调解仲裁法》第 2 条

223 如何申请农村土地承包经营纠纷仲裁？

　　甲县乙村村民赵某承包了本村一块土地进行农业生产，该块土地与甲县丙村村民黄某承包的土地毗邻。为了扩大生产规模，赵某租下了黄某的承包地，合同约定租期 3 年，每年租金 9000 元。头一年租金如期给付，到了第二年，赵某以经营不善为由拒绝给付租金。后双方虽进行了协商，但始终未达成一致意见。黄某想申请土地承包经营纠纷仲裁，他该怎么办？

　　【分析】农村土地承包经营纠纷调解仲裁法规定，当事人申请仲裁，应当向纠纷涉及的土地所在地的农村土地承包仲裁委员会递交仲裁申请书；农村土地承包经营纠纷申请仲裁的时效期间为 2 年，自当事人知道或者应当知道其权利被侵害之日起计算。本案纠纷涉及的土地在甲县，因而黄某应当在法定期限内向甲县土地承包仲裁委员会申请仲裁。

申请仲裁需要满足以下条件:(1)申请人与纠纷有直接的利害关系;(2)有明确的被申请人;(3)有具体的仲裁请求和事实、理由;(4)属于农村土地承包仲裁委员会的受理范围。

本案中,黄某应当以自己为申请人,以赵某为被申请人向仲裁委员会递交仲裁申请书,仲裁申请书应当载明黄某、赵某的基本情况,仲裁请求和所根据的事实、理由,并提供相应的证据和证据来源。

【提示】如果申请人进行书面申请确有困难,可以口头申请,由农村土地承包仲裁委员会记入笔录,经申请人核实后由其签名、盖章或者按指印。

【依据】》附录扫码看全文

《中华人民共和国农村土地承包经营纠纷调解仲裁法》第 4 条、第 18 条、第 20 条、第 21 条

224 不服农村土地承包经营纠纷仲裁裁决,怎么办?

村民吴某与某农业公司签订土地流转合同,将其承包的一块土地流转给该公司,并明确约定,不得改变土地用途用于非农生产。合同签订后的第二年,吴某发现该公司在土地上大量建造钢混结构的房屋,严重破坏了土地的农用价值。吴某向当地仲裁机构申请仲裁,提出解除流转合同以及要求该公司拆除建筑物、恢复农地的农用价值、赔偿经济损失 50 万元的仲裁请求。很快,仲裁机构作出裁决,解除双方的流转合同,责令某农业公司拆除建筑物、恢复耕地用途,但未支持吴某要求赔偿经济损失 50 万元的仲裁请求。吴某不服该裁决,怎么办?

【分析】农村土地承包经营纠纷可裁可诉。也就是说,发生了纠纷之后,当事人可以向农村土地承包仲裁委员会申请仲裁,也可以直接向人民法院起诉。如果当事人选择了仲裁,但是对仲裁裁决不服,还可以在收到裁决书之日起 30 日内向人民法院起诉。因而,本案中,吴某可以自收到裁决书之日起 30

日内提起诉讼，请求人民法院对该土地承包经营纠纷进行审理。

【提示】当事人不服仲裁裁决，向人民法院起诉，其诉讼请求不应是请求人民法院撤销仲裁裁决，而应是请求人民法院就原纠纷进行审理。

【依据】》附录扫码看全文

《中华人民共和国农村土地承包经营纠纷调解仲裁法》第 48 条，《最高人民法院关于审理涉及农村土地承包经营纠纷调解仲裁案件适用法律若干问题的解释》第 3 条

225　土地承包经营纠纷仲裁裁决书送达 30 日后，还能起诉吗？

2022 年 8 月 12 日，村民钱某因土地承包经营纠纷申请仲裁，同年 9 月 22 日收到了仲裁裁决书。钱某虽然对裁决不满，但因为忙于秋收等事宜，一直没有时间向法院起诉。直至同年 11 月 15 日，钱某才就该纠纷向法院提起诉讼。法院会受理吗？

【分析】农村土地承包经营纠纷调解仲裁法规定，当事人不服仲裁裁决的，可以自收到裁决书之日起 30 日内向人民法院起诉，逾期不起诉的，裁决书即发生法律效力。

本案中，钱某如果对裁决不服，应当自收到裁决书之日起 30 日内向法院提起诉讼，也即在 10 月 22 日之前向法院提起诉讼。由于钱某在此期间一直没有向法院起诉，因而该裁决书自 10 月 23 日起发生法律效力。根据相关司法解释的规定，此后钱某向人民法院起诉，人民法院将不予受理。

【依据】》附录扫码看全文

《中华人民共和国农村土地承包经营纠纷调解仲裁法》第 48 条，《最高人民法院关于审理涉及农村土地承包经营纠纷调解仲裁案件适用法律若干问题的解释》第 2 条

226 对方收到仲裁裁决书后不履行义务，怎么办？

华某与同村村民周某发生土地承包经营权纠纷。华某于 2022 年 3 月 20 日向仲裁机构申请仲裁。同年 4 月 28 日，华某和周某收到仲裁裁决书，内容是自裁决书生效之日起 1 个月内周某向华某支付赔偿金 5 万元。此后双方均未起诉。到同年 7 月，周某仍拒付赔偿金。华某该怎么办？

【分析】人民法院对生效的仲裁裁决书提供强有力的司法支持。如果仲裁裁决书已经发生法律效力，可以作为强制执行的依据。一方当事人逾期不履行生效裁决书确定的义务的，对方当事人可以向人民法院申请强制执行。

本案中，当事人于 4 月 28 日收到裁决书，由于双方均未向法院提起诉讼，因而该裁决书自 5 月 29 日生效。根据裁决的内容，周某应当自裁决书生效之日起 1 个月内，也即在 6 月 29 日之前向华某支付赔偿金。但是，周某至同年 7 月仍然拒绝履行赔偿义务，属于逾期不履行。此时，华某可以向周某住所地或者周某财产所在地的基层人民法院申请强制执行。人民法院应当依法执行。

依据 >> 附录扫码看全文

《中华人民共和国农村土地承包经营纠纷调解仲裁法》第 49 条

四、民事诉讼

民事诉讼是指人民法院在当事人和其他诉讼参与人的参加下，审理、执行民事案件以解决纠纷的活动。提起民事诉讼是当事人的一项重要权利，发生民事纠纷后，如果当事人不想通过其他纠纷解决机制解决，或者通过其他纠纷解决机制解决不了，可以通过诉讼的方式维护自己的合法权利。

与其他纠纷解决机制相比，民事诉讼具有鲜明的特点。首先，民事诉讼具有国家公权性。主持诉讼的主体是国家的审判机关——人民法院，其行使审判权的过程和结果都具有权威性。其次，民事诉讼具有程序性。人民法院和各方诉讼主体必须严格遵守程序法的规定，在法定的时间内，按照法定的程序和方式实施诉讼行为。最后，民事诉讼具有强制性和终局性。民事诉讼活动以国家公权力为后盾，具有强制性；人民法院作出的生效裁判，能够终局性地确定当事人之间的权利义务关系，当事人无论是否同意，都应接受其结果。

227 超过诉讼时效，还可以起诉吗？

村民严某和谢某系好友。2017 年 4 月，严某为购买化肥向谢某借款 5 万元，约定一年后还。然而借款期满，严某却绝口不提此事。考虑到两人的关系，谢某虽多次想催讨却一直没开口。2021 年 8 月，谢某因母亲重病急需用钱，让严某还钱，但严某明确表示还不了。谢某非常气愤，准备起诉严某。但有人告诉他，这笔债权已经超过诉讼时效期间，不符合起诉的条件，即使起诉法院也不会受理。谢某真的不能起诉吗？

【分析】超过诉讼时效不影响当事人向人民法院提起民事诉讼。根据民事诉讼法的规定，起诉必须符合下列条件：（1）原告是与本案有直接利害关系的公民、法人和其他组织；（2）有明确的被告；（3）有具体的诉讼请求和事实、理由；（4）属于人民法院受理民事诉讼的范围和受诉人民法院管辖。除此之外，除非书写起诉状确有困难，起诉时原告还需要提交书面的起诉状。

可见，未超过诉讼时效不是起诉的必要条件，人民法院在审查起诉时不会审查是否超过了诉讼时效。本案中，谢某是借款合同的一方当事人，与本案有直接利害关系；有明确的被告严某；有具体的诉讼请求和事实、理由；属于法院主管和管辖的范围。因而，只要谢某撰写了符合条件的起诉状，或者在书写起诉状确有困难时向法院提出了口头起诉,人民法院就会受理该案。

起诉状应当记明以下内容:(1)原告的姓名、性别、年龄、民族、职业、工作单位、住所、联系方式,法人或者其他组织的名称、住所和法定代表人或者主要负责人的姓名、职务、联系方式;(2)被告的姓名、性别、工作单位、住所等信息,法人或者其他组织的名称、住所等信息;(3)诉讼请求和所根据的事实与理由;(4)证据和证据来源,证人姓名和住所。

【提示】向人民法院请求保护民事权利的诉讼时效期间一般为3年。诉讼时效期间一般自权利人知道或者应当知道权利受到损害以及义务人之日起计算。本案中,谢某长期不向严某催要借款,超过了3年诉讼时效期间,如果人民法院受理案件后,严某行使诉讼时效抗辩权,人民法院认为没有诉讼时效中止、中断、延长等情形,则会判决驳回谢某的诉讼请求。可见,谢某在诉讼时效期间届满前就要及时催要借款,中断诉讼时效,以实现自己的权利。

依据》 附录扫码看全文

《中华人民共和国民事诉讼法》第122条、第123条、第124条,《中华人民共和国民法典》第188条、第192条

228 诉讼中,对方毁损财产怎么办?

章某因向同村的白某借款10万元到期不还,被白某告到法院。章某家中仅有的财产是其养殖的数千斤罗非鱼,预计捕捞后有十来万的收入。得知自己被告后,章某非常生气,扬言宁可让鱼死光也不还白某一分钱。自收到起诉状副本后的第二天,章某就关闭了鱼塘的增氧泵,很快鱼塘出现了翻白现象。白某得知此事后非常着急,他该怎么办?

【分析】诉讼过程中,如果对方实施了可能导致判决难以执行或者造成自己其他损害的行为,当事人可以向人民法院申请保全,要求法院裁定对对方当事人的财产进行保全、责令对方作出一定行为或者禁止对方作出一定行为。

本案中，章某的行为可能导致人民法院未来的判决难以执行，不仅可能侵害白某的合法权益，而且可能影响司法权威。对此，白某可以向人民法院申请采取保全措施。人民法院会对白某的申请进行审查，必要时可以要求白某提供担保。如果认为申请成立，人民法院将会采取保全措施，责令章某打开增氧泵，或者责令章某出售罗非鱼，由人民法院保存价款；必要的时候，人民法院还可以变卖罗非鱼，保存价款。

【提示】除了在诉讼过程中可以申请保全外，在起诉之前也可以申请保全。也就是说，起诉前，因情况紧急，不立即申请保全将会使自己的合法权益受到难以弥补的损害的，可以向相应的人民法院申请采取保全措施。但是，起诉前申请保全，必须提供担保。

依据 》 附录扫码看全文

《中华人民共和国民事诉讼法》第 103 条、第 104 条，《最高人民法院关于适用〈中华人民共和国民事诉讼法〉的解释》第 153 条

229 追索赡养费，法院判决前急需用钱怎么办？

方大娘早年丧偶，一个人含辛茹苦将几个儿子拉扯大，并耗尽一生积蓄为他们盖房娶妻。方大娘的辛苦付出换来了儿子们红红火火的生活。谁知方大娘年老体衰后，几个儿子均以方大娘偏袒其他儿子为由拒绝赡养她。虽经村人民调解委员会多次调解，儿子们仍拒绝赡养。方大娘起诉到人民法院，要求儿子们支付赡养费。案件审理期间，方大娘不慎跌倒骨折，急需一大笔医疗费和护理费，儿子们既不愿意出钱，也不愿意照顾方大娘。方大娘该怎么办？

【分析】在人民法院作出判决之前，如果当事人在生活或者生产方面存在迫切需要，可以向人民法院申请先予执行。人民法院受理当事人的申请之后会进行审查，如果认为双方当事人之间权利义务关系明确，不先予执行将严重影响申请人的生活或者生产经营，并且被申请人有履行能力，人民法院可以裁定

先予执行，要求对方当事人预先履行一定的义务。

本案中，方大娘和几个儿子之间存在赡养关系这一点是非常明确的，而且几个儿子都具有赡养能力。不仅如此，方大娘在生活方面存在严重困难，急需用赡养费来支付医疗费和护理费，如果不采取先予执行措施将给方大娘的生活造成极大的影响，故方大娘可以申请法院采取先予执行措施。

【提示】起诉前，当事人不能向人民法院申请先予执行。只有向人民法院提起诉讼，并且被人民法院受理之后，才能向人民法院申请先予执行。

此外，并非所有案件都可以申请先予执行。具体而言，以下案件，人民法院可采取先予执行措施：（1）追索赡养费、扶养费、抚养费、抚恤金、医疗费用的；（2）追索劳动报酬的；（3）因情况紧急需要先予执行的。

依据 附录扫码看全文

《中华人民共和国民事诉讼法》第 109 条、第 110 条

230 诉讼中发现原告也有错，怎么办？

2019 年，甲县乙村村民俞某与甲县丙村村民薛某签订土地流转合同，将自己承包的一块土地流转给薛某种植果树，每年租金 1000 元。由于薛某未按约定给付租金，俞某向甲县人民法院提起诉讼。收到起诉状副本后薛某很委屈，他认为自己之所以不付租金是因为俞某违约在先，没按照合同约定交付符合果树种植条件的土地，导致自己遭受经济损失。薛某该怎么办？

【分析】民事诉讼法赋予原告提起诉讼的权利，相应地，赋予被告提起反诉的权利。所谓反诉，是指在民事诉讼进行中，本诉的被告以本诉的原告为被告，向受理本诉的人民法院提出的与本诉有牵连关系的，目的在于抵销或者吞并本诉诉讼请求的独立的反请求。本案中，薛某作为被告，基于同一土地流转合同，认为原告俞某也违反了合同约定，侵犯了其合法权利。因而，其可以在诉讼中向受理本诉的甲县人民法院提起反诉。

【提示】除了上述权利外，民事诉讼法还赋予了当事人一系列重要权利。比如，原告起诉后有放弃、变更诉讼请求和撤诉的权利，被告有承认或者反驳原告诉讼请求的权利。双方当事人有使用本民族语言文字进行诉讼的权利；有委托代理人，提出回避申请，收集、提供证据的权利；有请求调解、进行和解的权利；有参加法庭调查和法庭辩论的权利；有认为法庭笔录确有错误要求补正的权利；有提起上诉和申请再审的权利；有申请强制执行的权利，等等。

依据》附录扫码看全文

《中华人民共和国民事诉讼法》第 52 条、第 53 条、第 54 条等

231 不服法院的一审判决，怎么办？

孟某和彭某均是甲县乙村村民。因孟某向彭某借钱后一直不还，彭某起诉到人民法院，要求孟某在一个月内偿还 10 万元借款，并给付利息 2000 元。经审理，法院作出一审判决，责令孟某在一个月内偿还 10 万元借款。彭某认为判决书遗漏了要求给付利息的诉讼请求，存在错误，他该怎么办？

【分析】根据民事诉讼法的规定，当事人对一审判决不服的，可以提起上诉，启动二审程序。因而，本案中彭某可以通过提起上诉的方式维护自己的合法权益。

彭某提起上诉时，需要注意以下问题：（1）必须在收到判决书之日起 15 日内提起上诉（如果是裁定书，需要在 10 日内提起上诉）；（2）应当递交书面的上诉状；（3）上诉状应当通过原审人民法院即甲县人民法院提出，并按照对方当事人或者代表人的人数提出副本（如果直接向甲县人民法院的上一级人民法院上诉，上一级人民法院将在 5 日内将上诉状移交甲县人民法院）。

依据》附录扫码看全文

《中华人民共和国民事诉讼法》第 171 条、第 172 条、第 173 条

232 对法院的生效裁判不服怎么办？

2019年，熊某找同村的宋某借了5万元。到了约定的还款日期，熊某拒不还钱并否认借款事实。宋某起诉到县人民法院。但是，因借条丢失，也未联系上外出打工的证人杜某，无法证明借贷关系存在，最终宋某败诉。收到判决书半年后的一天，宋某在儿子的笔记本中发现了借条，而证人杜某此时也回到了村里。宋某该如何维护自己的合法权益？

【分析】根据民事诉讼法的有关规定，对已经发生法律效力的判决、裁定，当事人如果认为有错误，可以申请再审，即申请人民法院对案件再次进行审理。本案中，判决生效后，出现了新的证据（借条和证人杜某），足以推翻原生效判决，因而宋某可以申请再审，进而维护自己的合法权益。具体来说，宋某可以向县人民法院的上一级法院申请再审，但由于本案中双方当事人都是公民，因而也可以向原审人民法院即县人民法院申请再审。

【提示】如果向人民法院申请再审后，人民法院作出了驳回再审申请的裁定，或者逾期未对再审申请作出裁定，或者虽然启动了再审，但再审判决、裁定有明显错误，还可以向人民检察院申请检察建议或者抗诉。

依据 》附录扫码看全文

《中华人民共和国民事诉讼法》第210条、第211条、第220条

233 判决生效后，对方仍不履行义务怎么办？

温某和牛某均系甲市乙县丙村村民，因为牛某拖欠温某10万元始终不还，温某起诉到乙县人民法院。乙县人民法院一审判决牛某向温某给付10万元。判决书送达双方当事人后，牛某不服，向甲市中级人民法院提起上诉。经审理，法院作出了驳回上诉、维持原判的终审判决。收到判决书后，牛某仍然拒绝还钱。温某如何维护自己的合法权益？

【分析】根据民事诉讼法的规定，发生法律效力的民事判决、裁定，当事人必须履行。一方拒绝履行的，对方当事人可以向第一审法院或者与第一审法院同级的被执行财产所在地人民法院申请执行。本案中，温某可以向乙县人民法院申请强制执行，如果牛某的财产不在乙县，温某也可以向牛某财产所在地的基层人民法院申请强制执行。

【提示】只有判决、裁定发生法律效力，当事人才能向法院申请强制执行。多数人民法院的一审判决和部分一审裁定不会立刻发生法律效力，双方当事人在法定期限内均未提起上诉的，裁判才会生效。而人民法院的二审判决、裁定一经作出立即发生法律效力，可以即刻作为强制执行的根据。

此外，申请执行的期间为 2 年，从法律文书规定履行期间的最后一日起计算；法律文书规定分期履行的，从最后一期履行期限届满之日起计算；法律文书未规定履行期间的，从法律文书生效之日起计算。

依据 》 附录扫码看全文

《中华人民共和国民事诉讼法》第 171 条、第 182 条、第 235 条、第 247 条、第 250 条

五、法律援助

法律援助，是我国公共法律服务体系不可或缺的组成部分，也是一项重要的民生工程。2022 年 1 月 1 日起施行的法律援助法，为人民群众获得及时便利、优质高效的法律援助服务提供了保障。法律援助目前已经覆盖了刑事、民事、行政诉讼和纠纷的各个领域，旨在让符合条件的每一个公民在遇到法律问题或者权利受到侵害时都能获得及时有效的法律帮助，享有平等的法律保护，让人民群众在每一个案件中都感受到公平正义。农

村广大群众尤其是经济困难群众遇到法律问题时可以求助法律援助机构，切实维护自身合法权益。

234 没钱打官司，如何申请法律援助？

村民张某与妻子王某因感情不和离婚，双方约定10岁的儿子小张跟着母亲王某生活，张某每月支付小张抚养费。张某离婚后到城里务工，起初还能按时支付抚养费，但过了两年张某再婚后，便不再联系王某，也不再支付抚养费。王某不懂法律，因经济困难没钱请律师打官司，听说可以申请法律援助，但是不知道该走什么程序。

【分析】法律援助，是国家建立的为经济困难公民和符合法定条件的其他当事人无偿提供法律咨询、代理、刑事辩护等法律服务的制度。根据法律援助法的规定，以下事项的当事人，因经济困难没有委托代理人，打不起官司的，可以向法律援助机构申请法律援助：（1）依法请求国家赔偿；（2）请求给予社会保险待遇或者社会救助；（3）请求发给抚恤金；（4）请求给付赡养费、抚养费、扶养费；（5）请求确认劳动关系或者支付劳动报酬；（6）请求认定公民无民事行为能力或者限制民事行为能力；（7）请求工伤事故、交通事故、食品药品安全事故、医疗事故人身损害赔偿；（8）请求环境污染、生态破坏损害赔偿；（9）法律、法规、规章规定的其他情形。对诉讼事项的法律援助，由申请人向办案机关所在地的法律援助机构提出申请；对非诉讼事项的法律援助，由申请人向争议处理机关所在地或者事由发生地的法律援助机构提出申请。

本案中，王某索要的是孩子的抚养费，如果确属经济困难，则符合法律援助的条件。王某要获得无偿的诉讼代理服务，应先向办案机关所在地的法律援助机构提出申请，提交法律援助申请表、居民身份证或者其他有效身份证明（代为申请的还应当提交有代理权的证明）、经济困难状况说明表以及与所申请法律援助事项有关的其他材料。法律援助机构应在收到法律援助申请的 7 日内进行审查，作出是否给予法律援助的决定。

【提示】法律援助申请人提交的申请材料不齐全的，法律援助机构会一次性告知申请人需要补充的材料或者要求申请人作出说明。如果申请人不按要求补充材料或者作出说明，视为撤回申请。

经济困难是公民获得法律援助的一个核心条件。经济困难的标准，由省、自治区、直辖市人民政府确定。申请人提交经济困难状况说明表时，可以一并提供能够说明经济状况的证件或者证明材料，但有关单位不得变相要求申请人提交经济困难证明。

依据》 附录扫码看全文

《中华人民共和国法律援助法》第 31 条、第 34 条、第 38 条、第 41 条、第 43 条，《法律援助条例》第 14 条、第 17 条，《办理法律援助案件程序规定》第 11 条、第 15 条

235 经济不困难，能申请法律援助吗？

某公司从 2018 年开始修建小区，彭某是该公司负责运输砂石的一名农民工。该公司因为合同纠纷一直拖欠彭某等 81 名农民工的工资共计 500 余万元。虽然彭某家里不算困难，但攒下来的钱还要用于儿子的婚事。彭某等人可以求助法律援助机构帮忙讨薪吗？

【分析】根据法律援助法的规定，法律援助的对象包括"经济困难公民"和"符合法定条件的其他当事人"两类主体。法律援助申请人有材料证明属于下列人员之一的，免予核查经济困难状况：（1）无固定生活来源的未成年人、老年人、残疾人等特定群体；（2）社会救助、司法救助或者优抚对象；（3）申请支付劳动报酬或者请求工伤事故人身损害赔偿的进城务工人员；（4）法律、法规、规章规定的其他人员。此外，有下列情形之一，当事人申请法律援助的，完全不受经济困难条件的限制：（1）英雄烈士近亲属为维护英雄烈士的人

格权益；（2）因见义勇为行为主张相关民事权益；（3）再审改判无罪请求国家赔偿；（4）遭受虐待、遗弃或者家庭暴力的受害人主张相关权益；（5）法律、法规、规章规定的其他情形。可见，不是只有经济困难才能申请法律援助。

本案中，彭某等人进城务工却被公司拖欠工资，符合免于核查经济困难状况的情形，不需要说明经济困难状况，只要提供公司欠薪的证据，就可以向当地的法律援助机构申请法律援助。

【提示】在刑事案件中，如果犯罪嫌疑人、被告人是未成年人，视力、听力、言语残疾人，不能完全辨认自己行为的成年人，可能被判处无期徒刑、死刑的人，申请法律援助的死刑复核案件被告人，缺席审判案件的被告人等法律法规规定的人员，且没有委托辩护人，办案机关会通知法律援助机构指派律师担任辩护人。

依据 >> 附录扫码看全文

《中华人民共和国法律援助法》第 25 条、第 32 条、第 42 条，《中华人民共和国劳动法》第 3 条、第 50 条

236 法律援助人员能向受援人收取财物吗？

村民张老伯因索要交通事故赔偿需要打官司，听人说县里有免费的法律援助，打算去申请。可张老伯有点犯嘀咕，要是派给他的律师半道向他收钱怎么办？如果不给钱会不会不给好好办案子？想到这里，张老伯心里有些没底了。

【分析】法律援助服务是免费的。法律援助法规定，法律援助人员应当依法履行职责，及时为受援人提供符合标准的法律援助服务，维护受援人的合法权益；应当恪守职业道德和执业纪律，不得向受援人收取任何财物。如果法律援助人员（律师、基层法律服务工作者、法律援助志愿者等）怠于履行法律援助义务、私自收取受援人财物等，司法行政部门将会依法对有关人员给予处罚。

本案中，如果张老伯符合法定条件获得法律援助，法律援助人员提供的法律服务不及时、不符合标准或者向其索要财物等，张老伯可以向司法行政部门投诉，并可以请求法律援助机构更换法律援助人员。

依据 》 附录扫码看全文

《中华人民共和国法律援助法》第 2 条、第 12 条、第 19 条、第 20 条、第 46 条、第 55 条、第 63 条

237 法律援助可以提供哪些形式的服务？

陈姐的丈夫在矿山从事地下掘井工作，作业时因井内炮烟浓度较高中毒昏迷，经医院诊断为有害气体中毒，胸部损伤，肺挫伤，胸腔积液，右侧多发肋骨骨折。陈姐身体不好，老人、孩子都靠丈夫挣钱来养。事故后丈夫一直卧床，原本困难的家庭雪上加霜。陈姐多次找丈夫单位赔偿，单位却态度恶劣。陈姐不知该怎么办，听说可以申请法律援助，她想知道会得到哪些形式的帮助？

【分析】根据法律援助法的规定，法律援助机构可以组织法律援助人员依法提供下列形式的法律援助服务：（1）法律咨询；（2）代拟法律文书；（3）刑事辩护与代理；（4）民事案件、行政案件、国家赔偿案件的诉讼代理及非诉讼代理；（5）值班律师法律帮助；（6）劳动争议调解与仲裁代理；（7）法律、法规、规章规定的其他形式。

本案中，陈姐夫妇经济困难，要求单位支付工伤事故赔偿，属于可以申请法律援助的事项。法律援助人员首先会分析法律关系，确定为工伤赔偿纠纷后，会帮其收集、整理相关的证据（如劳动关系证明、工伤认定、劳动能力鉴定等），计算工伤事故赔偿的款项，并协助其与用人单位协商或者代理调解。如果协商、调解不成，可代理其申请仲裁、提起诉讼。其间，法律援助人员会与陈姐夫妇及时通报该法律援助事项办理情况，从专业角度进行分析，提醒相关风险，帮助他们达到利益实现的最大化，维护其合法权益。

【提示】受援人应当向法律援助人员如实陈述与法律援助事项有关的情况，及时提供证据材料，协助、配合办理法律援助事项。

依据 » 附录扫码看全文

《中华人民共和国法律援助法》第 19 条、第 22 条、第 31 条、第 46 条、第 47 条,《中华人民共和国劳动争议调解仲裁法》第 4 条、第 5 条

238 无力承担司法鉴定费用,怎么办?

年近七十的宋大娘与老伴膝下无子女。两年前老伴因脑溢血住院,迟迟未能康复,逐渐丧失自理能力,并时常处于神志不清的状态。为更好地处理二人日后养老、看病等生活事务,宋大娘向当地人民法院申请认定老伴为无民事行为能力人或者限制民事行为能力人,并指定她为监护人。法院为办理案件,委托司法鉴定机构进行民事行为能力的司法鉴定。然而由于老伴常年生病,家里入不敷出,上千元的鉴定费让宋大娘犯了愁。

【分析】根据民法典的规定,宋大娘的老伴是不能辨认或者不能完全辨认自己行为的成年人,作为利害关系人,宋大娘可以向人民法院申请认定老伴的民事行为能力。

法律援助法规定,请求认定公民无民事行为能力或者限制民事行为能力的当事人,因经济困难没有委托代理人的,可以向法律援助机构申请法律援助。公证机构、司法鉴定机构应当对受援人减收或者免收公证费、鉴定费。因此,宋大娘可以向所在地的法律援助机构提出申请,由法律援助机构指派法律援助人员帮助其完成相关法律流程。

根据《司法鉴定与法律援助工作衔接管理办法(试行)》的规定,法律援助案件受援人申请减免司法鉴定费用,应当同时符合以下条件:(1)申请司法鉴定的法律援助案件已进入诉讼程序的;(2)办案机关已启动委托程序的;(3)申请的鉴定事项属于法医类、物证类、声像资料、环境损害司法鉴定业务范围的。本案中,受援人宋大娘符合减免司法鉴定费用的条件,法律援助人员可以协助她办理司法鉴定费用减免申请手续。司法鉴定机构根据案件情况减

收、免收司法鉴定费用后，会依法按程序及时开展鉴定工作。

依据 >> 附录扫码看全文

《中华人民共和国民法典》第 24 条、第 28 条，《中华人民共和国法律援助法》第 31 条、第 53 条，《司法鉴定与法律援助工作衔接管理办法（试行）》第 2 条、第 3 条、第 4 条、第 5 条

239 骗取法律援助，要承担什么后果？

老陈早些年承包了村里的一片鱼塘，后来鱼塘附近建了一家养猪场，向其鱼塘里排放污水。老陈想去法院起诉养猪场，打听到低保户可以获得免费的法律援助，便用小舅子的低保户资料去申请了法律援助。派来的律师发现老陈并非低保户后，告诉他这种行为要受处罚。

【分析】法律援助是专门保障社会弱势群体合法权益的民生工程。骗取法律援助，会导致不公和司法资源的浪费。因此，法律严格规范法律援助申请的审查核实程序，并加大对骗取法律援助行为的处罚力度。根据法律援助法的规定，受援人以欺骗或者其他不正当手段获得法律援助的，法律援助机构将不再提供法律援助，同时，司法行政部门将责令受援人支付已实施法律援助的费用，并处 3000 元以下罚款。

本案中，老陈不符合申请法律援助的条件，却借用他人的低保材料骗取法律援助，违反了法律援助法的规定，不仅会被终止法律援助服务，还要支付已经实施法律援助的费用，并面临罚款的行政处罚。

依据 >> 附录扫码看全文

《中华人民共和国法律援助法》第 31 条、第 42 条、第 47 条、第 48 条、第 64 条

附录

法律、法规及政策文件扫码阅读

——— 法 律 ———

1.《中华人民共和国宪法》

2.《中华人民共和国国旗法》

3.《中华人民共和国国歌法》

4.《中华人民共和国兵役法》

5.《中华人民共和国国防法》

6.《中华人民共和国民法典》

7.《中华人民共和国乡村振兴促进法》

8.《中华人民共和国农业法》

9.《中华人民共和国畜牧法》

10.《中华人民共和国土地管理法》

11.《中华人民共和国农村土地承包法》

12.《中华人民共和国农民专业合作社法》

13.《中华人民共和国种子法》

14.《中华人民共和国农产品质量安全法》

15.《中华人民共和国安全生产法》

16.《中华人民共和国土壤污染防治法》

17.《中华人民共和国渔业法》

18.《中华人民共和国黑土地保护法》

19.《中华人民共和国森林法》

20.《中华人民共和国草原法》

21.《中华人民共和国湿地保护法》

22.《中华人民共和国野生动物保护法》

23.《中华人民共和国生物安全法》

24.《中华人民共和国村民委员会组织法》

25.《中华人民共和国监察法》

26.《中华人民共和国公职人员政务处分法》

27.《中华人民共和国消费者权益保护法》

28.《中华人民共和国反不正当竞争法》

29.《中华人民共和国商标法》

30.《中华人民共和国价格法》

31.《中华人民共和国广告法》

32.《中华人民共和国电子商务法》

33.《中华人民共和国食品安全法》

34.《中华人民共和国药品管理法》

（1—34） 扫码看全文

35.《中华人民共和国医师法》

36.《中华人民共和国中医药法》

37.《中华人民共和国突发事件应对法》

38.《中华人民共和国传染病防治法》

39.《中华人民共和国动物防疫法》

40.《中华人民共和国防震减灾法》

41.《中华人民共和国道路交通安全法》

42.《中华人民共和国未成年人保护法》

43.《中华人民共和国义务教育法》

44.《中华人民共和国家庭教育促进法》

45.《中华人民共和国妇女权益保障法》

46.《中华人民共和国反家庭暴力法》

47.《中华人民共和国老年人权益保障法》

48.《中华人民共和国残疾人保障法》

49.《中华人民共和国无障碍环境建设法》

50.《中华人民共和国劳动法》

51.《中华人民共和国劳动合同法》

52.《中华人民共和国就业促进法》

53.《中华人民共和国职业病防治法》

54.《中华人民共和国劳动争议调解仲裁法》

55.《中华人民共和国治安管理处罚法》

56.《中华人民共和国铁路法》

57.《中华人民共和国网络安全法》

58.《中华人民共和国消防法》

59.《中华人民共和国反电信网络诈骗法》

60.《中华人民共和国反有组织犯罪法》

61.《中华人民共和国刑法》

62.《中华人民共和国人民调解法》

63.《中华人民共和国税收征收管理法》

64.《中华人民共和国个人所得税法》

65.《中华人民共和国行政处罚法》

66.《中华人民共和国行政强制法》

67.《中华人民共和国行政复议法》

68.《中华人民共和国行政诉讼法》

69.《中华人民共和国民事诉讼法》

70.《中华人民共和国刑事诉讼法》

71.《中华人民共和国国家赔偿法》

72.《中华人民共和国农村土地承包经营纠纷调解仲裁法》

73.《中华人民共和国法律援助法》

74.《全国人民代表大会常务委员会关于〈中华人民共和国刑法〉第九章渎职罪主体适用问题的解释》

（35—74） 扫码看全文

—————— 法　规 ——————

—————— 政策文件 ——————

（75—104） 扫码看全文